홍순혁 저작집

연세사료총서 3

홍순혁 저작집

연세학풍사업단

초판 1쇄 발행 2015년 5월 15일

펴낸이 오일주
펴낸곳 도서출판 혜안

등록번호 제22-471호
등록일자 1993년 7월 30일

주소 ⑦ 121-836 서울시 마포구 서교동 326-26번지 102호
전화 3141-3711~2
팩스 3141-3710
이메일 hyeanpub@hanmail.net

ISBN 978-89-8494-530-2 93910

값 26,000 원

본 저작물은 연세대학교 글로벌특성화사업비의 지원을 받아 출간되었습니다

연세사료총서 3

홍순혁 저작집

연세학풍사업단

혜안

홍순혁(1941년)

연희대학교 졸업앨범(1949년)

연희대학교 졸업식(맨 앞줄 좌측 세 번째)

연희대학교 교수진 일동(1948년, 맨 앞줄 우측 세 번째)

함흥영생여자고등보통학교
근무 시절(1928~1936년,
밑에서 세 번째 줄 맨 우측)

홍순혁 부부와 여동생 부부의 합동 결혼식 만찬(1928년)

홍순혁 부부와
딸 근표 아들 민표

홍순혁 가족
(민표 근표 진표 세표 경표)

연세는 한국근현대 역사와 흐름을 같이하며 한국의 고등교육과 근대학문의
장을 열었다. 우리 사업단은 연세의 학문적 이념, 학풍을 1932년 연희전문에서
천명한 "동서고근(東西古近) 사상의 화충(和衷)", 곧 우리의 고유한 학문, 사상을
바탕으로 서양의 학문을 결합하면서 한국의 근대학문과 연세의 민족교육을
발전시켰다고 파악하였다. 이를 통하여 '화충'의 학풍을 현대적 차원에서 재정
립하여 앞으로의 연세 미래를 개척하는 길잡이로 삼고자 한다. 우리 시대가
요구하는 소통, 통합, 상생의 가치를 지향하면서 융복합 학문의 이념을 정립하며,
한국과 세계를 이끌어 가는 학문 체계와 이념을 제시하기 위해 새로운 차원으로
수립하여 '연세학(延世學)'을 정립하려는 것이다.

그리하여 우리 사업단에서는 '화충(和衷)' 학풍의 형성과정 및 발전 과정을
연구하여 이를 책으로 간행하고, 또 흩어진 자료(문헌 및 구술)를 모아 연세학풍
시리즈라는 이름의 사료집으로 간행하였다. 2013년부터 연희전문학교 시절의
『학교운영보고서』와 교지 『연희』를 사료집으로 출간하였고, 연세의 창립에서
일제 하 연희전문학교 학문, 교육과, 1945년 해방에서 1957년 연세 통합에
이르는 시기의 새로운 학문 개척을 검토하여 연구서로 각각 출간하였다. 이
『홍순혁 저작집』은 이러한 연세학풍시리즈를 계승한 연세사료총서라는 이름
으로 나오게 되었다.

그동안 연세의 학문과 이념을 선도한 분들, 가령 정인보, 백낙준, 최현배,
홍이섭의 저작집은 학교 차원에서 정리 간행한 바 있다. 본 사업단은 이를

이어, 같은 시절 활동했으나 덜 알려진 학자를 발굴하여, 연세의 이념과 학풍을 검토하기로 하였다. 여러 분들의 학문, 교육적 성과를 검토하여 그 대상자를 점검하고, 몇몇 분들에 대한 학문적 분석을 행하여, 연구서에 수록하였으며, 필요하면 글들을 모아 자료집으로 만들기로 하였다. 이 책은 그 과정에서 축적된 자료들 가운데 먼저 홍순혁(洪淳赫, 1899~1950?)의 글들을 편찬한 것이다.

홍순혁은 연희전문학교를 졸업(1924)하고 연희대학교 사학과 교수(1945~1950)를 역임하면서 한국의 근대학문의 형성과 대학 교육에 큰 업적을 남겼다. 그는 1928년부터 1945년까지 함흥에서 교사로 재직하면서 기독교 신앙에 기초한 민족교육과 국학연구에 힘썼다. 함흥 기독교청년회 활동에 참여하여 '상식 강좌 조선사 강의', '만주상식 강연' 등의 강연활동을 통해 민족의식을 고취하고 함경도 지역에 산재해 있는 고서와 구전자료를 수집하였다. 또한 1927년 『한빛』 창간 발기인과 1934년 진단학회 창립 발기인 24명 가운데 한사람으로 참어하여 학문적 연대를 통해 자신이 가진 문제의식을 공유 확산하려 하였다. 그 과정에서 은사인 윤치호, 유억겸을 비롯하여 문일평, 이병도 등 선후배 학자와 교류하며 한국 근대학문, 한국 근대 역사학의 형성과 진흥에 주력하였다.

해방 후 연희대학교 교수가 된 홍순혁은 한국사와 국어학, 서지학을 포함하는 한국학 전 분야에 걸쳐 글을 발표하면서 일제시기와 해방 직후 한국학의 토대를 마련하고 학문적 체계화에 힘썼다. 특히 사학과 교수로서 학과의 교육과정, 학술연구, 역사교육의 기틀을 마련하였을 뿐만 아니라 전문부 1학년 학감, 종교위원회 위원, 도서관장을 맡으며 사학과와 문과를 넘어 연희대학교의 발전에도 기여하였다.

홍순혁의 관련 저술을 모은 본 자료집은, 한국학 영역에서 근대 계몽운동 및 학술 활동을 전개한 홍순혁 개인의 연구 성과를 일목요연하게 확인할 수 있는 '기초 자료'이다. 뿐만 아니라, 일제시기와 해방 후 학술계의 동향과 한국 근대 학술의 탄생, 지식인들의 한국학 진흥 운동과 지적 교류를 파악할 수 있는 '일차 사료'로서의 의미를 가질 것이다. 이를 위해 원칙적으로 당시의 글을 그대로 영인하여야 하지만, 인쇄가 불분명한 것이 많고, 또 후학이나 관심있는 일반인을 위해 새로 조판을 하였으며, 문장도 오늘날의 맞춤법에 맞추어 부분적으로 손을 보았다.

홍순혁의 업적과 자료를 모으는 일은 사학과 도현철 교수가 맡아주었다. 도 교수는 국내외에 흩어져있는 홍순혁 관련 자료를 수집하였을 뿐만 아니라, 이를 분석하여 논문으로도 작성하였다. 학술정보원 국학자료실의 김영원 선생은 연희대학교 도서관장을 역임한 홍순혁 교수에 관심을 가지고 일찍부터 자료 수집에 노력했는데, 본 자료집 간행에도 도움을 주었다. 대학원 사학과의 장병진·이화정 박사생, 김선민·이상민·진성제·최민규 석사생은 자료의 수집과 복사, 한글 입력에 애를 썼고, 노상균 박사생은 입력된 자료의 교열을 맡았다.

박물관의 이원규 박사와 이현희 학예사는 이를 총괄 정리하는 일을 담당했다. 모든 분들에게 감사를 드린다. 특히 시장성 없는 책을 간행해준 사학과 출신인 오일주 혜안출판사 사장께 더 큰 감사의 마음을 전한다.

2015년 2월
연세학풍사업단을 대표하여
사학과 교수 김 도 형

목차

3. 연희대학 교수 시절(1945~1950)・175

일러두기

1. 원전의 표현을 최대한 살리되 현대 맞춤법에 맞게 수정하였고, 지나친 옛 말투나 한문투의 문어체는 현대어로 바꾸었다.
2. 본문의 자료 인용이나 서술상의 다른 글 인용은 원문 그대로 살렸다.
3. 명백한 오자는 수정하였고, 한글 쓰기를 했으며, 이해하기 어려운 한글과 외국 지명은 한문 괄호 쓰기를 했다.
4. 일본어로 된 두 글은 한글로 번역하였다.
5. 페이지를 의미하는 혈(頁)은 쪽으로 바꿨다.
6. 일본인 한자 이름은 한글로 읽고 한자를 괄호 안에 넣어 표시하였다.
7. 원문에서 책 표시와 논문 표시가 일치하지 않아, 책(신문, 잡지)은 『 』, 논문은 「 」로 통일하였다.

본 학풍사업단(단장 김도형, 사학과 교수)은 연세대학교의 역사 정리와 학풍 수립을 위해 연세대학교의 글로벌특성화사업비의 지원으로 만들어졌다.

이 저작집은 사업단장의 책임하에 도현철 교수(사학과)가 담당하였고, 이현희 학예사(박물관) 이하 사학과 대학원생이 실무를 진행하였다.

1899년 7월	15일 생, 서울 출신(필명 石谿學人)
1916년 3월	개성 한영서원 졸업
1920년 4월	연희전문학교 문과 입학
1924년 3월	연희전문학교 문과 졸업
1927년 3월	와세다대학 문과 졸업
1927년 4월	경신학교 교유
1927년 11월	『한빛』 창간 발기인
1928년 4월	함흥 영생여자고등보통학교 교유
1928년 10월	함흥기독교청년회 설립 聖經學院 강사
1929년	연희전문학교 관현악단 일원으로서 관동지방 연주회 참여
1931년 8월	조선교육회 주최 도서관 강습회 참여
1934년 5월	진단학회 창립 발기인
1936년 4월	함남 공립고등여학교 교유
1946년 2월	연희대학교 교수 임용. 사학과장, 전문부 1학년 학감, 종교위원회 위원, 도서관장 등 역임
1947년 8월	이재욱·박봉석·이병기·송석하·김구경 등과 함께 조선서지학회의 창립 발기
1949년 4월	연희대학교 사학연구회 조직
1949년 10월	사학연구회 제2대 회장
1950년 7월	납북

도 현 철

홍순혁의 학술활동과 한국사학[*]

1. 머리말

洪淳赫(1890~1950?)은 연희전문학교와 일본 와세다 대학을 졸업하고 함흥영
생여학교와 함남공립고등여학교의 교사를 거쳐 연희대학교 사학과 교수를
지내다가 6·25전쟁중에 납북되었다. 이 기간 내내 그는 근대 한국학 관련
자료 수집에 공을 들이는 한편으로 한국사학·국어학·서지학에 관한 글을
발표하면서 한국학의 토대를 마련하고 학문적으로 체계화하는 일에 전력을
기울였다.

홍순혁은 진단학회와 한빛, 그리고 한국서지학회의 발기인으로 참여하면서
일제시기와 해방 직후 활발한 학술 활동을 전개하였다. 그 과정에서 윤치호·유
억겸·문일평 등과 교류하며 근대 학문, 근대 역사학을 활성화시켜 한국의
근대 사상과 민족주의 형성에 영향을 끼쳤다. 이 시기 한국학에 대한 시론적인
연구와 자료 조사를 통하여 한국학이 나아갈 방향을 모색하고자 한 그의 노력은
이를 여실하게 보여주는 증거라 할 수 있다.

이와 함께 홍순혁은 해방 직후 연희대학교 사학과 교수¹⁾로 재직하였는데,

* 홍순혁 관련 자료 수집에 김영원 선생(연세대학교 중앙도서관 국학자료실장)과 연세대
　학교 대학원 사학과의 김선민·이상민·최민규 등 많은 대학원생의 도움이 있었다.
1) 초기 사학과의 전임 교수는 홍순혁(1946~1950, 국사)·민영규(1945~1980, 동양사)·조

사학과장과 중앙도서관장을 역임하면서 사학과의 기틀을 마련하고 중앙도서관을 체계화하는 데도 기여하였다.

홍순혁의 학술활동과 역사학 연구를 고찰하는 작업은 단순히 홍순혁 개인이 힘을 쏟은 근대 계몽운동 및 학문적 성취를 이해하는 것일 뿐만 아니라, 일제시기와 해방 후 학술계의 동향, 한국 근대 학술의 탄생, 지식인들의 한국학 진흥운동과 지적 교류를 파악하는 작업이기도 하다. 아울러 1885년 제중원의 설립을 기반으로 1915년 연희전문학교로 개교하여, 발전을 거듭하고 있는 연세대학교의 역사를 이해하는데도 적지 않은 기여가 될 것이다.

2. 교유 관계와 학술활동

1) 교우관계

홍순혁(필명은 石戀學人)은 洪鍾肅(1877~1959)의 4남 3녀 중 장남으로 1899년 7월 15일 서울에서 태어났다. 본관은 남양, 본적은 강원도 춘천이다. 부친 홍종숙은 협성신학교 1회 졸업생(1911년)으로, 감리교의 중심 인물로 알려져 있다. 홍종숙은 1925년 기독교 사회운동 단체인 흥업구락부에 이상재·윤치호·유억겸 등과 함께 참여하였고, 1930년 교회 목사로 한국 남북감리교의 통합에 노력했다. 홍순혁의 부인은 이화고녀를 졸업한 이복선이고, 이복선의 부친은 금융업에 종사했던 이지성이다.[2] 홍순혁은 슬하에 8남매를 두었다.

홍순혁은 개성의 한영서원[3]과 연희전문학교를 졸업했다. 그는 한영서원

좌호(1945~1947, 국사)·이인영(1949~1950, 국사)·조의설(1939~1971, 서양사)·엄은현(1945~1950, 서양사)이었다.

2) 『延禧同門會報』에서 간행된 會友 紹介版에 史學家 홍순혁이 소개되어 있다. 여기에서 홍순혁은 사료수집가·독창적 역사비평가로서 현재 咸南公立高等女學校에 재직하고 있다고 하였다. 또한 송도중학교와 연희대학 數理科 동기이며 죽마고우인 朴承哲이 어린 아들을 남기고 일찍 죽자 그 아이의 소학교, 중학교의 학자금을 전담하여 교육시켰다고 하였다(『延禧同門會報』 21, 1940년 11월).

3) 한영서원 1회 졸업생인 최규남의 회고에 의하면 한영서원은 역사수업인 '유년필독'과

16

교장이었던 윤치호를 평생 은사로 모셨다. 그는 자신이 조선사학에 뜻을 두게 된 것이 '좌옹 윤치호의 교도와 백당 현채의 감화'에 힘입은 것이라고 술회하였다. 연희전문 재학시절 홍순혁은 윤치호로부터 1923년까지 3년간 매년 270엔 및 이상의 장학금을 받았는데,[4] 이는 은사인 윤치호가 개성 한양서원의 모범생이었던 홍순혁에게 장학금과 기타 지원을 아끼지 않았음을 보여주는 것이다. 연희전문 학적부의 종교란에 '남감리'로 표시된 사실을 근거로 하면, 홍순혁의 부친인 홍종숙이 감리교의 지도급 인사이고 윤치호 역시 감리교의 대표 인물이었던 사정이 작용했을 것으로 생각된다.

윤치호(1865~1945)는 갑신정변에 연루되어 1885년 상해로 망명하였다가 감리교의 후원으로 미국 유학을 떠났다. 남감리교가 조선 선교에 적극적으로 나서고 개성에 지방 본부를 두게 된 것도 윤치호 때문이었다. 독립협회 활동을 하던 중 1905년 을사조약이 체결되자, 이듬해 개성에 韓英書院을 설립하고 교장이 된다. 한영서원은 기독교 지도자를 배출하고 한민족의 경제적 향상을 목적으로 설립되었는데, 사립학교 규칙이 공표되자 인문계 중심의 송도 고등보통학교로 개편되었다.[5] 1922년에서 1925년까지 송도 고등보통학교 교장으로 재직하던 윤치호는 1938년 흥업구락부 사건으로 다시 투옥되었다가, 1918년부터 연희전문의 이사를, 1941년 2월부터 1942년 8월까지 연희전문의 교장을 역임하였다.

유억겸(1896~1947)은 유길준(1856~1914)의 아들로 1922년 도쿄제국대학 법학부를 졸업하고 연희전문의 교수가 되었다. 홍순혁의 연희 재학시절 (1920.4~1924.3) 은사였다. 연희전문의 학감, 부교장을 역임하며 일제시기 연희의 중심인물이었고, 해방후 연희전문학교 교장(1945.9~1945.12)이 되면서

'초학지리', '산술', 그리고 체조수업인 '산저'를 교과체제로 학생들에게 가르쳤다고 한다(최규남, 「유년시절」,『참지식과 거짓 지식－東雲 崔奎南 박사 추모논집』, 1997, 한불문화출판, 9~14쪽).

4) 『尹致昊日記』 8卷, 1923년 7th. Monday. Beautiful. Warm.

5) 장규식, 「제3장 실력양성 운동과 근대화」,『일제하 한국 기독교 민족주의 운동』, 혜안, 2001, 306~311쪽.

홍순혁을 교수로 초빙하였다.

문일평(1888~1939)은 민족주의 역사학자로 신간회에 참여, 활동하였다. 1934년에는 안재홍, 정인보 등과 조선학 운동을 전개하였고 진단학회의 발기인으로 참여하기도 하였다. 홍순혁과는 와세다 대학 선배로서 긴밀한 관계를 유지하였다. 이 둘의 관계는 1934년 2월에 쓴 일기에 '홍순혁 군이 露國東方策 1권을 보내주었다.'는 기록과, 3월 '김옥균 일기초를 홍순혁 씨에게 우편으로 부쳤다.'는 기록, '홍순혁 군이 기고한 글이 왔는데 제목이 讀史漫筆[6]이었다.'는 기록을 통해 확인할 수 있다.[7]

이밖에 일본 유학시절 은사로 市村瓚次郎(1864~1947)이 있다. 그는 동양사학자로 도쿄 대학과 국학원 대학 교수를 역임한 인물이다. 홍순혁은 와세다 대학 재학 시절 津田左右吉(1873~1961)에게 동양사학을 배우고 실증사학을 학습했을 것이지만, 津田 교수의 강의를 들었다는 언급만 있을 뿐 은사라는 표현은 사용하고 있지 않다.

홍순혁의 벗으로는 이선근과 정태진·우호익 등이 있다. 홍순혁이 畏友라고 지칭했던 이선근(1905~1983)은 1923년 와세다 대학에 입학하고 1934년에 진단학회 발기인으로 함께 참여했던 인물이다. 學友로 지칭했던 丁泰鎭(1903~ 1952)은 1921년 연희전문을 졸업한 뒤, 함흥 영생여학교 교사(1925~1927)로 재직하던 중 미국 유학(1927.5~1931.6) 길에 올랐고, 돌아와 10년간 함흥 영생여학교 교사를 지내다 1941년에 조선어학회로 전직한 인물이다. 禹浩翊(1897~ 1983)은 평양 숭실학교를 졸업하고 1920년 홍순혁과 함께 와세다 대학에서 수학한 뒤, 귀국 후 진단학회 발기인으로 참여한 인물로 후에 숭실대학교 교수가 되었다. 이밖에도 와세다 대학 사학과 선배인 이병도(1896~1989)를 언급하고 있는데, 진단학회 발기인으로 또는 실증사학에 입각한 선배 연구자로 친분을 유지했던 것으로 보인다.

---

6) 이는 『조선일보』에 다음과 같은 제목으로 실렸다(「讀史漫錄(1)(2)(3). 朝鮮學에 관한 歐文著書의 日本에 미친 影響－日譯本을 中心으로 하야」, 『조선일보』 1934.2.1~1934.2.3).
7) 『문일평 1934년 식민지시대 한 지식인의 일기』, 살림, 2008.

2) 학술 활동

홍순혁은 개성 한영서원을 졸업하였다. 연희전문학교 학적부에는 '개성한영서원중학부 졸업', '품행방정, 학업우수'라고 기록되어 있다. 1920년 4월 연희전문학교 문학과에 입학하여 1924년 3월에 졸업하였다. 그 후 와세다 대학 본과에 편입하여[8] 1927년 3월에 졸업하였다.[9] 와세다 대학은 1882년 개교한 이래 이병도·최남선·안재홍 등 한국 학생이 많았는데,[10] 홍순혁이 졸업할 당시에도 손진태·이상백·우호익 등 일제하 해방정국기의 정치 학술계에서 지도적 역할을 한 인물들이 재학하고 있었다. 귀국 후 1928년 함흥 영생여학교의 교사로 재직하였고,[11] 1936년에는 공립학교인 함남 고등여학교로 옮겼다.[12] 함흥에 있을 당시 홍순혁은 이화고녀를 졸업하고 함흥 영생남학교에 재직하고 있던 부인 이복선과 함께 근대 문화와 신식 문화를 교육하던 인물로 널리 알려져 있었다고 한다.

함흥에서 홍순혁은 한국학 연구에 매진하였다. 그는 우선 서책 수집과 도서관 진흥에 진력했다. 도서관이 대중 교육의 일부분을 담당하고 여론 형성에 중요한 역할을 담당한다고 보고, 도서관의 독립 건물, 전문 사서, 장서의 확보 등을

---

8) 「附錄 消息欄」, 『延禧』 3, 1925.5, 19쪽.

9) 早稻田大學 韓國同窓會, 『會員名簿 – 創立四十周年紀念』, 1987, 202쪽.

10) 이기백은 1942년 가을에 早稻田大學 문학부 사학과에 진학하여 早稻田大學基督敎靑年會 기숙사인 信愛學舍에 숙식하였는데, 여기에 우호익과 홍순혁 두 선배가 거쳐 갔다고 하였다(이기백, 「학문적 고투의 연속」, 『한국사시민강좌』 4, 1989, 162~163쪽).

11) 『함흥영생여고 100년사』, 2003.

12) 와세다 대학을 졸업한 홍순혁은 감리교 본부의 명령에 따라 장로교 계통의 함흥 영생학교의 교사가 된다. 개성의 남감리교에 속한 홍순혁이 캐나다 장로회가 중심인 함흥의 학교 교사로 파견된 이유에 대해서 고찰이 필요하다. 널리 알려져 있듯이, 한국에 파견된 장로교·감리교 등 6개 선교본부는 각 교단 사이에 불필요한 경쟁과 마찰을 막기 위해 1893년부터 1909년 사이 선교 구역 분할 협정(교계 이양)을 맺었다. 서울·평양·원산 등 대도시는 공동 선교 구역으로, 나머지는 이미 선교 활동을 시작한 교단의 기득권을 인정하였다. 그래서 미국 북장로회는 평안도와 황해도·충북·경북을, 미국 남장로회는 전라도를, 캐나다 장로회는 함경도·간도를, 호주 장로회는 경남을, 미국 북감리회는 경기도 남부·충남을, 미국 남감리회는 경기도 북부·강원도의 선교를 맡도록 하였다.

주장하였다.13) 함흥영생여자고등보통학교 교원 근무 시절인 1931년에 조선교육회가 주최하는 도서관 강습회에 참여하여 도서관의 원리와 운영에 관한 교육을 받고 장차 우리나라 도서관을 확대 발전시킬 구상을 하였다.14) 이는 후술하는 해방후 조선서지학회의 창립과 국립중앙도서관 활동의 기반이 되었다.

또한 자료 수집에 열성이어서, 평생의 꿈이 조선학을 중심으로 만권의 책을 모아 연구하는 것이라고 할 정도였다. 함흥 시절의 서재 이름을 東瀛文庫라 명명한 것은 도쿄대의 동양문고를 연상하면서 반도를 중심으로 주변 지역의 문화유산과 관련 자료를 모은다는 의미에서였다고 한다. 연희대학교의 연구실 이름은 고서 탐독을 의미하는 汲古齋였다.

특히 1928년부터 1945년까지 함흥에 있으면서 많은 자료를 수집하였는데, '汲古隨錄', '書痴愚觀錄', '汲古斷想' 등의 글을 통해 이를 소개하고 연구 자료로 활용할 것을 권하였다. 1946년 2월 연희대학으로 자리를 옮길 때 함흥집(山手洞 2-93번지) 마당 큰 항아리 속에 고서를 넣어 묻었다고 한다. 북한에서는 3대 장서가로 김양선·이인영·홍순혁 3인을 들고 있다고 한다(「장서가와 희서(4) 김양선」, 『경향신문』 1966.3.14).

홍순혁은 함흥에 있을 때 서울의 한국학 관련 학술 활동에 적극적이었다. 그는 와세다 대학을 졸업한 해인 1927년 11월 『한빛』의 창간 발기인으로 참여하여 이윤재·문일평·최남선·이능화·장도빈·이병도·최현배 등과 함께 우리나라의 역사 지리와 한글에 관한 지식을 일반에 보급하고자 하였다. 1934년에는 일본인이 만든 청구학회에 맞서 우리의 역사·언어·문학 등을 우리 학자에 의해 연구하려는 목적으로 창립된 진단학회의 창립 발기인 24명 가운데 한 사람으로 활동하였다. 여기에는 이병도·백낙준·이윤재·손진태 이외에도 김태준·박문규 등이 동참하였고, 기관지인 『진단학보』의 필자로는 도유호·김석형·박시형 등

---

13) 홍순혁, 「圖書館의 充實, 輿論의 興論」, 『조선일보』 1940.2.14.

14) 1931년 8월 5일에서 11일까지 열린 도서관 강습회에서 '학교도서관과 구미도서관', '조선도서관관리법과 조선고문서 일반', '사회교육과 도서관', '도서보관법 및 순회문고', '도서관의 제문제', '화한양도서 분류 및 목록법' 등의 교육이 있었다(『朝鮮之圖書館』 1, 조선도서관연구회, 1931).

사회주의 역사학자들도 포함되어 있었다. 정인보와 백남운은 참여하지 않았다.

홍순혁은 17년이 넘는 함흥 생활 동안 기독교 신앙에 기초한 국학연구와 민족교육에 힘을 쏟았다. 함흥기독교청년회에 적극 참여하여 강연활동을 벌였는데, 『동아일보』에 의하면, 홍순혁은 1928년 함흥기독교청년회가 聖經學院을 만들 때 강사로 활동하여 '상식강좌 조선사 강의', '만주상식 강연' 등을 했다고 한다. 그는 함경도 지역의 향토와 역사 연구에도 매진하였고 현지답사에도 열성이었다. 이 시기에 쓰여진 「北鮮과 女眞」, 「함남과 그 향토색」 등의 연구는 함경도 지역의 역사를 정리한 것이다.[15]

홍순혁은 음악 활동에도 정력적이었다. 연희전문의 음악 교육은 우리나라 최초의 피아니스트 김영환(1892~1978)이 교수로 취임(1918~1928 재직)하면서 본격화되었는데, 그 뒤를 이어 현제명(1929~1943 재직)이 교향악 운동, 음악 강습회, 음악 콩쿨 등의 분야에서 왕성한 활동을 벌여왔다. 홍순혁은 김영환·현제명의 지도 아래 음악부의 일원으로 활동하였다. 『동아일보』는 1923년 홍순혁이 연희전문 학생으로 4인 합창과 독창에 참가한 사실과 1929년 연전 관현악단의 일원으로 관동지방 연주회에 참여한 사실을 전하고 있다.[16] 특기할 만한 것은 현재 우리가 알고 있는 슈베르트와 브라암스의 자장가는 홍순혁이 작사한 것이라는 사실이다.

1945년 해방이 되자 연희전문은 학교 정상화에 주력한다. 동년 9월 연희전문학교 접수위원회가 조직되고 같은 해 11월 개학식이 열렸다. 다음해 홍순혁은 연희대학교 교수로 임용된다. 해방 직후 연희대학교 교장(1945.9~1945.12)이었던 유억겸이 연희의 재건을 위하여 교수진 확보에 매진하던 중 함흥에서 활동하고 있던 홍순혁을 교수로 초빙하였던 것이다. 당시 사학과 교수로는 1939년부터

---

15) 당시 함흥은 반일 운동이 활발하였다. 일제시기의 공업화 지대인 함흥·흥남·원산에서는 노동·농민운동이 활발히 전개되었다. 조선어학회 사건(1942년 10월)은 함흥영생여학교 학생과 교사로부터 비롯되었다. 이 사건에 연루된 정태진은 함흥 지역에서 교사로 근무한 홍순혁과 연희전문 학우였다. 홍순혁은 함흥지역의 이러한 움직임에 대한 어떠한 글도 남기지 않았다.

16) 『연세음악 55년사』, 연세음악 55년사편찬위원회, 1974.

근무한 조의설과 해방 후에 부임한 조좌호·염은현·민영규 등이 재직하고 있었다. 홍순혁은 사학과장과 전문부 1학년 학감,[17] 종교위원회 위원, 도서관장으로 활동하면서 연희대학교의 초석을 다지는데 기여하였다.[18]

홍순혁은 연희대학교 사학과의 발전에도 크게 기여하였다. 1949년 4월 사학연구회를 조직하고 같은 해 10월 2대 회장이 되었다. 그는 사학연구회에서 「最近 收集한 書籍에 對하여」, 「高麗官制에 對한 一考察」 등의 논문을 발표하였고, 1947년부터 답사를 활성화하여 동료 교수, 학생과 함께 경주·개성·여주·강화 등지를 다녀오기도 하였다.[19]

해방 후 홍순혁은 한국학 자료의 정리, 한국사학계와 일본 교과서의 동향에 대한 검토를 통해 한국학의 현황과 진로를 모색하였다. 그는 한국사와 관련된 것으로 『신천지』에 5편, 국어학과 관련해서 『한글』에 5편, 서지학과 관련해서는 『백민』에 3편, 『향토』에 3편의 글을 발표하였는데, 위에 거명한 잡지는 모두 해방 후 우리 민족의 역사와 문화를 연구하여 창의적이고 자주적인 문화를 건설하려는 목적으로 만들어진 것이었다.

3. 한국사학과 한국학

1) 한국사학계의 동향과 일본 교과서 분석

홍순혁은 한국사의 경우 고대사와 최근세사에 관한 강의와 연구에 집중하였

---

17) 1946년 영문과 입학생 김동길은 "국사를 가르친 홍순혁 교수는 문과 1학년의 담임이 되어 학생 개개인의 사정을 캐묻기도 하였다"고 술회했고(김동길, 「60년전을 돌이켜보면서」, 『우리들의 60년(1946~2006)』, 2006, 265쪽), 47년 영문과 입학생 차범석은 입학 면접시험 때, 면접관인 홍순혁·서두수에게 극작가가 되겠다고 답변하자 시큰둥하고 냉담한 반응을 보였다고 하였다(차범석, 「나의 꿈과 예술의 삶은 白楊路의 품에서 자랐지」, 같은 책, 2006, 273~274쪽).
18) 연세창립80주년기념사업회, 「연희편/해방과 재출발」, 『연세대학교사』, 연세대학교출판부, 1965, 461~463쪽, 543쪽.
19) 연희대 사학연구회, 『會誌』 1, 1950.4.

다. 그의 고대사 연구는 유학과 교사 시절 머물렀던 도쿄와 함흥 지역의 역사와 관련해서 이루어졌다. 1924년부터 1927년까지 와세다 대학 유학시절에는 일본 무사시노(武藏野)의 고구려 유민과 新羅鄕의 조사 연구를 기반으로 일본에 남아 있는 고구려 유민과 신라인의 흔적을 조사하였다. 그의 조사에 따르면, 도쿄 근처의 사이다마현 히다카시(日高市)는 고구려 왕족 若光이 유민 1800여명을 이끌고 황무지를 개척한 곳으로 고려신사, 고려향, 高麗川이 현재도 남아 있고, 근처에는 신라군과 신라의 승려와 일반인 100여명이 살고 있었다고 한다. 이들은 한반도에 있을 때는 적국이었던 일본과 우호적인 관계를 유지하면서 선진기술을 전파했던 것으로 보인다고 분석하였다. 홍순혁의 글은 일본에 존재하는 한국의 유적을 널리 알리는 계기가 되었다. 함흥시절에는 북방 연구에 대한 관심에서 함경도의 여진 문제와 만주의 광개토대왕비문을 검토하였다. 이밖에도 『조선명인전』(조선일보사)의 필자로 예정된 문일평이 갑자기 죽자 태종무열왕과 혜초를 대신 집필하기도 하였다.

홍순혁의 최근세사에 대한 관심은 1936년 『신동아』에 연재한 「韓末政客遺墨雜攷」를 통해 확인할 수 있다. 그는 자신이 수집한 자료를 소개하였는데, 흥선대원군의 斷簡, 김옥균 최후서간, 윤웅렬 유묵, 김홍집·어윤중·김윤식의 手札, 조희연·유길준·장박의 詩幅, 북청 출신 이준의 유물, 이완용·趙重應의 詩幅, 朴齊純의 手札·宋秉畯의 詩幅 등이 포함되어 있었다.[20] 1950년에는 연희대학에서 '朝鮮最近世史'와 '朝鮮思想史'를 강의하였다.[21]

---

20) 「書痴愚觀錄」에 홍순혁이 소개한 국보급 자료는 다음과 같다.
　一. 朝鮮統治史 論稿(秘) 朝鮮史編修會 硏究彙纂의 하나. 本文 二一六페지. 西紀 一九四四年刊 京城帝大 田保橋潔 敎授 著.
　二. 崇禎庚午四月日記. 寫本十六枚. 兼春秋館記事官 吏曹佐郎 尹棨의 自筆本. 吏曹와 春秋館의 日記로 崇禎 三年 庚午 (李朝 仁祖 三年, 西紀 一六三０) 四月 初一日로부터 三十日까지의 分.
　三. 萬歲騷擾事件電報文 大正八年 三月一日로부터 九月에 이르는 分. 各冊 一部의 寫本. 日本 內閣 拓植局 秘藏의 極秘本.
　四. 李完用의 大韓醫院 病中吟 絶句한 篇. 庚戌 夏의 書.
21) 홍순혁, 「도하각대학순례기/연희대학편」, 『신천지』 5-5, 1950.5.

홍순혁은 해방 후 한국사학계를 진단하며 새로운 역사학의 방향을 모색하였다. 그는 1950년 6월 해방 후 5년간의 한국사학계를 史觀·論著·學會의 순서로 정리하면서[22] 당시 학자들을 세 부류로 구분하였다. 즉 '식민지 시기 史觀을 가지지 않았으나 相當한 業績을 남기어 學界에 이바지한 一群의 學者'와 '唯物史觀派', 그리고 '文化史觀論派'가 그것이다. 그 가운데 "唯物史觀은 白南雲氏가 우리 學界에 提唱한 後 解放을 기다려 以北에서는 그 政策과 병행하여 全的으로 支持를 받았고 以南에서는 新進學徒들 사이에 많은 關心을 가져왔다."고 기술하였고, 文化史觀論派는 "文獻考證主義的인 方法에 依한 王朝史觀 封建史觀과는 視角을 달리하면서 唯物史觀에 左祖하지 않는 史觀을 主張하는 一群의 學者로 李相佰, 孫晉泰, 李仁榮이 이에 해당한다."고 규정하였다. 그가 말하는 '문화사관론파'는 오늘날 신민족주의 사학자, '식민지시기 史觀을 가지지 않았으나 相當한 業績을 남기어 學界에 이바지한 一群의 學者'는 실증사학자를 지칭하는 것으로 보인다.

홍순혁은 당시 학회와 관련해서는 진단학회의 활동과 그 분화에 주목하였다. 그는 조선사연구회에 대하여 "일제시기 일본인 중심의 靑丘學會와 대립하여 우리 글로 발표하는 기관지로 진단학회가 있었는데, 해방 후에는 진단학회에 주인공격인 이병도가 朝鮮史硏究會를 조직하고 『史海』를 1호 내었으나 그 속간을 보지 못하고 있다."고 아쉬움을 토로하였다. 이와 함께 역사학회에 대해서는 "在來의 象牙塔 속에서 나와 淸新한 새 學風을 세우려는 意圖에서 1945년 12월에 발족한 歷史學會가 있다. 어느 의미로 震檀學會나 朝鮮史硏究會와는 대립적인 모임이다. 1947년에는 5회, 1948년에는 1회의 발표회가 있고 1949년 5월에는 『歷史學研究』 1집이 나왔다. 그 健全한 發達을 비는 바이다."라고 격려하였다. 그러나 그는 "『史海』는 『진단학보』의 比가 아니었다. 分立하여 各各 旺盛한 活動을 할 수 있다면 모르거니와 둘 다 정체중에 있으니 힘을 한 곳에 모두어 日帝 侵略時에도 꾸준한 발전을 해온 진단학회를 淸新한 새

---

22) 홍순혁, 「해방후 국사학계의 동향」, 『신천지』 5-6, 1950.6.

모임으로서 改構하여 새로운 출발을 볼 수 있게 함이 오늘의 급무가 아닐까 愚考한다.”라고 제안하였다. 그는 청구학회에 대항해서 창립된 진단학회가 해방 후에 조선사연구회와 역사학회로 분화되었다고 설명하고, 내심 조선사연구회와 역사학회를 통합하여 진단학회를 중심으로 한국학이 발전되기를 희망하였다.

현재 해방 직후 사학사에 대한 연구는 당시에 제기되었던 유물사관사학과 진단학회의 분화에 주목해 왔다.[23] 진단학회는 일본의 대학 혹은 경성제대에서 근대 인문학 훈련을 받은 이들이 발기인과 임원이 되어 순수 학문으로서의 사학 내지 문헌고증사학을 지향하였다. 학회에는 사회주의자와 비타협적 민족주의자의 전통을 잇는 흐름이 전혀 없었던 것은 아니지만, 체제내적인 문화운동을 지향하는 흐름이 주류를 형성하고 있었다. 그런데 전시체제기에 접어들면서 학회 내 일부 회원들 사이에서 민족현실을 극복할 수 있는 실천적 역사학을 모색하고자 하는 흐름이 나타났다. 예컨대 손진태와 조윤제 등 이른바 ‘동산학파’에 의한 신민족주의 사학이 그것이다.

해방이 되자 ‘동산학파’가 전면에 나서고 일제하 학회 운영을 전담했던 이병도는 2선으로 물러났다. 해방 이튿날 재건 총회가 열려 송석하를 회장으로 조윤제·도유호·이여성 등이 참여하면서 좌우합작, 통일전선적 관점을 견지하였기 때문이다. 같은 맥락에서 8월 27일에는 건국준비위원회(여운형·안재홍)와 손잡고 여기에 김두헌·조윤제를 파견하고, 9월 10일부터 19일까지 ‘국사교습회’를 개최하는 한편으로 미군 군정청과 교섭하여 국사교과서를 편찬하였으며, 11월과 12월에 걸쳐 ‘임시중등국사교원양성강습회’를 개최하는 등 활발한 활동을 전개하였다.[24]

---

23) 방기중, 「解放後 國家建設問題와 歷史學」, 『韓國認識과 歷史理論』(김용섭교수정년기념한국사학논총 1), 1997).

24) 당시 회장이던 송석하의 병세 악화, 회원간의 좌우대립, 총무 조윤제가 제기한 친일학자 제명문제, 이병도·신석호·김상기 등이 별도로 조선사연구회를 결성한 것과 염은현·홍이섭 등 젊은 역사학자들이 역사학회 결성 등을 원인으로 진단학회가 쇠퇴하고 있었다(조동걸, 「제5장 해방후 韓國史硏究의 발흥과 特徵」, 『現代韓國史學史』, 나남출판,

'동산학파'가 주도하는 진단학회의 활동은 일제시대 진단학회의 주류 학풍과 전통을 부정하는 것이었다. 총무 조윤제는 이병도를 지목하여 학회 내 친일파의 제명을 주장하였는데, 이는 진단학회의 발전 방향과 연관하여 학문관의 차이를 노정한 것이었다. '동산학파'와 이병도 그룹간의 내면적 갈등이 첨예화되고 학회 내부의 분화가 본격화되면서 대체로 세 방향으로 진행되는 양상을 띠었다.

하나의 방향은 이병도가 김상기·신석호 등과 함께 조선사연구회를 설립하고(1945.12.12), 문헌고증사학의 새로운 활로를 모색한 것이었다. 조선사연구회는 기관지『史海』 1집을 발행한 뒤 뚜렷한 활동을 보이지 않다가, 이병도가 1954년 환도하여 진단학회 이사장을 맡게 되면서 자연 해소되었다. 다른 하나는 손진태와 이인영 등 '동산학파'가 신민족주의 사관의 이론화와 새로운 민족사 체계를 준비한 것이었다. 하지만 손진태와 이인영이 납북되자 그 계획은 중단되었다.

마지막 하나는 이상백·이여성·김일출 등 비경성대학 출신의 활동이었다. 이들은 각기 신문화연구소와 역사학회(1945.12.25)를 창립하면서 좌우합작의 진보적 입장을 견지하였다. 역사학회의 초대 간사는 김일출·홍이섭·염은현·민영규 등 연희전문 출신이나 연희대학 교수였고, 기관지인『역사학연구』의 필자는 조의설·김일출 등 연희 출신이 포함되어 있었다. 그 후 전쟁으로 활동이 중단되었다가 1952년 부산에서 동일한 이름으로 역사학회가 창설되고, 초대 회장은 홍이섭이 맡았다. 여기에서 홍순혁은 연희대학교 사학과 교수로서 역사학회가 아닌 진단학회를 중심으로 한국학이 발전되기를 희망하였다.

한편, 홍순혁은 패전 직후인 1946~1947년에 간행된 일본의 중등교과서와 전시하의 국정교과서를 ① 역사관 ② 조선사 관련 사항 ③ 전쟁 인식의 세 측면에서 비교 분석하였다.[25]

1998, 324~328쪽).

25) 홍순혁,「敗戰國 日本의 歷史敎育의 新動向:近刊文部省編纂 日本歷史를 읽고서」,『신천지』 2권 9호, 1947. 10.

① 역사관 부분에서, 교과서의 명칭이 '국사'에서 '일본(역)사'로 바뀐 것은 국수주의를 탈피하고자 하는 노력으로 보았다. 종래 사용된 '皇紀' 대신 '서기'를 사용하는 등 새 교과서 1~2장에 나타난 황국사관으로부터 탈피하고자 하는 시도에 주목하였고, 1장(「국체관념에 대한 태도와 사관의 변천」)의 분석을 통해서는 전체적으로 문화사적 사관에 기초해 과학적 일본사 서술로 전환하려는 태도를 보였다고 평가하였다.

② 조선사 관련 부분에서는, 3장(「태평양전쟁까지의 고백」)에서 다이쇼·쇼와 시기를 다룬 18장을 분석하면서 군국주의 관련 서술을 점검하면서 다이쇼 정당정치를 서술하는 부분에서 "자본주의 발달의 유래와 사회운동의 발생을 통계적 수자로 보인 것 같음은 교과서로서 격세의 감이 있다."고 평가하고, 전체적으로 패전에 이르는 과정에 대한 서술이 수긍할 만하다고 하였다. 교과서의 마지막 항목(「민주주의 국가의 건설」)에 나타난 천황의 인간선언과 민주주의 건설 의지, 즉 "우리나라의 앞으로의 진로는 민주주의에 의한 신국가의 건설에 있다. 인민 또한 이에 적극적으로 협력하고 있다."는 점을 강조한 것도 긍정적으로 보았다.[26]

③ 전쟁 인식의 부분에서는, 일본의 역사교육이 "완전히 우상화, 가식화로부터 탈퇴되었는가를 아직도 의심"하였는데, 여전히 연합국 점령 아래 있고 우월적 국민성이 드러나며 교과서의 변화에도 불구하고 교사의 교육방법에 황실중심주의와 우월성이 남아 있다는 것이 그 이유였다. 특히 조선사 관련 부분 서술의 부당성과 미온적 변경에 관해서는 "크게 경계"한다고 우려를 표시하였다. 요컨대 한국 관련 서술에서 가장 큰 문제점을 발견하고 이를 2장(「조선사에 관한 모든 문제」)에서 집중적으로 분석하고 있다.

---

26) 여기서 필자는 인간 선언 부분을 포함한 서술을 일본어 원문으로 제시하는데, "필자의 본의는 결코 아니나 원문 그대로 옮기어 지금까지 필자가 할 수 있는 대로 직역법을 써서 그들의 표현을 독자에게 이해시키려고 애쓴 것에 참고를 삼고자 한다"고 부언하였다. 인간선언이 천황에 대해 존칭을 사용하고 있기 때문에 번역하기 껄끄러워 그랬을지 모른다는 추측도 가능하지만, 그 진의는 알 수 없다(사학과 임성모 선생의 교시에 의함).

2장의 중요한 지적을 시기 순으로 살펴보면, 첫째 고대 한일관계에서 종래 스사노오의 도한과 신공황후의 신라 정벌 관련 기술이 사라지고 한반도와 일본의 관계를 중국 사료 및 광개토왕비 등을 근거로 실증하려는 자세는 '진보적'이지만, 관련 항목에 '대화조정의 성립과 아울러 조선반도의 경영'이라는 제목을 단 것은 타당치 않다고 비판하였다. 『위지』 왜인전 사료와 광개토왕비 신묘년 기사에 대한 정설이 없는 상태에서 "경영이란 제목을 붙이기에는 대담"하다고 평가하였다. 둘째 두 차례의 왜란에 대해 "기병의 원인을 오로지 외국무역에만 돌린 것"은 국민에게 "평화주의적 색채를 표시하려는 의도이겠지만 눈 감고 아웅하는 수작"이라고 평가절하 하였다. 셋째 정한론의 원인을 조선 측에 떠넘겼으며, 넷째 러일전쟁 부분에서 "특히 대통령 루스벨트가 보인 유형무형의 원조는 특필하지 않으면 안 된다."고 서술한 것은 "사실과 아첨이 相半"하고, 다섯째 특히 한국병합에 관한 서술은 "너무도 미온적"이라고 비판하였다. 총괄적으로 "전 교과서에 비해서는 진보적"이라 볼 수도 있지만 "좀 더 솔직한 서술을 요구한다."고 결론 내렸다.

홍순혁은 서론에서 이 글의 목적을 "우리 역사교육계에 한 참고적 자료로 소개"하는 데 있다고 했지만, 결론에서는 "추천할 만한 개설이나 교과서가 없음"을 유감으로 여기며 "과학적 연구법에 의한 엄정한 사실에 따라 문화사적 관찰로 전체를 파악할 수 있는 우리의 교과서가 발간되기를 희망한다."고 하면서 마무하였다.

홍순혁은 조선학 연구에 매진하였지만 역사학을 현실에 적용한다는 학문적 실천이라는 점에서는 소극적이있다. 이는 와세다 대학에서 실증사학을 역사학의 방법론으로 익혔고 연희전문에서 국학연구와 민족교육에 충실하면서 문화사관, 신민족주의사학의 기조를 유지하였던 그의 학문적 성향 때문이었다.

2) 국어학과 서지학

홍순혁은 평소 조선학 관련 서적 수집과 연구에 관심을 기울였다. 그는

朝鮮光文會 刊『朝鮮叢書』와『朝鮮群書大系』72책을 본 뒤, 조선 관계 서적을 모아 문고를 만들어 보겠다는 결심을 하게 되었다고 술회하였다. 이러한 관심은 서지학과 도서관의 진흥에 진력하는 것으로 표출되었다. 그는 고서를 발굴하고 자료를 해석하는 작업뿐 아니라, 체계적인 자료의 수집과 보관 그리고 이를 통한 새로운 한국학 연구의 방향을 제시하고자 하였다. 함흥고녀에 재직하던 1940년에는『조선일보』에 기고하여 도서관의 야간 공개와 연중무휴인 독립된 도서관의 건립을 제안하고, 연희대학 중앙도서관장(1948.9~1950.6) 시절에 쓴 기고문에서도 독립된 도서관을 건립하여 연구와 교육의 기초를 마련해야 한다고 역설하였다.

홍순혁은 1947년 8월 이재욱·박봉석·이병기·송석하·김구경 등과 함께 조선서지학회의 창립 발기인 6인 가운데 한 사람으로 참여하여 상무위원으로 활동하였다. 이와 함께 사서를 양성하고 교육하는 일을 담당하던 국립중앙도서관의 강사로도 참여하였다. 1947년 4월 22일부터 4월 30일까지 국립중앙도서관 주관 제1회 도서관 사업 강습회가 열렸을 때 홍순혁은 '도서 수집'을 주제로 강의하였고, 1948년 6월 21일에서 26일에 걸쳐 조선서지학회와 국립중앙고서관이 협력해서 '朝鮮書誌 關係圖書 展覽會'를 열었을 때는 이 행사에 적극 참여하여 전람회의 의의와 관련한 글을 기고하기도 하였다. 기고문에서 그는 전시회를 통해 조선 서지의 대중화와 도서 간행 그리고 출판사업의 중요성을 강조하였다. 1949년 10월 21일부터 10월 26일까지 진행된 제3회 도서관 사업 강습회에서는 '모리스 구랑의 조선서지에 대하여'라는 주제로 강의를 하기도 하였다.[27]

홍순혁은 당시 서지학의 흐름을 개괄하면서 발전방향을 모색하였다. 그가 당시 조선 서지의 발달 추이(「朝鮮書誌學發達史小考」)를 살펴보고, 도서 발간의 현황(「解放以後 刊行된 朝鮮學 關係出版에 對한 考察」, 「解放以後 古典覆刻―影印本을 중심으로」)을 개괄한 것은 그러한 의지의 표현이었다. 특히 후자에서는

---

27) 국립중앙도서관,『國立中央圖書館史』, 1973, 336~343쪽, 374~375쪽.

당시 간행된 한국학 저서를 갑, 을, 병으로 분류하여 소개하였다. 갑은 解放 以前에 出版된 것으로 해방 이후 再版된 것, 을은 解放 以前에 新聞이나 雜誌에 發表되었으나 당시에는 출간되지 못하고 解放 以後에야 비로소 單行本으로 出版된 것, 병은 解放 以後 처음으로 出版된 것으로 도서를 분류하여 도서 출판의 현황과 전망을 정리하였다.

홍순혁은 국어학에도 관심을 기울였다. 그는 국어학 가운데 이두 자료의 소개와 해석에 관한 글을 여러 편 발표했다. '儒胥必知'(한문으로 된 각종 청원서·고소장 등의 서식을 실어 놓은 책으로 이두를 한글로 읽는 법을 휘편에 붙임), '吏文襍例'(조선 후기 각종 書式의 吏讀文을 모아 간행한 이두학습서), '吏文과 吏文大師'(조선시대의 지방관청에서 주고받은 이두문서에 나타나는 한자어구와 이두를 모으고, 이두에는 한글로 독법을 표기해 놓은 책), '華語類抄'(중국말을 천문·시령·지리·기후 등으로 분류하여 어휘를 배열하고, 그 끝에 먼저 漢音을 붙이고 그 밑에 한글로 음을 단 책) 등 이두 읽는 법을 소개하였다.

아울러 '耳談續纂'(정약용이 명나라의 王同軌가 지은 『耳談』에 우리나라의 속담을 더하여 한문으로 엮은 책), '百聯抄解'(七言 古詩中 聯句 百가지를 뽑아 한글로 그 읽는 法을 보이고 그 뜻을 해석한 것), '喜雨詩應制賜醢圖'(김좌명, 孝宗 3년(1652) 효종이 비가 오는 것을 기뻐해서 관료들에게 시를 짓게 한 것으로 13명의 시와 시 짓는 광경을 그린 그림), 「四山禁標圖」(영조 3년 서울 주변의 산에서 나무를 하거나 묘를 쓰는 것을 금하고 그 경계를 글과 그림으로 그린 것)를 소개 발표하였다.

홍순혁이 이두 자료를 소개하고 해석한 것은 1950년 이전에 국어학적으로 가치가 있는 자료들을 발굴 소개함으로써 국어학 연구의 토대를 마련하였다는 점에서 그 의의를 찾을 수 있다. 그는 이두 자료에 대해 구체적인 吐의 목록을 제시하고 독법에 대한 해석도 진행하였다. 다만 吐의 해석과 관련해서는 오구라 신페이(小倉進平)의 논의에 근거하였는데, 오구라와 양주동 외에는 이두에 관해 참고할 만한 연구가 없던 당시 상황에서는 불가피한 일이었다.

4. 맺음말

이 글은 연희대학 사학과 교수를 역임하고 해방 직후 학술활동을 편 홍순혁의 삶과 사상을 살핀 글이다.

홍순혁은 개성 한영서원과 연희전문학교를 졸업했다. 그는 한영서원 교장인 윤치호를 평생 은사로 모셨다. 자신이 조선사학에 뜻을 두게 된 것은 '좌옹 윤치호의 교도와 백당 현채의 감화'에 힘입었다고 술회하였다. 홍순혁의 연희 재학시절 은사인 유억겸은 해방 이후 교장이 되어 연희의 재건을 위해 교수진을 확보하는 과정에서 홍순혁을 사학과 교수로 초빙하였다. 홍순혁의 연희전문과 와세다 대학 수학시절 친우로는 이선근·정태진·우호익 등이 있다.

홍순혁은 와세다 대학 사학과를 졸업한 뒤, 1928년 함흥 영생여학교의 교사가 되었고, 1936년에는 공립학교인 함남 고등여학교로 옮겼다. 함흥에서 홍순혁은 한국학 연구에 매진하였다. 그는 특히 자료 수집에 열성이어서, 평생의 꿈이 조선학을 중심으로 만권의 책을 모아 스스로 연구하는 것이라고 하였다. 함흥시 절의 서재 이름을 동영문고, 연희대학교 연구실을 汲古齋로 명명한 것은 고서를 모아 한국학을 연구하려는 그의 강한 의지가 담겨있는 것이라고 할 수 있다.

홍순혁은 서울에서 진행되던 한국학 관련 학술 활동에 적극적이었다. 1927년 『한빛』 창간 발기인, 1934년 진단학회 창립 발기인 24명 가운데 한 사람으로 참여한다. 홍순혁은 17여년이 넘는 함흥 생활 동안 기독교 신앙에 기초한 국학연구와 민족교육에 힘을 쏟았다. 함흥기독교청년회에 적극 참여하여 '상식 강좌 조선사 강의', '만주상식 강연' 등의 강연활동을 벌였다.

홍순혁은 1945년부터 1950년 납북될 때까지 연희대학교 교수로 재직한다. 그는 사학과장과 전문부 1학년 학감, 종교위원회 위원, 도서관장으로 활동하며 연희대학교의 초석을 다지는데 기여하였다. 그는 특히 사학과 교수로서 1949년 4월에 사학연구회를 조직하고 같은 해 10월 회장이 되어, 「最近 收集한 書籍에 對하여」, 「高麗官制에 對한 一考察」 등의 논문을 발표하였고, 1947년부터 시작한 사학과 답사에 동료 교수, 학생과 함께 경주·개성·여주·강화 등지를 다녀왔다.

홍순혁은 한국사의 경우 고대사와 최근세사에 관한 강의와 연구를 진행하였다. 고대사에 대한 연구는 와세다 재학시절 고구려 유민과 新羅鄕에 관한 무사시노(武藏野)의 연구를 기반으로 일본에 남아있는 고구려 유민과 신라인의 궤적을 조사하고, 함흥에 있을 때는 북방 진출에 관한 연구에 집중하여 함경도의 여진 문제와 만주의 광개토대왕 비문을 검토한 것 등에서 보였던 관심이 심화되는 방향으로 표출된 것이었다. 이밖에 『조선명인전』(조선일보사)의 필자로 태종무열왕과 혜초를 집필하기도 하였다.

홍순혁은 해방후 한국사학계를 진단하며 새로운 역사학을 모색한다. 그는 1950년 6월 해방 후 5년간의 한국사학계를 史觀, 論著, 學會의 순서로 정리하였다. 그는 당시 학자들을 '식민지 시기 史觀을 가지지 않았으나 相當한 業績을 남기어 學界에 이바지한 一群의 學者', '唯物史觀派', '文化史觀論派'로 분류하였다. 이 가운데 '문화사관론파'는 오늘날 신민족주의사학자, '식민지시기 史觀을 가지지 않았으나 相當한 業績을 남기어 學界에 이바지한 一群의 學者'는 실증사학자를 말하는 것으로 보인다.

당시 학회에 대해서 홍순혁은 진단학회의 활동과 그 분화에 주목하였다. 그는 해방 후에 진단학회의 중심 인물인 이병도가 조선사연구회를 조직하고 비경성대 출신이 역사학회를 만들었는데, 조선사연구회와 역사학회는 대립적인 모양새라고 진단하였다. 그러면서 그는 조선사연구회와 진단학회가 분립하였지만 다 정체해 있으므로 일제시대부터 꾸준한 발전을 해온 진단학회를 중심으로 새로운 출발을 해야 한다고 보았다.

현재 해방 직후 사학사에 대한 연구는 당시 유물사관시학과 더불어 진단학회의 분화에 주목해 왔다. 진단학회는 순수 학문으로서의 사학, 문헌고증사학을 지향하였는데, 1940년대에 학회 내 일부 회원들 사이에 민족 현실을 극복할 수 있는 실천적 역사학을 모색하는 흐름, 곧 손진태와 조윤제 등 이른바 '동산학파'에 의한 신민족주의사학이 나타난다. 해방이 되면서 '동산학파'가 전면에 나서고 일제하 학회 운영을 전담한 이병도는 2선으로 물러나면서 좌우합작, 통일전선적 관점을 견지하였다. '동산학파' 주도의 진단학회 활동은 일제시대 진단학회의 주류 학풍과 전통을 부정하는 것이다. 그런데 특기할 만한 사실은 해방 직후 새로운 역사학을 모색하는 시점에서 홍순혁은 연희대학 교수 대부분이 참여했던 역사학회가 아닌 진단학회를 중심으로 한국학이 발전되기를 희망하였다는 사실이다.

홍순혁은 패전 직후인 1946~1947년의 일본 중등교과서와 전시하의 국정교과서를 역사관, 조선사 관련 사항, 전쟁 인식의 세 측면에서 비교 분석하였다. 역사관 부분에서, 교과서의 명칭이 '국사'에서 '일본(역)사'로 바뀐 것은 국수주의 탈피의 상징으로 보았다. 1장의 분석을 통해, 전체적으로 문화사적 사관에 의해 과학적 일본사 서술로 전환하려는 태도를 보였다고 평가하였다. 조선사 관련 부분에서는 3장에서 다이쇼·쇼와시기를 다룬 18장을 분석해 군국주의 관련 서술을 점검하고, 다이쇼 정당정치 서술 부분에서 "자본주의 발달의 유래와 사회운동의 발생을 통계적 수자로 보인 것 같음은 교과서로서 격세의 감"이 있다고 평가하고, 전체적으로 패전에 이르는 과정에 대한 서술이 수긍할 만하다고 하였다. 전쟁 인식의 부분에서 일본의 역사교육이 "완전히 우상화, 가식화로부터 탈퇴되었는가를 아직도 의심"하였는데, 그 이유는 여전히 연합국 점령 아래 있고, 우월적 국민성이 드러나며, 교과서 변화에도 불구하고 교사의 교육방법에 황실중심주의와 우월성이 남아 있기 때문이었다. 특히 조선사 관련 부분 서술의 부당성과 미온적 변경에 관해서는 "크게 경계"한다고 하였다. 홍순혁은 서론에서 이 글의 목적을 "우리 역사교육계에 한 참고적 자료로 소개"하는 데 있다고 했는데, 결론에서는 "추천할 만한 개설이나 교과서가 없음"을 유감으로 여기며 "과학적 연구법에 의한 엄정한 사실에 따라 문화사적 관찰로 전체를 파악할 수 있는 우리의 교과서가 발간되기를 희망한다"고 하면서 마무하였다.

홍순혁은 국어학에도 관심을 기울여 「儒胥必知」·「吏文襍例」, 「吏文」과 「吏文大師」·「華語類抄」 등 이두 관련 자료를 소개하고 이두 읽는 법을 설명하였다. 그의 이러한 작업은 1950년 이전에 국어학적으로 가치가 있는 자료들을 발굴 소개함으로써 국어학 연구의 토대를 마련하였다는 점에서 그 의의를 찾을 수 있다. 아울러 그는 고서의 발굴과 자료 해석을 통해 한국학 연구의 방향을 새롭게 모색하였다. 조선 서지의 발달 추이를 고찰하고, 도서 발간 현황을 정리한 것은 그러한 의지의 표현이었다. 특히 후자와 관련하여 한국학 저서를 갑·을·병으로 분류하고 전시회를 통해 소개함으로써 조선서지의 대중화와 도서 간행, 출판 사업의 중요성을 각성시켰다.

홍순혁은 조선학 연구에 매진하였지만 역사학을 현실에 적용한다는 학문적 실천이라는 점에서는 소극적이었다. 이는 와세다 대학에서 실증사학을 역사학의 방법론으로 익혔고 연희전문에서 국학연구와 민족교육에 충실하면서 문화사관, 신민족주의사학의 기조를 유지하였던 그의 학문적 성향 때문이었다.

참고문헌

국립중앙도서관, 『國立中央圖書館史』, 1973.

金彌東, 「想白先生의 學窓時節」, 『想白李相佰評傳』 을유문화사, 1996.

문일평, 『문일평 1934년 식민지시대 한 지식인의 일기』, 살림, 2008.

방기중, 「解放後 國家建設問題와 歷史學」, 『韓國認識과 歷史理論』(김용섭교수정년기념한국사학논총 1), 1997.

연세대학교 사학과 60주년 기념사업회, 『연세사학의 발자취(1946~2006)』, 2006.

연세창립 80주년 기념사업회, 『연세대학교사』, 연세대학교출판부, 1965.

연희대 사학연구회, 『會誌』 1, 1950.4.

연희전문학교 동문회, 『延禧』 3, 1925.5.

영어영문학과 동창회, 『우리들의 60년(1946~2006)』, 2006.

장규식, 『일제하 한국 기독교 민족주의 연구』, 혜안, 2001.

早稻田大學 韓國同窓會, 『會員名簿 ― 創立四十周年紀念』, 1987.

조동걸, 『現代韓國史學史』 나남출판, 1998.

홍순혁, 「敗戰國 日本의 歷史教育의 新動向 : 近刊文部省編纂 日本歷史를 읽고서」, 『신천지』 2-9, 1947.10.

홍순혁, 「朝鮮書誌 關係圖書展覽會를 열고서」, 『文苑』(國立圖書館館報) 30, 1948.8.

홍순혁, 「都下各大學巡禮記: 延禧大學編」, 『신천지』 5-5, 1950.5.

홍순혁, 「解放後 國史學界의 動向」, 『신천지』 5-6, 1950.6.

홍순혁 교수 글 모음

제목	출전	비고
恩津彌勒을 보고서	『延禧』제2호, 1923	
武藏野의 新羅郡	『조선일보』 1926.11.20	
世界的 學界에 大驚異를 준 新羅僧 慧超에 對하여	『한빛』제2호, 1928.1.14	문화사 홍순혁
日本 武藏野의 開拓者인 우리 上代人 – 特히 高句麗 遺民에 對하여	『靑年』제8권3호, 1928.4	
朝鮮의 美術자랑 (特히 우리 國寶에 對하여)	『別乾坤』제12·13호, 1928.5.1	
淺川巧 著『朝鮮の膳』을 읽고	『동아일보』 1931.10.19	
咸興鄕校藏本 龍飛御天歌에 대하여(상·중·하)	『동아일보』 1931.12.2, 3, 5	
讀史漫錄 : 朝鮮學에 관한 歐文著書의 日本에 미친 影響–日譯本을 中心으로 하야	『조선일보』 1934.2.1~3	
『讀史漫錄』의 補遺	『조선일보』 1934.2.9	
東瀛文庫雜記	『조선일보』 1936.1.30	石谿學人 洪淳赫
韓末政客遺墨雜攷	『신동아』제6권 3, 4, 5, 6, 7호, 1936.3~7	
蠹魚雜錄 獵書餘談	『조선일보』 1939.11.2~11	
太宗武烈王	文一平 外, 『朝鮮名人傳』 조선일보사, 1939	
慧超	文一平 外, 『朝鮮名人傳』 조선일보사, 1939	
北鮮과 女眞	『朝鮮山林會報』제177호, 1939.12	
圖書館의 充實	『조선일보』 1940.2.14	함흥 홍순혁
高麗好太王碑에 關한 明治年間의 二三刊本에 대하여	『書物同好會會報』제13호, 1941.9	義山泰秀
『吏文襍例』小考	『書物同好會會報』제17호, 1942.9	義山泰秀

제목	출전	비고
『儒胥必知』小考	『한글』제96호, 1946	
『華語類抄』小考	『한글』제97호, 1946	
『儒胥必知』小考(續)	『한글』제99호, 1947	
汲古隨錄	『鄕土』제3~4호, 1946.12, 1947.10	
書痴愚觀錄	『新天地』제2권1호, 1947.1	
달레『朝鮮敎會史』의 東洋語 諸譯本에 對하야-李能植, 尹志善氏 譯刊을 읽고서	『新天地』제2권6호, 1947.7	
汲古斷想	『白民』제3권4호, 1947.7	
解放以後 刊行된 朝鮮學 關係出版에 對한 考察	『文苑』(國立圖書館館報) 제18호, 4280(1947).6	延大敎授 洪淳赫
敗戰國 日本의 歷史敎育의 新動向:近刊文部省編纂『日本歷史』를 읽고서	『新天地』제2권9호, 1947.10	
『朝鮮古今笑叢』	『鄕土』제8호, 1948.3.15	
「四山禁標圖」	『白民』제4권2호, 1948.3	
朝鮮書誌學發達史小考	『白民』제4권4호, 1948.7	
朝鮮書誌 關係 圖書展覽會를 열고서	『文苑』(國立圖書館館報) 30호, 4281(1948).8	
해방이후(解放以後) 고전복각(古典覆刻) -영인본(影印本)을 중심으로	『경향신문』1948.12.2	
『耳談續纂』小考	『한글』제103호, 1948	
吏讀文獻『吏文襍例』小考	『한글』제105호, 1949	
都卜各大學巡禮記:延禧大學篇	『新天地』제5권5호, 1950.5	
解放後 國史學界의 動向	『新天地』제5권6호, 1950.6	

*「咸南과 그 鄕土色」,『林聲』4권 3호, 昭和 12년 7월, 咸南山林會(미입수)

홍순혁 교수 관련 기록 출전

순번	서지사항
1	「關東學友會巡講團」, 『동아일보』 1921.07.20
2	「關東學友會巡講團」, 『동아일보』 1921.08.26
3	「勉勵對靑丘野球戰」, 『동아일보』 1921.09.01
4	「關東學友會總會」, 『동아일보』 1922.06.08
5	「엡윗靑年音樂會」, 『동아일보』 1922.07.24
6	「延禧學生音樂會」, 『동아일보』 1923.07.27
7	「江陵童畵會」, 『동아일보』 1926.02.13
8	「『한빛』創刊」, 『동아일보』 1927.11.23
9	「聖經學院開學」, 『동아일보』 1928.11.22
10	「常識講座開設-함흥지청에서-」, 『동아일보』 1930.10.25
11	「咸興勉靑의 五十周記念」, 『동아일보』 1931.02.20
12	「咸興基靑定期總會」, 『동아일보』 1931.05.02
13	「滿洲常識講演」, 『동아일보』 1932.02.04
14	「論山幼稚園 記念音樂會-同情이 多數-」, 『동아일보』 1932.10.23
15	「檀君陵修築誠金-二十七日 委員會接收分-」, 『동아일보』 1934.04.30
16	「學者들이 大同會合하야 震檀學會組織-朝鮮文化와 隣近文化를 硏究 學術的權威를 確立-」, 『동아일보』 1934.05.09
17	「新羅의 狻猊와 北靑의 獅子-民俗硏究의 一新發見-」, 『동아일보』 1936.03.26
18	「消息」, 『동아일보』 1936.04.08
19	「解放記念文化講座開講」, 『동아일보』 1946.05.23
20	「國學大學 『創史林』 設置」, 『경향신문』 1950.04.11
21	「藏書家와 稀書 (4) 金良善敎授와 마테오리치의 『兩儀玄覽圖』 原本」, 『경향신문』 1966.03.14
22	「韓國音樂百年 逸話로 엮어본 裏面史」, 『경향신문』 1986.05.15

1.

연희전문(1920~1924)과
일본 와세다대학 유학 시절(1924~1927)

恩津彌勒을 보고서

강경 온 지 나흘만이다. 12월 30일 몹시 궂은 날에 나의 호기심의 유일한 대상인 은진 미륵을 찾고자 왕복권을 사가지고 상오 11시 23분차로 논산을 향하였다.

미륵의 거상(巨像)을 지키고 있는 관촉사는 논산역에서 동으로 8리 허(許)의 거리이었다. 평탄하던 신작로는 수렁처럼 되어 열반 극락을 동경하는 석가의 고행을 겪었었다. 고된 길이 끝나고 산모퉁이를 두 번 돌아 동남으로 보이는 반약산(槃藥山) 중턱에 엄연히 선 미륵이야 동으로 향하였음은 그 광명함이 아침 해와 같다함이며, 높이 솟음은 중생을 제도코자 용화삼회(龍華三會)의 설법을 함인지.

길을 되돌아 절을 향하여 미끄럽고도 경사진 산로(山路)로 올랐다. 나는 넘어질 때마다 미륵보살을 연해 불러 그의 조력(助力)을 빌지 않을 수 없었다. 절 어귀를 자칫 남겨놓고 나는 가쁨을 멈추고자 바위에 몸을 걸치고 앞을 보니 논밭이 널리 열린 곳에 촌락이 드문드문 벌려 있고 그 뒤로 연산 일대의 산맥이 돌려있다. 영경(靈境)에 속진(俗塵)을 떨고 절 어귀에 들어서니 암벽(岩壁)을 위로 하고 반석을 터로 하여 서있는 60척 7촌(曲尺)의 화강암 미륵 거상은 적어 웃는 듯한 자안(慈顔)으로 나를 맞는다.

953년을 우로(雨露)에 젖고 바람에 깎여 백회(白灰)와 시멘트의 붕대(繃帶)가 그 몸에 감겼고 깨진 것이 쇠로 꿰매어있다. 그러나 그 상호(相好)의 미전장엄(美全莊嚴)함과 그 제작의 정교무비(精巧無比)함은 실로 미륵이 속세에 하강한 듯하여 그 위덕(威德)에 눌린 나는 다만 어느 듯 손을 모으고 공손히 그저 바라다보았을 뿐이다.

이윽고 나는 눈을 옮겨 미륵 앞에 있는 팔엽연화(八葉蓮花)를 아로새긴 석조배단(石造拜壇)과 그 앞으로 있는 석등농(石燈籠)과 탑을 차례로 보았다. 어느 것이 정교하고 장미(莊美)하지 않으랴마는 미륵의 아름다움에 취하고 웅장함에 탄복된 나는 다른 데로 나의 시선을 향할 겨를이 없었다.

미륵 창건의 연기(緣起)를 말하고 이 절의 역사를 알리는 관촉사 사적비(事蹟碑)가 미륵의 왼편에 있으니 이제부터 179년 전에 지방 유지와 사승(寺僧)의 공영(共營)으로 세운 것이다.

미륵 창건의 전설이 자못 흥미가 있다. 비명(碑銘)을 보면 고려 광종 19년 기사에 현사(現寺)를 거(距)하기 동북으로 약 5리 되는 사제촌(沙梯村)의 한 부녀가 고사리를 반약산에서 캐다가 서북 모퉁이에서 난데없이 아이의 소리를 들었다 얼른 가서 본즉 일찍이 없던 큰 돌이 땅위에 솟아났다. 마음에 놀라 그는 돌아가 자기 남편에게 말하였다. 그 남편은 즉시로 고을에 고하여 나라에 주달(奏達)되었다. 왕은 백관을 모아 회의를 열었다. 백관들은 아뢰어 "이는 반드시 범상(梵相)을 만들 징조입니다"하였다. 이에 왕은 상의원(尙醫院)에 영(令)하여 사(使)를 팔로(八路)에 보내어 범상(梵相)만들 장공(掌工)을 구하였다한다. 곧 이것이 미륵창건의 연기(緣起)이다.

도덕과 지식으로 이름이 높은 승 혜명(慧明)이 이에 빠이여 공장(工匠) 백여 인을 거느리고 광종 21년 경오에 비롯하여 목종 9년 병오에 맞추니 그동안이 37년이다. 천여 명 인력을 들여 존상(尊像)을 옮기여 왔으나 혜명의 지혜로도 세울 방법이 나서지 않았다. 그는 근심 중에 마침 사제촌을 지나가다 한 쌍의 아이가 장난으로 삼동(三同)의 진흙부처를 만들어 세우는 것을 호기심으로 보았다. 그 아이들은 먼저 평지위에 그 밑둥을 세우고 사토(沙土)를 긁어모아 평지를 만든 후 그 중둥을 세우고 두 번째 사공(沙工)을 긁어모아 다시 평지를 만든 후 그 머리를 세웠다. 이것을 본 혜명은 헤아릴 수 없이 기뻐하였다. 이르기를 문수(文殊)·보현(普賢) 두 보살이 두 아이로 화(化)하여 혜명에게 미륵

세울 방법을 가르침이라한다.

이에 미륵을 세우니 상(像)의 신장이 55척 5촌, 위(圍)가 30척, 이장(耳長)이 9척, 미간(眉間)이 6척, 구각(口角)이 3척 5촌, 화광(火光)이 5척, 관고(冠高)가 8척, 대개방광(大盖方廣)이 11척, 소개(小盖)가 6척 5촌, 소금불(小金佛)이 3척 5촌, 연화지(蓮花枝)가 11척이라 하였고, 혹은 황금을 올리고 혹은 자금(紫金)을 입히어 역(役)을 맞추매 천우(天雨)가 크게 내려 체상(體像)을 써서 반울(盤鬱)한 서기(瑞氣)가 37일에 이르고 미간왕호(眉間王毫)의 빛남이 건곤(乾坤)에 비치었다 하였다.

미륵의 노험(露驗)에 대한 전설은 한둘이 아니다. 예전 당란(唐亂)에 적병(賊兵)이 압록강에 이르매 이 상(像)이 화(化)하여 노위승(蘆笠僧)이 되어 옷을 걷고 강을 건너니 적병은 그물인 줄 알고 다투어 건너다가 빠져죽은 자 반이 넘은지라. 적장이 노하여 검으로 그 갓(笠)을 치니 그때부터 미륵의 개관(盖冠)이 깨져 완연히 이 나라를 위한 정성을 알 수 있다 하였다. 그리고 국가가 태평하면 몸의 가득한 빛으로 서기(瑞氣)를 내이며 험악한즉 몸에 땀이 두루 흐르고 수화(手花)가 무색(無色)하다 하였다.

사적비에 의하면 관촉사는 미륵석상 창조 후에 세운 것이다. 중국승 지안(智眼)이 기(氣)를 바라고 와서 예(禮)하고 말하되 "가주(嘉州)에 대상(大像)이 있어 역시 동향(東向)하여 서서 광명(光明)은 때를 같이 하여 서로 응한다" 하였음으로 관촉이라 하였다 한다. 절의 건물은 이제 경내에 드문드문 드러난 주초돌을 보아 현존한 정문과 법당 외에 선당이나 산문의 건물이 있었던 것 같기도 하다. 비에 정문과 법당은 여말 우왕 12년 병인(명 홍무 19년)의 영조(營造)로 그 후에 여러 번 중수 개축하였다한 즉 여조시대의 건물로는 현존한 바 없고 다만 미륵석상 외에 석척(石堞)의 일부 배단(拜壇) 석등농(石燈籠) 탑이 여조(麗朝)의 유물일 것이다.

나는 이에 두어 가지 의심이 나는 것이 있다. 먼저 미륵의 신장에 대하여 『동국여지승람』에는 고(高)가 54척(尺)이라 전한다 하였고 사적비에는 신장 55척 5촌이라 하였다. 정밀한 기계측량술이 발달치 못한 예전이라 다시 말할 것 없거니와 혹은 척도의 표준이 어떠하였는가도 의심스럽다. 다음에 석재의 출처에 대하여 사적비를 보면 두 가지로 생각할 수 있다. 한 가지는 곧 "사제촌 부녀가 반약산에서 고사리를 캐다가 서북 모퉁이에서 나는 아이의 소리를 듣고 큰 돌이 지중(地中)에서 솟아난 것을 보았다" 함이요 또 한 가지는 "존상(尊 像)이 이미 준공되자 천여인력을 들여 운반하여 선두(先頭)가 연산 남촌 20리에 이르니 그 촌을 우두(牛頭)라 한다 함이다." 전문(前文)을 보면 현재 미륵이 서 있는 곳의 바위를 그대로 쓴 것 같고(다만 관개(冠盖)는 다른 것이라 한다) 후문(後文)을 보아서는 다른 곳에서 옮기어 온 것 같다. 이것은 나의 의심스러운 점이다.

또 미륵은 우리나라의 위난(危難)을 당병(唐兵)의 손에서 건졌다 하였다. 여조(麗朝)에 내침한 외적으로는 다만 거란과 몽고뿐임을 역사가 말한다. 혹은 지나(支那)를 통틀어 당(唐)이라고 부르기도 하였다. 나는 들으니 고구려 명장 을지문덕이 수 양제의 백만 대군을 청천강에서 무찌를 때 어느 보살이 도와 이기었으므로 이 강을 음수(蔭水)라 하였다 한다. 그러나 수 양제의 참패를 당한 음수는 청천강이 아니고 만주의 어느 강이라 하는 이도 있어 확실한 증거가 있다 한다. 그는 여하간 이것이 미륵의 전설과 일치하는 점이 있음을 알 수 있다. 전설이라 의심한들 쓸데 있으랴만은 전설로는 한번 연구할만하다.

그리고 전하는 말에 미륵 머리 위에 얹어둔 모불(母佛)의 소금불(小金佛)과 이마 위에 감았던 철망건(鐵網巾)은 명성황후 때에 가져갔다한다. 부처에게는 어머니가 없고 망건(網巾)이 쓸데없다 함이라 한다.

경내 다점(茶店)에 빌을 밈추니 주인인 일인(日人) 내외가 공손히 나와 맞는다. 일변 차를 권하며 그림을 내어놓는다. 채화(彩畵)의 미륵상 한 장과 회화서 두어 장을 골라들고 값을 물으니 엄청난 값을 부른다. 체면에 못 이겨 또는 기념이라는 생각으로 사가지고 귀로에 오르니 노승이 나와서 길이 읍(揖)하며 나를 보낸다. 그의 무량대수(無量大壽)를 빌고 잠시 다점 주인의 생활을 물으니 와서 산 지 다섯 해에 벌써 5두락의 논을 장만하였다 한다.

사경(寺境)을 나서니 그쳤던 가는 비는 다시 온다. 피곤한 다리를 촉급(促急)히

하여 정거장을 향할 때 반공(半空)에 솟은 미륵의 위관(偉觀)은 내 걸음을 문득 문득 멈추게 하고 솔숲에 쌓인 관촉(灌燭)의 경개(景槪)는 내 시선을 자주자주 이끈다. 나는 다만 900여년 역사를 가졌고 중생제도의 사명을 띤 미륵에게 향하여 천고(千古)의 모든 의문을 묻고 싶었고 말할 수 없는 온갖 비애를 하소연하고 싶었다.

　　1922년 12월 31일 강경 삼흥사(三興舍) 일실(一室)에서 이 글을 엮어 이번 호남행(湖南行)에 많은 신세를 진 윤형에게 드린다.

(『延禧』 제2호, 1923)

武藏野의 新羅郡

　일본 무장야(武藏野) 고려촌(高麗村, 埼玉縣 入間郡)에 우리 상대(上代) 고구려인의 자취가 있음을 여(余)는 본보(本報) 학예란에 소개하였습니다. 고려촌은 조선서 온 관광단과 동경에 있는 우리 학생들도 자조 래방(來訪)을 받아 자못 그 이름이 널리 알려졌습니다. 무장야(武藏野)에 활동한 우리 상대 백의인(白衣人)은 어찌 고구려인뿐이었습니까? 이제 별(別)도히 알려지지 않은 듯 한 신라군(新羅郡)에 대하여 소개해 보려 합니다.

　신라의 일본에 대한 국교가 백제만큼 밀접하지 않았으나 지리상 관계로 오래 전부터 자못 교통이 빈번하였음은 우리의 정사 『삼국사기』가 보여주는 바입니다. 일본 정사 『속일본기(續日本紀)』 순인천황(淳仁天皇) 天平寶字 2년(서기 758년, 신라 경덕왕 17년) 8월의 조에

> 癸亥 歸化新羅僧三十三人 尼二人 男十九人 女二十一人 移武藏國閑地 於是 始置新羅郡焉

이라고 있어서 고려군이 설치된 지 42년에 그 이웃에 신라군이 생긴 것입니다.

　이 신라인이 무장야(武藏野)에 내주하기 비롯한 것은 그 군이 설치되기 전부터입니다. 일본 정사의 제1권 『일본서기(日本書紀)』 지통천황(持統天皇) 원년(서기 687년 신라 신문왕 7년) 하4월의 조에

…… 新羅僧尼 及百姓男女二十二人 居于武藏國 賦田受稟使安生業

이라 있음이 그 처음보이는 기록입니다. 그 후에도 여러 번 내주한 기록이 쓰여 있습니다. 그러면 무장국(武藏國) 근처에 있던 고구려인을 무장국(武藏國) 일부에 모아 고려군을 둔 것 같이 신라인에게도 그리하여 그들 중심의 부락인 신라군이 순인천황(淳仁天皇) 시대에 설치된 듯합니다.

신라군은 그 후 언제인지 신좌군(新座郡)으로 개칭되었고 신좌군도 明治 29년 군제이동(郡制移動)의 무렵에 그만 북족입군(北足入郡, 埼玉縣)에 편입되었습니다. 현존한 백자(白子, シラコ)촌의 이름이 신라(シラケラ), 신좌(ニヒクラ)의 남긴 잔영입니다. 신창촌에는 우방산(牛房山)이라는 작은 언덕이 있어서 토인(土人)들은 그곳을 신라왕의 살던 자취라 전합니다.

무장야(武藏野)에 신라군이 설치된 전후의 신라는 삼국을 통일한 전성시대로 불교문화가 자못 찬란(燦爛)을 극(極)한 때입니다. 무장야(武藏野)에 내주한 신라인이 당시의 일본 경도(京都)나 그 부근에 머무르지 않고 멀리 무장야(武藏野)까지 온 것을 보아 그들이 출중(出衆)한 학자나 기술자가 아닌 것도 같으나 당시 무르익은 신라 문화는 열리지 않은 무장황야(武藏荒野)에 무던히 옮기어졌을 것입니다. 더욱 승니(僧尼)가 많이 온 것으로 보아 일본 불교와 미술사상(美術史上) 드러나지 않은 감화와 공적이 자못 많았으리라 생각합니다. 그들이 일본 정부를 움직여 자기네 조성(祖姓)인 '김'씨를 잉용함과 같은 것 곧 『속일본기』 성무천황(聖武天皇) 天平 5년(서기 733년 신라 성덕왕 32년) 6월의 조에

武藏國埼玉郡 新羅人德師等 男女五十三人 依請爲金姓

이라 있음은 그들의 정신과 세력을 말하는 바가 아닌가 생각됩니다.

1926년 9월 21일, 동경 신애학사(信愛學舍) 일실(一室)에서
(『조선일보』 1926.11.20)

2.

함흥 교사 시절(1928~1945)

世界的 學界에 大驚異를 준 新羅僧 慧超에 對하여

우리가 쓰는 중등학교 교과서 중 조선 지역(地歷)에 있어 그대로 읽어서는 잘 알기 어려운 것도 있으며 혹은 쓰는 이의 오견(誤見)도 있어 가르치시는 선생님이 일일이 설명도 하시고 교정도 하여 주시겠지마는 내가 읽고 가르치는 중에 다소간 생각한 바를 써 여러분의 징조(徵助)를 삼을까 합니다.

(필자)

우리가 일찍이 알지도 못하였고 들은 적도 없는 신라 승 혜초를 교과서에 소개하신 이는 우리 역사에 밝으시며 그보다도 우리말 연구에 정력을 다하시는 권덕규 선생이십니다. 선생의 지으신 『조선유기(朝鮮留記)』 상권 5-52쪽에

혜초 삼장(慧超三藏, 성덕왕 時)은 당에 왕(往)하야 산동성(山東省) 근해에서 수로로 천축(天竺, 곧 인도)에 입(入)하야 오천(五天)을 역섭(歷涉)하고 육로로 당에 환(還)하였(3060년, 곧 성덕왕 26년)는데 그의 행정과 문을 록(錄)한 『왕오천축전(往五天竺傳)』 3권은 동서교통사상에 중요한 전거가 되며 ……

라고 있습니다.

뒤에 상설(詳說)하겠거니와 방금 동서 학자들은 다투어 그의 기행문을 연구하는 중에 있어 혜초의 명성은 세계적으로 동양학계에 높았으며 따라서 그의 숨은 이력이 드러나게 되었습니다. 그러나 그의 이름은 우리 역사에 도무지 나타나 있지 않습니다. 그 얼마나 이상스럽고 신기한 일입니까. 나는 이제

우리 역사상에 이름을 전하지 않던 신라 승 혜초의 사적이 어떻게 세상에 드러났음과 그의 학계에 준 공헌이며 조선에 소개된 경로를 말하려합니다.

때는 이제로부터 거의 20년 전 중국 서북 모퉁이 감숙성(甘肅省) 돈황(敦煌) 천불동(千佛洞) 어느 절(寺)에 낯설은 서양인이 종자(從者) 수인을 데리고 무엇인지 그 절 주지와 비밀히 자주 교섭을 거듭하더니 얼마 아니 되어 그 서인(西人)은 수십 궤에 무엇인지 잔뜩 넣어가지고 자기 나라로 돌아갔습니다. 그 후 몇 달인지 지나 또 다른 서인(西人)이 그곳을 찾아와 그 절 주지와 은근히 만나더니 역시 수십 궤나 되는 짐짝을 만들어가지고 돌아갔습니다. 이윽고 이 서인은 북경(北京)에 나타나 자기의 실어온 짐을 풀어 여러 중국 학자와 거기 있던 일본 학자에게 자랑하였습니다. 당시 이를 본 모든 학자들은 너무도 놀라 어찌할 줄을 몰랐습니다. 일변(一邊)으로 이를 본 중·일 학자들은 그것을 더 보이어 주기를 청하였으며 그 소식이 북경(北京) 관부(官府)에 알려지자 사람을 곧 돈황(敦煌) 천불동(千佛洞)에 보내어 그 절 주지를 포박하는 동시에 그를 사형에 처하고 또 무슨 짐인지 몇 개 궤짝이 북경을 향하였습니다.

여러분 무슨 이야기인지 궁금하실 듯합니다. 돈황(敦煌) 천불동(千佛洞)에 아주 오래인 폐사(廢寺)가 있었습니다. 이 절에 주지가 오자 황폐한 것을 수리하는 중 우연히 석굴 속에 인공으로 된 벽문을 발견하였습니다. 그 문을 열고 본즉 놀라지 마십시오 이루 세일 수 없는 서책이 석실 속에서 가득하지 않겠습니까. 차차 찾아본 즉 그러한 석실은 그것 하나만이 아니었습니다. 그러나 무식한 주지라 그 무엇인지는 잘 알지 못하고 다만 그중 몇 책을 그 고을 관부에 보내어 그 발견된 사유를 보(報)하였습니다. 관부인 사람이 그 책을 보매 불경의 일종인 듯 하지라 그대로 봉하여 두라고 지시만 하고 말 따름이었습니다. 이 소식이 어찌 어찌 전하여 당시 서북에 와 있던 동양학자 영인(英人) 스라인 교수의 귀에 들어갔습니다. 그는 종자 수인을 데리고 천불동(千佛洞)으로 가서 주지를 달래어 석실 구경을 하게 되었습니다. 스라인 씨는 한문에는 정통하지 못하나 고대 인도어인 범어(梵語)며 서장어(西藏語)와 기타 중앙아세아의 신고어 (新古語)에 능한지라 그의 빛나는 눈은 그 석실에 감추어진 서책과 화폭의 대부(大部)가 범어 서장어와 기타 중앙아세아 제국어(諸國語)로 쓰인 불교 관계 서류임을 알았습니다. 그는 중국인의 욕심을 아는지라 가장 놀라지 않는 체하고 그 석실을 나왔습니다. 그는 가만히 통역을 사이에 넣고 주지에게 그 석실 장서 팔기를 교섭하였습니다. 물론 주지는 관부의 눈이 무서워 선뜻 허락하지 않았으나 돈에 눈이 어두운 그는 몇 만원에 수만 책을 남몰래 팔았습니다. 스라인 씨는 비밀히 그것을 가지어다가 지금은 영국 박물관에 두어 학자의 연구에 맡기었습니다.

　이 소식을 들은 이 중에 스라인 교수보다 못하지 않은, 아니 더 나은 학자가 있었으니 그는 불국(佛國) 페리오 박사로 겸하여 한문에 정통한 이입니다. 그도 스라인 씨의 뒤를 쫓아 천불동(千佛洞)에 이르러 수단을 써서 겨우 석실에 들어가 보니 스라인 씨가 그 대부분을 가지어간 나머지이지만 한문에 능한 그의 눈에는 오히려 스라인 씨가 놀란 그것보다도 더 놀란 이만큼 거기에는 세상에 전하지 않은 당송 이래의 불경과 기타 진귀한 문적(文籍)이 가득하더랍니다. 더 많은 돈을 주고 그 나머지 대부분을 사가지고 대담스럽게 북경에 페리오 박사는 나타났습니다. 이 때에 중·일 학자는 다투어 그 진본귀적(珍本貴籍)을 필사하며 그것이 외국으로 유전(流轉)함을 아끼는 나머지 한 주지의 망상(亡狀)을 관부(官府)에 소보(訴報)하였습니다. 그리하여 북경(北京) 관부에서는 사람을 보내어 돈황(敦煌) 석실을 조사하여 그 절 주지는 그 후에 일본인에게도 약간을 팔아 남은 바가 불과 수백이더랍니다. 주지를 처형한 후 그 나머지를 몇 궤짝에 실어 북경으로 가지어 왔는데 중국인의 일이라 도중에 그 얼마를 빼어 팔아 그것의 대부(大部)는 일본 민간에 퍼진 모양이며 그 나머지 기백권이 지금 북경대학(北京大學) 각 서관에 보관되어 있는바 영·불·일 학자가 골라가고 남은 찌꺼기이었지마는 오히려 진귀한 서책이라 하여 일본 학자들도 가끔 북경대학(北京大學)을 찾게 되니 그 돈황(敦煌) 석실에 있던 장서 전부의 가치는 천하의 지보(至寶)라 일컬음이 헛되지 않습니다.

　페리오 박사의 가지어간 서책 중에 인도 기행문 일축(一軸)이 있었는데 전후가 끊어지어 책 이름과 저자가 누구임을 알 수가 없었습니다. 그러나 능문(能文)한 페리오 박사는 이 책을 곧 혜초의 『왕오천축국전(往五天竺國傳)』이라 증정(證定)하였습니다. 그의 이 증정은 그 책의 가치와 아울러 박사의 형안(炯眼)이 어떠한 것을 세계 학자가 놀란 바입니다. 혜초하고 동문인 혜림(慧琳)의 저서에 『일체경음의(一切經音義)』라는 온갖 불서(佛書) 문자의 발음과 의미를 모은 책이 있습니다. 이 책 제100권에 「혜초저왕오천축국전삼권(慧超著往五天竺國傳三卷)」이라 하고 그 중에서 80여 어(語)를 뽑아 그 해석을 한 것이 있어 이 말이라던가 그 순서가 석실에서 발견된 기행문 내용과 비슷하게 맞아있는 것을 페리오 박사가 찾아내어 이 전후가 끊어진 잔권(殘卷)이 곧 혜초의 『왕오천축국전』이라고 증정한 것입니다.

그런데 혜초의 『왕오천축국전』은 언제서 부터인지 도무지 세상에 그림자를 감추었었습니다. 다만 『일체경음의』에 의하여 그 책의 있었던 것을 알아왔고 그 내용을 짐작하였을 뿐이었습니다. 그것이 천여 년이나 지난 20년 전에 한 석실에서 우연히 발견된 것입니다.

페리오 박사에게서 이 기권(幾卷)을 빌어 필사(筆寫)하여 연구한 이 중에 유명한 두 분 선생이 있습니다. 한분은 중국 학자 나진옥(羅振玉) 선생, 한분은 일본 학자 등전풍팔(藤田豊八) 박사입니다. 나선생은 곧 『돈황석실유서(敦煌石室遺書)』라는 책을 발행하여 그 중에 혜초의 『왕오천축국전』을 싣고 겸하여 약간 해석을 붙이었습니다. 그의 해석 가운데 고심한 고증(考證)은 곧 이것입니다. 혜림 『일체경음의』에는 3권이라 있는데 석실에서 발견한 잔본(殘本)에는 권의 구분이 없습니다. 그래 이것은 당나라 때에 유행한 절략본(節略本)이라고정(考定)함이외다. 다시 말하면 원본은 3권으로 되었었는데 또 따로 그것을 간단히 추리어 만든 10권 절약본(節略本)이 있어 이번에 발견된 잔 권은 원본이 아니고 절약본이라 함이외다. 이 절약본이 방금 동서 학자의 귀중한 연구 자료가 되어있어 그리 소중(所重)되는 것을 볼진대 만일 그것이 원본이 있거나 이후에라도 원본이 다시 나온다면 그 가치야말로 다시 말할 것 없을 것입니다.

등전(藤田) 박사는 동서 교통사의 일대권위로 방금 일본 조도전(早稻田) 대학과 동경제국대학 교수로 있어 혜초의 기행문의 학문상 가치를 세계적으로 드러낸 선생입니다. 그가 1911년에 사판(私判)한 『혜초왕오천축국전전석(慧超往五天竺國傳箋釋)』이라는 책은 그 후 다시 정정(訂正)을 가하여 『대일본불교전서(大日本佛教全書)』 유방전(遊方傳) 총서 제1에 편입되어 널리 알리게 되었습니다. 그때 이 『대일본불교전서』 편집자인 고남정남(高楠正男) 박사는 혜초의 전기를 만들어 첨부한 바 그의 고사(考査)로 혜초는 신라인이었으며 그가 20 남짓하며 지나(支那)에 가서 얼마 안 되어 해로(海路)로 인도에 들어가 불적(佛跡)을 편답(遍踏)하고 돌아오는 길에는 중앙아세아로 파밀 고원을 넘어 타림 분지 신강성(新疆省) 중부의 사막지(砂漠地)를 지나 당 현종황제 開元 15년(서기 727) 11월에 안서(安西)라는 지방 곧 지금의 신강성 천산북로(新疆省 天山北路)에 돌아왔음과 그가 당에 있어 당시 당에 머물던 인도 고승 금강지(金剛智), 불공(不空) 두 스승에게 취학(就學)하여 연구를 쌓았으며 불경 번역과 기타 교화사업에 진력하여 상당한 활동을 하였다는 것을 발표하였습니다. 혜초는 다시 고국에 돌아오지 못하고 중원에 그의 몸이 묻힌 듯합니다.

그러면 일개 승려인 혜초의 기행문이 어찌하여 동양학상 세계적 경이를 두었는가 혹은 그의 책이 일찍이 실전(失傳)하였다가 다시 찾게 된 까닭인가. 실전(失傳)한 것이 다시 발견되었다 할지라도 그 책의 내용의 가치에 있어 보잘 것이 없을진대 그리 떠들 바도 못될 것입니다. 만근(輓近) 20년래 서양학자들은 그들의 연구의 눈을 서양으로부터 동양에 옮기어 각양 방면으로 동양의 문화를 찾아보는 중에 있습니다. 그 중에도 그들의 흥미를 많이 끄는 것은 아직도 세상에 드러나지 않은 인도의 종교문화 그보다도 중앙아세아에서 이룬 동서인의 교통사(交通史)입니다. 이것을 지금 학계에서 흔히 서역사(西域史)라고 하여 연구하는 것입니다. 그래 이 방면의 연구에 열중한 그들은 자료를 얻고서 각기 다투어 각 방면으로 조사를 하기도 하여 고문적(古文籍)을 찾기도 합니다. 그런데 이 방면에 대한 기록이 다소 지나에 전(傳)하여 있으나 만족하다고는 못합니다. 그러나 아마도 당의 태종과 고종시대 곧 제8세기경에는 유명한 현장(玄奘)과 의정(義淨)이라는 명승의 인도 순례가 있어 그들의 기행문이 남아 있고 그 후 덕종시대 곧 제8세기 말엽에 오공(悟空)의 기행문이 있어 인도

서역방면의 지리 역사 종교 풍속에 관한 자료가 많은 도움을 주나 그 중간인 제8세기 중엽 시대의 이 방면의 사료는 도무지 없어 동서 학자의 불편을 느낌이 심하였습니다. 페리오 박사의 우연한 발견으로 혜초의 『왕오천축국전』 이 세상에 다시 나오니 방양으로 인도문화사 서역사가 서인의 연구 초점이 되고 그에 따라 동양학자도 늦게나마 이 방면에 단의(單意)하던 바 이러한 귀중한 직접 자료가 나오매 그 경이가 여간하였겠습니까. 나의 이 말이 과장이라 의심하는 여러분은 동양학 방면의 각 도서관으로 스에쓰 운하 이동의 유일이라 는 동경 「동양문고」의 주간인 석전간지조(石田幹之助) 씨가 「支那學に關する二三 の新刊書」(1927년 4월 11일 동경 일일신문(日日新聞))라는 제(題)로 『돈황유서』 의 혜초 『왕오천축국전』을 소개한 일절(一節)에

> これが初めて世に出た時なんかは世界の支那學界が大きな目をむいて驚いた …… 印
> 度, 西域に關する第一史料として貴むべきもので, 學界が大騷ぎをして各國の學者が頻
> にものにしょうとしてゐるのも無理はない.
>
> 이것이 처음으로 세상에 나왔을 때는 세계의 지나 학계가 큰 눈으로 바라보며
> 놀랐다. …… 인도, 서역에 관한 제1사료로서 귀중한 것으로서, 학계가 소란을
> 피우며 각국의 학자들이 빈번하게 자기 손에 넣으려고 하는 것도 무리는
> 아니다.

라고 있음을 볼 것이외다.

이와 같이 세계적 학계에 대 경이(大驚異)를 준 혜초를 처음으로 우리 조선에 소개한 이는 불교사 연구로 이름이 높으신 이능화 선생이시니 그의 명저 『조선불교통사(朝鮮佛敎通史)』 하편 202쪽에 실리어 있습니다. 이것은 『대일본불교전서』에서 뽑아온 것으로 우리 사학계에 선배이신 최남선 선생이 일찍이 동경에 계실 제 이것을 보시고 이능화 씨에게 재료를 보내신 것이라 하십니다. 그 후에 이능화 선생은 현 경성제국대학 교수 산전성오(山田省吾) 씨 주재인 조선사학회 발행의 『조선사강좌(朝鮮史講座)』 조선불교사에도 혜초를 소개하신 일이

있었으니 선생은 혜초를 우리 사학계에 처음 소개하신 공로자이십니다. 다만 선생은 간단히 쓰셨음으로 이 글 첫 머리에 인용한 권덕규 선생의 소개가 비교적 요령을 얻었다고 하겠습니다.

이미 설술(說述)한 바와 같이 지금 발견된 혜초의 『왕오천축국전』은 전후가 끊어진 잔 권으로 그가 어디에서 떠나 어느 곳에서 배를 탔으며 안서(安西) 지방 이동(以東)은 어느 길로 돌아왔는지 분명히 알 수 없습니다. 그저 짐작만 할 뿐이나 특히 그 잔 권은 머리 쪽이 더 없어졌음으로 권선생의 '산동성(山東省) 근해(近海)에서' 떠났다 하심은 분명하지 않은 억측이며 『왕오천축전』이라 하심은 『왕오천축국전』이라 할 것임을 말하여 둡니다.

페리오 박사의 가져간 석실 유서는 전부 불란서 파리에 가 있습니다. 그중 혜초의 『왕오천축국전』은 재작년 12월에 페리오 박사와 일본 동경제국대학 교수 우전형(羽田亨) 박사의 사진판으로 인쇄된 『돈황유서』 제1집 첫 머리에 실리어 실물 마찬가지로 우리 손에 들어오게 되었습니다. 혜초는 그 때 자기가 기행문을 쓸 제 천여 년 후 오늘에 이르러 동서학자들이 그만큼 경희의 감사를 조금도 생각지 못하였겠지요. 여러분도 혜초와 같은 공적을 남기어두시기 바라고 이 적은 글을 마칩니다. 이 조그마한 글이나마 써 여러분과 사귀게 된 것을 생각할 제 먼저 발견한 여러 선생에게 감사를 드립니다.

1928년 1월 14일 야반(夜半)

(『한빛』 제2호, 1928.1.)

日本 武藏野의 開拓者인 우리 上代人
─特히 高句麗 遺民에 對하여─

　일본 정치의 수부(首府)로 학술·상공업·군사·교통의 중추가 되는 동경(東京)을 그 동남 모퉁이에 두고 있는 벌판이 곧 무장야(武藏野) 예전 무장국(武藏國)이니 이근천(利根川)이 그 북경(北境)을 두르고 강호천(江戶川)이 그 서한(西限)이 되며 질부(秩父)·다마(多摩) 모든 산이 그 서록(西麓)이 되어 지세가 동으로 강을 따라 남북으로 열리니 평활(平濶)하기 우리 이수(里數)로 수 백리 사통오달에 인연(人煙)이 서로 이어있고 산업이 크게 발전되어 이근천(利根川) 유역의 미대지(米臺地)의 대맥(大麥, 전 일본산의 2분의 1되는) 서록(西麓) 방면의 양잠과 방직은 실로 일본 문화의 대중심지 경제상 중요지가 되는 곳입니다.

　그런데 이 무장야 벌판─일본 문화의 중심이며 경제상 중요지인 이 지방의 개척자가 조선인 특히 고구려 유민이라면 여러분은 필연코 필자인 나를 거짓말쟁이 아니 그는 과(過)하다하여도 흔히 있는 역사연구자의 과대성(誇大性) 병자로 볼 것입니다.

　동경(東京) 북우(北隅)에 있는 지대(池袋)라는 역에서 무장야선(武藏野線) 전차를 타고 서(西)로 한 시간 반 가량을 가면 종점인 반능역(飯能驛)에 이릅니다. 그 거리가 27리 남짓 되는데 그 중간에는 비행장으로 유명한 소택(所澤)이라는 곳을 지나게 됩니다. 반능(飯能)에서 북으로 한 시간쯤 걸려 산협(山峽)길을 가면 고려촌(コマムラ)에 이릅니다. 이 이름이 우리에게 어찌나 금(禁)할 수 없는 반김을 주는지 모르겠습니다. 고려촌의 이웃에 고려천촌(高麗川村)이 있어서

아울러 예전 고려군(高麗郡)의 그루를 명칭으로나 위치로나 잡어가지고 있으니
서기 1896년(明治 29)에 고려군은 현재의 입간(入間, イルマ)군에 병입(倂入)되었
습니다.

이 고려군의 설치가 우리 조선 민족에게서 가장 흥미를 끄는 바입니다.
일본의 정사인『속일본기(續日本紀)』권7 원정천황(元正天皇) 靈龜 2년(서기
716)의 조에

五月辛卯 以駿河·甲斐·相模·上總·下總·常陸·下野七國 高麗人遷于武藏國 置高
麗郡焉

이라고 있어서 지금의 중국 지방의 정강(靜岡), 산리(山梨) 2현과 관동 지방의
신나천(神奈川), 천엽(千葉), 차성(茨城), 회목(栃木) 제현(諸縣)에 흩어져 있던
고려인을 무장국(武藏國)에 옮기어 새로히 고려군을 두었다 합니다. 고려군을
둔 靈龜 2년은 우리 역사에서 고구려가 망한 지 48년 신라가 이미 반도를
통일한 성덕왕의 시절이매 여기에 쓴 고려인은 고구려 유민일 것이 분명합니다.

고구려의 북선(北鮮)과 만주지방에 웅비하던 세위(勢威)는 드디어 신라와
당과의 연락을 이루게 하였고 그 말년의 내홍은 그 칼날을 무디게 하여 조선사상
큰 광휘를 나타낸 표한정예(剽悍精銳)의 주인공인 그들도 마침내 국망의 비애를
맛보게 되자 구차한 목숨을 본토에 머물기 싫어서 북으로 발해에 몸을 피한
이가 많았습니다. 그 중에는 눈물겨운 표류의 배(舟)를 동해의 노도에 띄우고
멀리 일본으로 건너간 이도 있었던 것입니다.

일본이 문화를 수입하는 방편으로 조선인과 중국인을 우대하였고 또한
그들의 내주(來住)를 환영한 것은 사승(史乘)이 증시(證示)하는 바니 일본고사
연구 상 없지 못할『신찬성씨록(新撰姓氏錄)』(서기 815년경편)에 조선 삼국시대
의 우리 선조로서 일본에 건너간 이가 무던히 많음과 그들의 거의가 관직을
가지고 있었음을 보아도 짐작할지며 일본정사의 제1책인『일본서기(日本書紀)』
권29 천무천황(天武天皇) 14년(서기 685)의 조에

二月丁丑朔庚申 大唐人 百濟人 高麗人 倂百四十七人 賜爵位

라고 있음을 보아 당시 우리 선조들이 사표(師表)로서 그들에게 우대를 받고 있었음을 알 수 있습니다. 대개 학자와 기술자는 국도(國都)에 머물게 하여 관직에 나아가게 되었으며 기타는 지방에 살게 하여 토지 개간에 종사케 하여 토민(土民)을 지도케 하였습니다.

그러면 고구려인 1,799인의 적지 않은 우리 선조를 중심으로 한 고려군이 설치된 그 당시의 무장야의 상태는 어떠하였을까. 靈龜 년간은 和銅 년간(元明天皇)의 다음으로 곧 나량(奈良)에 일본 국도(國都)를 옮긴 지 얼마 안 되는 나량시대(奈良時代)의 초기입니다. 당시 무장야(武藏野)의 상태를 알려 주는 직접 자료는 없으나 다행히 우리는 나량시대(奈良時代)까지의 일본 고대 가요를 모은 『만엽집(萬葉集)』 중에서 간접 자료를 얻어 그 상태를 엿볼 수 있습니다. 『만엽집』 권14 「동가(東歌)」 중에 무장야인(武藏野人)의 노래로

オモシロキ ノチハノヤキソ フルクサニ ニヒクサマサリ オヒハチアルガニ
於毛思路伎 野乎婆奈夜吉曾 布流久在爾 仁比久佐麻自利 於非波於布流我爾

面白い野を燒いて何とするのか, 古草の生へて居る所に, 新草の混つて生えるも面白いでないか

라 하여 무장야(武藏野) 풀밭에 불을 질러 개간하던 경황을 노래한 것이니 무장야(武藏野) 선사시대의 연구자인 문학박사 조거용장(鳥居龍藏) 씨의 설을 빌건대 당시 무장야(武藏野)는 삼림을 반벌반소(半伐半燒)하여 개적하는 중에 있던 반농반목(半農半牧)시대(씨(氏)의 저 『武藏野及其周圍』 4쪽 참조)이었다 합니다.

고구려인은 본래 계곡(溪谷)과 산촌에 살던 민족입니다. 그들의 성질이 표한(剽悍)하고 기사(騎射)를 좋아함이 전(全)혀 그 지리적 환경에 있습니다. 그들이

압록강과 그 지류의 동가강(佟佳江)을 중심삼고 개척에 개척을 거듭하여 후에 평양에 도읍을 옮기어 남으로 발전한 것은 그들의 야생적 용기의 분발이었으며 웅도(雄圖)이었습니다. 당시 조금도 개척의 연장(農具)이 닿지 않은 무장아(武藏野)에 특히 고구려인―개척적 선천성(先天性)과 근기(根氣)를 가진―그들을 중심으로 한 고려군(高麗郡)을 둔 것이 그때 일본 위정자의 마음을 알기에 넉넉하지 않습니까.

황무(荒蕪)한 무장아(武藏野)의 개척을 고구려인에게 맡긴 일본 정부는 신라인에게도 그 힘을 빌게 되니 곧 『속일본기』 순인천황(淳仁天皇) 天平寶字 2년(서기 758년, 신라 경덕왕 17년) 8월의 조에

歸化新羅僧三十三人 尼二人 男十九人 年二十一人 移武藏國閑地 於是 始置新羅郡焉

이라 함이니 고려촌이 설치된 지 42년 후 그 이웃에 신라군(新羅郡)이 생긴 것입니다. 이것은 한편으로 고려군 설치가 어떠한 기획에 성공됨을 의미하는 것으로 볼 수 있으니 조선인의 집단이 무장아(武藏野)에 수효를 늘리어 그 세력이 상당하였음을 생각할 수 있습니다. 신라군의 설치된 그 기록을 보아서는 그 인구가 너무도 적은 듯하나 이때에 이미 신라인의 내주(來住)가 많아 그들 중심의 군이 고려군을 모방하여 된 것이니 결코 적은 것이 아닐 것입니다. 신라인의 무장아(武藏野)에 내주하기 비롯한 기록으로는 『일본서기』 지통천황(持統天皇) 원년(서기 687년, 신라 신문왕 7년) 夏4월의 조에

新羅僧尼 及百姓男女二十二人 居于武藏國 賦田受稟使安生業

이라 있어 고려군이 설치되기 29년 전입니다.

그 후로도 자주 내주(來住)한 기록이 있은즉 신라군 설치 당시에는 그들의 수효도 적지 않았습니다.

고려군과 신라군의 그 후 소장(消長)은 어떠하였는가. 전술한 바와 같이 고려군은 그 명칭을 明治 29년까지 오랫동안 가지고 있다가 군 병합의 이동이 있을 제 입간군(入間郡)으로 편입되었으나 그러나 고려촌 고려천촌 두 큰 동리(洞里)가 아직껏 존재하며 그 근처에는 「고려」2자를 붙여 적은 지명이 아직도 많아 나의 조사한 바에 의하면 전기(前記) 고려군 고려촌 고려천촌 외에 고려천(高麗川) 고려판(高麗坂) 백원촌(栢原村, コマハラ) 고려원(高麗原) 고려산(高麗山) 고려본향(高麗本鄕) 고려옥근(高麗屋根) 고려향(高麗鄕) 고려숙(高麗宿) 고려상(高麗峠) 등을 헤일 수 있고 고려신사(高麗神社) 고려전정(高麗殿井) 고려전지(高麗殿池)의 이름도 상존(尙存)하여 있습니다. '고려'라는 이름이 많은 만큼 고구려인의 자손들은 아직껏 자기네 조상이 조선인임을 인식하고 있으니 고려촌에는 고려신사와 고려산 승낙사(勝樂寺, 일명 聖天院)가 있어 그들을 인솔하여 가지고 왔다는 고려왕 약광(若光)의 존영(尊靈)을 사(祀)하고 그의 명복을 빌고 있는바 후손의 존숭과 귀의가 아직도 두텁습니다. 인심이 순후한 시골인지라 핏줄이 닿는 우리들이 그곳을 찾게 되매 그들은 멀리 떠난 고구친척(故舊親戚)을 맞는 정으로 반가워합니다.

고구려인 자손들 중에서는 유명한 인재와 무사들이 많이 났었습니다. 서기 789년에 81의 고령으로 사거한 고려 복신(福信)은 화려한 궁전 양매궁(楊梅宮)을 조영하여 조신(朝臣)의 존칭을 받았고 그 자손들이 역시 번창하였다는 기록이 『속일본기』의 효렴기(孝謙紀), 광인기(光仁紀), 환무기(桓武紀)에 산견(散見)합니다. 그 후 겸창(鎌倉), 실정(室町), 전국시대에 각지에 웅비한 무사가 또한 적지 않습니다.(鳥居氏, 『武藏野及其周圍』, 88~89쪽 참조) 조거(鳥居) 박사의 생각을 씨의 전게 저서 중에서 옮기어 고구려인의 무장야 개척에 대한 공적을 더듬어 보는 것이 무엇보다도 흥미 있을 줄 압니다. 원문을 번역하여 보이어 드리오니 그 점은 너그럽게 용서하심을 바랍니다.

그들 고구려인은 북방의 강용(强勇)한 마상궁전(馬上弓箭)의 사람들이다. 이 민중이 한번 무장야(武藏野)에 이주하자 다인수(多人數)의 집합체를 고려군에 형성하여 있었음으로 그들의 감화는 다소간 무인적 캐릭터(성격)를 가지고 있는 무장야(武藏野) 토착인에게 미치엇(及)을 것이다. (중략) 그 지식과 사회조직은 도저히 무장야(武藏野)(토)인이 고구려인에게 불급(不及)하는 바로 무던한 차이가 있었다고 본다. 아니 고구려의 문화는 임의 그 본국에 있을 때부터 일종 독특한 문화를 가지고 있었다. 이 문화에는 비조(飛鳥), 나량(奈良)시대의 중앙 일본인들도 따르지 못한 것이 아니냐. (중략) 당시 신문명을 수입하야 전달 보급한 자는 또한 저들이 아니냐. 무장야(武藏野)의 고구려인은 일종의 문화를 고려군을 중심으로 하야 당시에 발휘하였고 또한 그 득의(得意)한 기사(騎射)와 농업에 종사하였을 것이다. 역사에 의하건대 무장야(武藏野)의 고려군은 오래토록 그들 일족의 분포지(分布地)이었을 것 같다. (중략) 그러면 평안조(平安朝)까지는 고려군지(高麗郡地)는 고구려인만으로의 개척지로 무장야(武藏野) 토착인과는 관계가 없었다고 생각하는 바다.(87~88쪽)

신라군은 그 후 언제인가 신좌(新座, ニヒクラ)군으로 개칭되었고 신좌군도 明治 29년에 북족립군(北足立郡)(埼玉縣)에 편입되어 그 이름이 없어졌으나 현존한 백자(白子, シラコ)촌, 신창(新倉, ニヒクラ)촌의 이름이 신라(シラキ), 신좌(新座, ニヒクラ)의 남긴 자취입니다. 신창촌(新倉村)에는 우방산(牛房山)이라는 작은 언덕이 있어서 토인(土人)들은 그곳을 신라왕의 거처하던 곳이라 전합니다. 무장야(武藏野)에 신라군이 설치된 전후의 신라는 삼국을 통일한 전성시대로 불교문화가 자못 찬란을 극한 때입니다. 당시 무르녹은 신라문화는 열리지 않은 무장황야(武藏荒野)에 무던히 옮겨졌을 것입니다. 더욱 승니(僧尼)가 비교적 많이 왔음을 보아 일본불교와 미술사상(美術史上)에 끼친 감화와 영향이 자못 많았으리라 생각합니다. 그들이 일본정부를 움직여 자기네 조성(祖姓)인 '김'씨를 그대로 쓰면서 지낸 것 곧 『속일본기』 성무천황(聖武天皇) 天平 5년(서기 733 신라 성덕왕 32년) 6월의 조에

武藏國埼玉郡 新羅人德師等 男女五十三人 依請爲金姓

이라 있음은 그들의 가진 정신과 세력이 어떠하였음을 유력히 증거하는 바가 아닙니까.

이상의 나의 조술(粗述)에 의하여 현금(現今)의 무장야(武藏野)의 일본문화상 지위를 생각하고 거금(距今) 천이삼백 년 전 우리 조상이 개척한 공로를 찾아볼 제 여러분 반성하고 깨달아 배움이 있기를 바랍니다. 우리는 더욱 무장(ムサシ) 그 이름이 우리말인 「모시」(苧) 「씨」(種子)로부터 생겼다는 일본학자들의 주장이 있음을 흥미있게 보는 바입니다.(전기(前記) 조거(鳥居) 씨 저서 중 「무장국명고(武藏國名考)」 참조.)

백제인도 당시 무장야에 내주한 자취가 없지 않으나 고구려인과 신라인에 비하면 현저하지가 못합니다. 이 글을 초(草)함에 있어 조거(鳥居) 박사에게 얻은바 적지 않습니다. 다만 평소에 박사의 논구 방법에는 다소 불만을 가지고 있으나 이 위에 인용한 바는 그 취재(取材)를 적확한 문헌에서 가져왔고 겸하여 나의 적으나마 취집한 자료와 약간 고구(考究)도 있어 주저하지 않고 여러분의 일독을 번거롭게 한 것입니다. 이 논제에 관하여는 재작년 가을 한번 발표한 일이 있었음을 고합니다. 재작년 무더위를 고려촌(高麗村) 성천원(聖天院)에서 유쾌하게 지내던 것을 회상하면서 이글을 나의 가르치던 K교 학생에게 줍니다.

1928년 2월 19일 야반(夜半) 경성부 도렴동(都染洞) 32 우거(寓居)에서
(『청년』 제8권 3호, 1928.4)

朝鮮의 美術자랑
—特히 우리 國寶에 對하여—

머리말

　건축, 조각, 회화 중 역사상 징증(徵證)이 되고 미술의 모범되는 것으로 국가에서 특별 보호를 가(加)하여 보존시키는 것은 국보(國寶)라고 합니다. 현재 우리의 환경에 있어서 국보를 찾아볼 겨를의 여유가 있으며 또한 우리 처지에 국보라는 것을 가지고 있는지도 문제입니다.

　우리 미술을 논구하는 이들은 흔히 이같이 말합니다. 곧 조선의 미술은 낙랑군시대에 있어서 한민족(漢民族)의 양식을 수입하였고 그 후 삼국시대로부터 신라통일시대에 걸쳐 발달의 정점을 보였으며 고려조에 들어가 다소의 쇠조를 나타내다가 조선시대에는 일층 쇠퇴와 타락을 거듭하게 되었다 합니다. 대부분의 학자 공학가(工學家) 사가(史家)들이 이 같이 관찰함은 무리가 아니라고 생각합니다(조선사강좌, 동양사강좌, 소수(所收)의 관야정(關野貞) 박사 『조선미술사(朝鮮美術史)』 참조).

　만일 이상의 관찰에 의하면 우리에게는 먼 과거에만 미술적 작품이 있었고 근대에는 적었거나 없었다고 보아야겠습니다. 우리는 사물(事物)을 연구함에는 엄정한 비판과 과학적 방법을 요구하나 그러나 그 연구대상이 미술품인 이상 이를 감상하는 관도(寬度)와 미적 감정이 필요타고 생각합니다. 학자들은 고려조의 미술은 다소의 쇠조를 보이였다 하나 그러나 고려는 도자기만으로도 불후의 예술품을 남기었으며 또한 당대의 문화는 의외에도 학예 방면에 집중되어 정확함과 거창한 사업으로 세계적인 대장경의 간행이 있었음을 잘 아는 바입니다. 이조(李朝)에 있어서도 미술 작품이 없다고 실망하는 학자들은 모름지기 그 눈을 어느 한정에서 벗어나 남의 모방을 떠나 민족적 의식을 굳세게 나타낸 목공품이나 자기(磁器)에서 진정한 예술의 미를 찾아볼 것입니다.

여기에서 우리는 미술품의 한계를 정하여야겠습니다. 엄정한 의미로서의 미술은 회화 조각만을 국한하는 까닭입니다. 그러나 국보라고 하는 데는 반드시 건축이 포함됩니다. 그리고 민족적 의식이 풍부하게 나타나는 점으로는 공예품을 제외할 수가 없습니다. 그러므로 나는 우리 미술의 소고를 초(草)하려 할 제 건축, 조각, 회화에 공예품을 넣어 나의 고찰권을 삼으려 합니다. 이것은 일본제전(日本帝展)에서 거년(去年)부터 재래의 일본화, 서양화, 조각의 3부 외에 공예과를 신설함을 보아 그 경향을 알 수 있습니다.

재래의 모든 학자들이 우리 미술을 냉정하게 관찰함에 대하여 반기를 든 이 중에 일본인 류종열(柳宗悅) 씨가 있으니 씨의 저서『조선과 그 예술(朝鮮とその藝術)』소수(所收)「조선의 미술(朝鮮の美術)」중에 조선 예술에 대하여 거의 그 가치를 의식치 않는 일본인 심리상태에는 비상한 모순이 있다 하고서 일본서 국보라고 하여 세계에 자랑하는 것 중에는 그 대부분이 조선 민족의 작품이며 그 다음이 지나(支那)의 것이라고 예를 들어 열론(熱論)한 뒤에 "나와 같이 사학을 전공치 않는 자로서도 이와 같이 생각하거늘 만일 정당한 역사가가 날진대 그는 그가 쓰는「조선미술사」에 한 큰 경악을 세계에 기여할 수가 있으리라"고 쓰여 있습니다.(166쪽 참조.) 씨는 조선민족미술관의 설립자로 우리 미술에 많은 흥미를 가진 학자로 씨의 말은 가장 이해있는 감상가의 논술이라 볼 수 있습니다. 이로부터 편의상 시대를 구분하여 그 시대의 특색을 들고 대표적 국보를 제시하려 합니다.

1. 선사시대와 고대 미술

선사시대는 토지에 따라 크게 다르니 애급(埃及)과 같이 서기 전 4,000년에 이미 기록을 가지고 있어 그 오래임을 자랑하는 곳도 있고 불란서와 같이 겨우 6세기 후반에야 비로소 자기의 기록을 가지게 된 곳도 있으며 또한 아직도 기록을 가지지 못한 미개민족도 있어 기록을 가지기 전의 시대 곧 선사시대는 일정하지 못합니다.

우리의 선사시대는 대개 서기 제1세기경에 끝났다고 추정합니다. 이는 김해에서 발견된 패총과 기타 패총의 발굴품 중에 석기시대의 유물과 함께 왕망(王莽)의 화천(貨泉)이 출토됨을 보아 그 년대를 추정한 것이니 일반이 시인하는 학설입니다. 그런데 선사시대 유물에는 공통점이 많은 중에 선사고고학은 아직도 연구가 초창의 도중에 있어 우리 상대 문화가 다른 선사시대의 민족에 비하여 어떠한 특색을 가졌다고 할 만한 연구가 없습니다. 근일 우리 사학계에 선배이신 최남선 선생이 우리 선사시대의 유물의 하나인 똘멘(支石)을 조선 고유 종교에 연락(聯絡)시켜 일종 독특한 문화를 우리 상대인은 가졌었다고 주창하기에 이르렀으나 여기에 그 상세(詳細)를 보도할 재료를 가지지 못함은 유감입니다. 여기서 필자는 우리의 선사시대가 서기 1세기경에 끝났음과 그 유물 중에서 우리 상대인의 고유문화나 예술을 찾을 수 있으리라는 것만을 제언하여 두려 합니다.

유사시대(有史時代)로 들어와 우리 선조의 가진 문화는 어떠하였는가. 우리의 가진 기록이 불비(不備)함으로 다만 중국의 고사(古史) 중에서 약간을 엿볼 수 있을 뿐인바 더구나 당시의 유물 유적이 절무(絶無)하다 할 만하며 미술사상(美術史上) 우리 고대는 어떻다고 말할 수가 없습니다. 문헌에 실린 것을 보아 고유성을 띤 일종의 독특한 문화가 있음을 짐작하나 당시 현저히 발달된 중국 문화에 압도되어 조선의 고유문화는 은류(隱流)를 따라 그 명맥을 전한 듯합니다. 여기 대하여는 미정(未定)한 나의 의견인지라 후일의 갱고(更考)를 기다리거니와 제 선배의 고구(考究)발표를 바랍니다.

2. 한족문화(漢族文化) 수입시대

우리 반도가 지경(地境)을 중국에 접하고 있으매 우수한 문화를 가지고 있던 한족(漢族)의 내주(來住)와 그 문화의 수입은 재래(在來)의 문화에 큰 자극을 주었으니 전한(前漢) 무제가 중·북(中·北) 조선에 사군(四郡)을 둔 때로부터 동진(東晉) 초에 낙랑, 대방 2군이 멸망하기까지 400년간은 한강 이북에 한족문화의 대수입된 시대로 이 문화는 당시 남부 조선지방의 삼한인(三韓人)과 일본 구주 중국 지방에까지 파급된 것입니다.

조선에 수입된 한문화가 얼마나 찬란하였던가는 근년 평양 부근에서 발굴한 고분의 유물에서 볼 수 있습니다. 그 출토품을 분류하면 동기, 도기, 칠기, 무기, 마구, 포백(布帛), 금속복식품, 옥석기(玉石器), 고천(古泉) 등으로서 그 중에 한(漢) 내지 서진(西晉)시대의 양식으로 가장 정연웅려(精姸雄麗)한 수법(手法)을 보인 동경(銅鏡), 종래 문헌에는 있으나 그 완전한 실물을 보이지 않던 한(漢)시대의 칠기! 금일의 기술로도 도저히 따를 수 없다는 석판에 남아 있는 세계 최고의 필적(筆蹟)들의 미술품이 다수히 발견되었습니다. 최근 대동강 남안(南岸) 「되무덤이」 고분 발굴품의 경이적 가치만을 소개하여도 큼직큼직한 것이 불소(不少)합니다. 그러나 이 찬란한 문화가 직접 간접으로 우리 문화에 많은 자극을 주었고 지남(指南)이 되었을 것은 의심할 여지가 없거니와 그 문화가 우리의 창작과 소산이 아니매 그것이 우리 미술사상에 중요한 페이지를 차지할 것은 사실이나 그 미술품이 우리 국보로서의 자리는 가지지 못할 것이라 생각되매 여기 대하여서도 이만으로 끝을 맺습니다. 그런데 우리 학자 중에 되무덤이를 중심으로 한 낙랑문화를 전혀 한인(漢人)에게 돌리지 않고 우리의 문화와의 혼성이라 보는 이도 있으나 그 출토품이 전혀 한(漢) 그것의 수입임에 그리 억측할 필요는 없을까 합니다.

3. 삼국시대

한족(漢族) 식민시대의 말년 곧 서기 3세기반경에 발흥한 한족(韓族)의 백제, 신라, 가야와 만주에 흥기한 고구려가 점차 한인(漢人) 식민지를 압박하여 드디어 반도 내에 정립하기에 이르니 반도문화의 서명기(曙明期)로 대개 고분 유물에 의하여 그 문화상을 알 수 있는 시대입니다.

가. 고구려시대

『삼국사기』 저자는 신라의 개국을 다른 두 나라보다 오래다고 쓰여 있으나 현금(現今)의 모든 사가(史家)들은 고구려의 개국이 먼저라고 봅니다. 한족(漢族) 과의 접촉 상 관계로 문화도 고구려가 비교적 앞섰습니다. 고구려 문화는 그 처음에 한(漢) 위(魏) 양진(兩晋)의 영향을 받았고 특히 소수림왕 때에 불교가 들어오자 중국 남북조시대의 문화상 감화로 급속한 발전을 보게 되었습니다. 고구려시대의 유물은 구도(舊都)인 국내성과 환도성, 신도(新都)인 평양 부근의 유지(遺址)와 능묘(陵墓)에서 발견되는바 도성지에서는 당시의 공예를 말하는 고와(古瓦)가 풍부히 남아 있으며 능묘의 내부 현실(玄室)의 구조장식에서는 건축술의 일단을 엿볼 수 있으며 또 그 벽면에 그린 회화로는 당시 회화의 성질을 알 수가 있습니다. 다만 아까운 것은 고구려 멸망의 제(際)에 당병(唐兵)이 그 능묘를 모두 파괴하여 부장품을 도적하여 간 고로 당시의 공예품을 찾아보기 어려운 것입니다.

고구려의 미술 중 현재 발견된 것으로 가장 가치 있는 것은 무엇보다도 능묘 내부에 그려 있는 벽화와 천정의 장식입니다. 현재 벽화가 발견된 곳은 집안(集安, 舊都소재지)에 3개소 평양 부근에 11개소나 됩니다. 그 연대는 약 1500년 전후로부터 1300년 전후에 이르는 동안인데 당시의 회화, 풍속화가 그려져 있어 고구려시대의 화풍과 문화를 아는데 가장 귀중한 재료가 됩니다. 그 중에 집안 평야에 있는 삼실총벽화(三室塚壁畵)는 두텁게 칠을 바르고 그

위에 문양과 회화를 그린 것으로 고졸(古拙)한 편이나 운문사신(雲文四神)의 도(圖)와 같음은 한식(漢式)의 여영(餘影)으로 북위(北魏) 이전의 특질을 보입니다. 이 능묘는 고구려가 평양에 천도하기 전 것일 터이매 적어도 이제로부터 1500년전 인도를 제(除)하고서 동양 최고의 벽화임에 우리는 그 가치를 인정합니다. 연대도 삼실총(三室塚)에 비슷한데다가 내부구조의 기교를 극(極)한 것으로 유명한 것은 순천군 북창면 송계동에 있는 팔각천정총(八角天井塚)이며 연대는 이보다 약 100여년 뒤졌으나 수법이 교려(巧麗)하며 인물을 사실적으로 그리어 당시 풍속의 진상을 유감없이 드러낸 것으로 유명한 것은 평남 룡강군 지운면 안성동에 있는 쌍영총(雙楹塚)입니다.

전자에 비하여 50년쯤 뒤진 곳 지금으로 1350년경 전의 고분으로 수려한 벽화를 가지고 있는 것이 평남 강서군 강서면 우현리의 세무덤(三墓)입니다. 여기서도 고구려말의 가장 정련(精鍊)한 기술을 대표한 벽화가 발견되었습니다. 그 중에 대묘(大墓)의 벽화는 일찍이 관야정(關野貞) 박사가 "그 준경(遒勁)한 필치와 웅혼한 기상은 당시 회화발달의 이상함에 놀라지 않을 수 없다. 이 모든 벽화와 장식이 좁은 입구로 흘러 들어오는 약한 광선에 비추어 꿈(夢)과 같이 떠오르는 광경은 신운(神韻)이 표묘(標緲)하여 유완(幽婉)을 극한 것이다." (동양사강좌 소수『조선미술사』35~6쪽 참조)라고 예찬한 것입니다. 중묘(中墓) 도 대묘(大墓)에 지지 않는 웅혼위려(雄渾偉麗)의 기상을 발휘한 기공(技工)을 베푼 것이라 합니다.

고구려의 능묘는 중국에 그 유사(類似)를 보지 못하는 고구려 특유의 것으로 그 제도로만 보아도 우리의 자랑이 되지만 더욱 흥미 있는 것은 현실(玄室) 내의 벽화와 천정의 장식입니다. 그 양식은 강서(江西)의 대묘(大墓), 중묘(中墓) 가 북위(北魏) 영향을 받았음에 반하여 종래 발견된 모든 고분 중의 벽화와 장식은 다 북위 이전 곧 동진시대의 감화를 받은 것이매 중국 본토에서 이미 망실된 북위 이전의 예술양식의 자취를 우리에게서 볼 수 있음도 흥미 있는 사실입니다. 더구나 기술함과 같이 특히 인물화는 가장 당시 고구려의 풍속을 실사(實寫)한 것으로 당시의 풍속, 문화를 알리는 호재료(好材料)인 점으로 또한 이 모든 벽화가 중국본토에서 볼 수 없는 동양 최고의 회화를 대표함으로 그 가치를 알 수 있습니다. 더욱 장식문양에 있어서는 북위의 영향을 볼 수 없은 즉 고구려의 회화가 얼마나 발달되었던가를 미루어 알 것입니다. 관야(關野) 박사가 "이 모든 회화는 현금 동양에서 알려진 최고의 실례로서 일본이나 중국에서나 도무지 유례를 볼 수 없는 귀중한 표본이다"라고 함을 보아 결코 자화자찬이 아님을 믿을 것입니다. (조선사강좌 소수『조선미술사』, 49쪽 참조.)

나. 백제시대

백제는 건국 초에 북으로 대방군에 인접되어 한민족의 문화를 받았고 또한 남지나(南支那)와는 해로로 교통이 있어 신라에 비하여 일찍이 제도문물의 정돈을 본 나라입니다. 진사왕(서기 385~391) 때에 궁실을 수(修)하고 연못을 파며 산을 만들어 기금이훼(奇禽異卉)를 기른 것이나 개로왕(서기 455~475) 때에 장려한 누각대사(樓閣臺榭)를 궁중에 경영한 것은 이미 사상(史上)에 보여 있습니다. 이는 다 그 도성이 한성(광주부근)에 있을 때 일입니다. 그 후 도읍을 지금의 공주(웅진)와 부여(사비)에 옮긴 후에도 지세를 이용하여 규모가 굉장하고 요해견고(要害堅固)한 대도성을 경영한 자취는 지금이라도 상견(想見)할 수 있습니다.

특히 동진에서 불교가 백제에 들어온 후로 상하(上下)의 숭신(崇信)을 얻어 성왕 19년(양 大同 7년, 서기 541년) 곧 사비성 천도 후 3년에 사신을 양(梁)에 보내어 『열반(涅槃)』 등 경의와 공장화사(工匠畵師)를 청래(請來)하여 신도(新都)의 궁전과 불사(佛寺)를 일으켰으며 이어서 법왕(서기 599) 무왕(서기 600~640)은 왕흥사(王興寺)를 창건하였는데 그 절이 수(水)에 임(臨)하여 채식장려(彩飾壯麗)를 극(極)하였다 합니다. 신라 진덕왕 12년(백제 의자왕 3년, 서기 643년)에 신라 삼보의 하나라고 하는 황룡사 구층탑을 세울 제 백제의 건축가는 공장 200인과 함께 초빙을 받았습니다. 이로 당시 백제의 건축술이 얼마만큼 발달된 것을 알 수 있으며 따라 다른 예술의 진보도 미루어 상상할 수 있습니다.

그러나 당시의 건조물은 거의 다 오유(烏有)에 돌아가 우리의 유감을 깊게 하나 행(幸)히 우리는 그 영향을 다른 곳에서 얻어 볼 수 있음을 불행 중 일행(一幸)일까 합니다. 백제가 외교상으로 일본과 밀접한 관계를 가져서 일본의 불교와 모든 문물이 많이 백제의 손을 거친지라 여기 대하여는 췌론(贅論)을 요치 않거니와 당시 백제 예술의 지도를 받아 세운 일본의 법륭사(法隆寺), 법기사(法起寺), 법륜사(法輪寺)의 당(堂), 탑(塔), 가람(伽藍)들이 오늘까지 엄존하여 있어 거기에 보관된 이는 다른 예술품과 함께 그 본원인 백제예술의 이상(異常)한 발달을 말하고 있습니다. 그러면 백제의 유물이 우리 땅에 극소한 이상 백제인의 창작물 내지 그 영향을 받은 미술품은 일본으로 가서 찾아볼 수밖에 없게 된 기현상을 이루었습니다.

　백제 능묘로는 경기도 광주 부근에 대소 수십기가 있으나 예술상 그리 중요한 것이 못되며 공주 지방에도 다소 있으나 아직도 조직적 조사가 미치지 못하였고 부여 부근에서 근년 중요한 능묘의 발굴이 있어 그 내부에서 벽화와 보관의 잔편(殘片)을 얻었습니다. 이 보관의 잔편이 백제의 예술과 일본의 비조(飛鳥)시대 미술과의 양식관계를 천명하는 열쇠가 된다는 것입니다.

　백제시대의 건조물의 유존한 것은 오직 하나인 대당평제탑(大唐平濟塔)이 있으니 이를 당인(唐人)의 작(作)이라 운운하는 이도 있으나 그 탑은 백제인의 것으로 당(唐)이 신라와 연합하여 백제를 멸하자 그 공을 기념키 위하여 탑의 초층(初層) 주위에 비록(碑錄)을 삭인 것입니다. 이 탑은 기발강건(奇拔剛健)한 기상을 발휘하고 있는 예술적 작품으로 또는 유일의 백제건조물의 유존품(遺存品)으로 유명합니다.

　백제시대의 후기는 불교의 융흥과 함께 중국남북조식의 불상조각이 크게 발달된 시기로 백제계에 속하는 일본 비조(飛鳥)시대의 불상양식 수법이 어떻게 수려함을 보아 백제의 조각이 얼마나 발달된 것을 추찰(推察)할 수 있습니다. 당시 백제시대의 불상은 거의 다 소멸에 돌아가고 다만 2, 3개의 소불상이 남아있어 현재 부여 진열관과 조선총독부 박물관에 보존되어 있습니다. 그 중에 총독부 박물관에 있는 금동석가여래상(金銅釋迦如來像)은 금색이 지금도 찬란하며 중앙의 연화(蓮花)와 좌우의 양 보살(兩 菩薩) 화염중(火炎中)의 3구의 화불(化佛)은 모두 중국의 남북조식으로 일본의 비조(飛鳥)시대 것과 혹사(酷似)합니다.

일본 법륭사의 금당을 장식한 가장 우수한 불상은 「백제관음」이라 불리고 있습니다. 동사(同寺) 몽전(夢殿)에 오랫동안 비전된 관음입상도 백제의 것이라 합니다. 동사의 백제계의 옥충주자(玉蟲廚子)는 "조선의 명예를 영원히 전하는 것이라"고 류종열(柳宗悅) 씨는 말합니다.(씨의 『朝鮮とその藝術』, 163쪽 참조.)

요컨대 백제 초기의 문화는 다소 낙랑 대방과 남지나의 감화를 받았으나 지나 남북조시대의 양식이 불교와 함께 수입되자 장족의 진보를 이루고 드디어 일본의 문화를 조성하였습니다. 이러함에도 불구하고 그 진상을 확연히 드러낼 유물유적이 우리에게 가추 남아 있지 못함을 유감으로 생각합니다.

다. 고신라(古新羅)와 가야시대

진한의 지(地)에 신라가 일어나고 변한의 고토에 가야가 연방을 이루어 두 나라가 각기 대항하며 있었으나 후에 가야의 세위(勢威)가 점점 약하여져 신라 법흥왕(서기 513~539), 진흥왕(540~575)때에 가야는 드디어 신라의 공멸 한바 되었습니다. 신라는 점차 영토를 개척하여 세력이 점진하자 법흥왕, 진흥왕에 이르러 제도문물이 역시 크게 정비되고 특히 불교의 전래와 함께 우수한 지나 남북조시대의 양식이 수입되어 그 건축, 조각, 회화, 기타의 공예는 무던한 발달을 수(遂)하여 신라문화의 일 시기를 획하게 되었습니다. 이어서 태종무열왕(서기 654~660)과 문무왕(661~680)때에 신라는 당의 원군의 힘을 빌려 백제 고구려를 멸망하고 반도통일의 대업을 성취하였습니다.

여기에 고신라라 함은 그 건국으로부터 태종무열왕의 즉위까지를 가리킨 것이니 이 시대는 전후의 2기로 나누어 전기는 국초로 지증왕(서기 512)까지, 후기는 법흥왕으로 태종무열왕의 즉위까지로 전기에 있어 한식(漢式) 문화의 영향이 많았고 후기에 이르러 불교의 흥륭을 따라 지나 남북조문화가 크게 수입되었습니다. 그러나 전후기 공히 고분 외에 유물이 별로 없으매 여기에 따로따로 서술하지는 않습니다.

가야제국의 문화는 대개 고신라시대와 동양(同樣)입니다. 고분의 양식이라던가 내부 출토품까지라도 거의 같은 성질을 가지고 있어 당시 동일한 문화권내에 있었음을 알 수 있습니다. 그러므로 미술사가들은 흔히 고신라와 가야를 병론함이 보통입니다.

이 시대의 유물은 거의 고분관계의 것이나 후기에는 분묘 외에 첨성대, 불상, 와전(瓦塼)과 약간 조각 공예품이 유존(遺存) 혹은 발견되어 있습니다. 그 고분군으로는 경주(금성. 월성) 부근과 대구, 양산, 선산지방에 고신라시대에 속하는 것이 산재하고 고령, 함안, 성주, 창녕 기타 김해, 영산, 함창, 진주 등지에 가야시대 것이 혹은 많이 혹은 적게 산재하여 있습니다.

경주 남문 외(外)에 다수의 큰 고분이 기포(碁布)되어 있는데 이는 비교적 초기에 속하는 것입니다. 이 발굴은 근년에 실현되어 세계의 고고학계를 놀라게 한 바 아직도 우리의 기억에 새로운 일입니다. 우리는 그 분묘의 외형과 내부적 구조에 있어서 보다도 그 부장품의 공예품에 있어 일경(一驚)을 마지않는 바니 금속제 복식품 중에 금관과 이식(耳飾)은 다음에 설술(說述)하겠으매 그만두고라도 주옥유리류(珠玉琉璃類), 무기류, 마구류, 동철기, 도기, 포백류 등 고신라 가야시대의 고유 특질을 충분히 발휘하는 일면에 한식(漢式) 예술적 감화를 받은 것도 있으며 더욱 금관, 이식, 기타 주옥(珠玉)에 있어서는 민족적 색채를 농후히 띠고 있음을 우리는 의미 있게 봅니다.

보관(寶冠)에는 순금제, 은제, 금동제가 있는데 주위에는 가지(枝) 있는 엷은 장식의 세운 것이 있고 또 투조(透彫) 우양(羽樣)의 식금구(飾金具)가 중앙에서 후방으로 길게 뻗쳐있습니다. 이 모든 금구(金具)의 외면에는 둥근 소요편(小搖片)을 선금(線金)으로 매여 있어 걸음 걸을 적마다 찬란하게 광선을 반사하도록 만들어 있습니다. 이 보관 중 대표될만한 것이 경주 남문외 금관총에서 출토된 금관으로 수다한 구옥(勾玉)을 수하(垂下)하여 장식하여 있는 것이 그 특색입니다. 이 금관이 경주박물관을 찾는 이의 눈을 어리게 하고 감탄의 찬사를 부지불식

중 발하게 하는 것입니다. 일본 고고학계에 권위인 동경제실(東京帝室) 박물관의 고교건자(高橋健自) 박사가 「만선고고행각(滿鮮考古行脚)」에 어떻게 이 금관을 예찬하였는가를 시독(試讀)하실 것입니다.

이식에는 단순한 금은환 외에 혹은 금요편(金搖片)을 수하(垂下)하고 혹은 금루세공(金鏤細工)을 시(施)한 것 또는 유리(琉璃)의 상감(象嵌)을 한 것이 있습니다. 이 금루세공은 한(漢)시대에 포랍(布臘)으로 수입되었는데 이것이 다시 낙랑으로 남선(南鮮)에 영향을 미치었다고 보나 그러나 이러한 이식은 종래 중국에 유존(遺存)함을 듣지 못하였으며 일본에서 거의 같은 종류의 것이 발견됨을 보면 신라문화가 어떻게 일본에 영향됨을 알 수 있습니다.

신라의 건조물로 조선최고의 유구(遺構)는 첨성대입니다. 선덕여왕(서기 632~646)때의 건조로 때는 김춘추(후의 태종무열왕)가 섭정으로 있어 제도문물을 당에 광구(廣求)하던 시절입니다. 그 평면은 원형으로 하경(下徑) 17척 1촌 고(高) 29척 1촌 전부 석조(石造)이며 예전에는 이 위에 관측기가 설치되었던 것입니다. 동양에 현존한 천문대로 최고(最古)의 것이라 함에 우리는 많은 자랑과 느낌을 아울러 가지게 됩니다.

신라에 불교가 들어온 것은 눌지왕(서기 417~457) 때라 하나 크게 흥한 것은 법흥왕 때부터입니다. 진흥왕 5년에 흥륜사, 14년에 황룡사, 27년에는 지원(祇園), 실제(實際) 2사(寺)를 세웠고 진평왕 19년에 삼랑사, 선덕여왕 3년에 분황사, 14년에 황룡사탑이 준공되니 불교융흥에 반(伴)하여 대가람이 차례로 건립되었습니다. 황룡사지는 월성의 동북에 있어 금당, 탑 등의 초석을 남기어 있습니다. 금당은 9칸 4면으로 동서 약 150척 남북 약 60척의 장대한 건축이었으며 그 남에 있는 구층탑의 유지는 방 7칸으로 그 넓이가 방 약 73척인 즉 여하히 굉장하였던가를 상상할 수 있습니다.

분황사는 경주의 동방 약 5리에 있는 소가람으로 그 석탑은 선덕여왕 3년(서기 634)의 조영으로 첨성대와 아울러 반도 최고의 유구입니다. 전부 전양(塼樣)의 적은 안산 암재로 쌓아 지금은 3층만을 남기어 있으니 신라 삼보의 하나입니다. 초층(初層) 사면(四面)에는 입구를 만들고 그 좌우 입석에 인왕상(仁王像)을 고육각(高肉刻)으로 새기어 자못 웅혼한 기상을 보이며 있습니다. 또 단의 사우(四隅)에 석사자(石獅子)가 안치되어 있어 역시 호쾌한 정신에 부(富)합니다. 이 탑은 중국에 있는 전축(塼築)의 탑을 소석재로써 한 것처럼도 보이나 그러나 이는 전혀 신라인의 안출(案出)로 이러한 탑은 중국에도 없다고 합니다.

불교 전래 이후로 신라의 회화는 백제나 고구려에 지지 않는 진경(進境)을 보였을 것입니다. 그러나 남아 있는 것이 없음에야 무엇이라 말할 수가 없습니다. 황룡사벽에 솔거라는 화가가 노송(老松)을 그리매 조작(鳥雀)이 참솔(松)인줄 알고 날아 들어와 앉으려다가 떨어졌다는 전설이 있습니다. 당시 회화가 얼마나 발달했는가를 말하는 일증(一證)을 삼기에 넉넉할까 합니다.

이 외에 이 시대에 속한 조각 중에 약간 남은 것이 있으나 일일이 설술치 않겠습니다. 그 중 실물을 전하지 않는 것 중에 법흥왕 25년(서기 537)에 황룡사의 장육불상(丈六佛像)을 주조한 것은 사상 저명한 사실입니다. 동 3만 5007근 도금(鍍金) 1만 198분(分)을 요하였다 하니 당시 불교가 들어온 지 얼마 안 되는 때의 공사로는 거창한 사업이 있음을 짐작하겠으며 그 후의 발달이 또한 어떠하였을까를 상상하기에 족하지 않습니까. (未完)

(『別乾坤』 제12 · 13호, 1928.5.1)

淺川巧 著 『朝鮮の膳』을 읽고

　우리의 가진 미술, 공예에 대한 연구가 우리 자체에서보다도 외인(外人) 사이에 더욱 왕성함을 수긍 아니할 수 없다. 그들 가운데에는 우리의 미술, 공예를 중국, 일본과의 사이를 연락하는 한낱의 매개체로서 보는 피상적 관찰도 있지만 한걸음 나아가 이해와 동경을 가진 연구와 감상이 또한 적지 않아 그 독특한 가치를 찾고자 하는 이도 많다.

　우리의 미술, 공예 가운데 가장 세인(世人)의 인기를 끄는 것은 도자기일 것이다. 따라 이에 대한 자료 수집과 연구 발표가 적지 아니하다. 우리는 이러한 것들로 말미암아 우리의 것을 더욱 값있게 알게 되었다. 그런데 근래 도자기 이외의 공예품으로 점점 그 가치를 드러내기 비롯한 것이 있으니 그것은 목공품이다. 나는 이에 대한 자료수집으로 『이조시대목공작품집(李朝時代木工作品集)』(강전삼랑조(岡田三郞助), 대우위삼(大隅爲三) 공편, 소장항길(小場恒吉) 해설, 교예사(巧藝社) 발태(發兒)), 연구서로 표제의 『조선의 소반(朝鮮の膳)』을 들 수 있다. 전자는 작년 4월의 출판으로 오래지 않거니와 후자는 재작년 3월의 간행으로 저자 천천교(淺川巧) 씨는 금춘(今春) 4월 2일 42세를 일기(一期)로 하여 『조선도자명고(朝鮮陶磁名考)』를 유저(遺著)로 남기고 그만 타계의 인(人)이 되었다.

　씨는 조선미술, 공예에 가장 많은 이해와 동경을 가진 학도로서 류종열(柳宗悅), 천천백교(淺川伯敎, 씨의 백형), 빈구량광(濱口良光) 등 제씨(諸氏)와 뜻을 모아 조선민족미술관(경복궁내)을 만들고 이조를 중심삼아 각 방면의 미술,

공예품을 수집연구하고 있었다.

내가 빈구(濱口) 씨와 함께 청량리로 씨를 찾았던 것은 벌서 4년 전 어느
날 밤이다. 그는 우리를 반기면서 내게 부탁한 것은 당시 그가 집필 중에
있던 조선식상(朝鮮食床)에 관한 것으로 궁중에서 쓰던 소위 대궐반(大闕盤)
뒤판(板)에 한글로 삭인 문구의 해석이다. 씨의 우리 미술공예에 대한 많은
정애(情愛), 이해, 지식, 경험은 나를 부끄럽게 하면서도 탄복하지 않을 수
없게 하였거니와 더욱 놀란 것은 씨가 우리말과 글에 어둡지 아니하였음이다.

그 이듬해 1929년에 『조선의 소반』은 출판되었다. 이래 해를 거듭한 지
얼마 안 되건만 씨는 이미 고인이 되었다. 그러나 그는 충실한 학도로서 최후까지
연구와 붓들기를 게을리 아니하였으매 비록 외인(外人)이라 할지라도 그의
남긴 업적 특히 우리 학도들에게 준 가르침을 생각할 때 그의 대표작으로
한 권을 가져다가 아직 읽지 아니한 뜻 같은 이에게 소개함도 의미 없는
일이 아닌가 한다.

이 책 제목 중에 '선(膳)'이라 함은 소반 곧 식상(食床)을 가리킴이다. 훌륭한
공예품은 사용하는 일수에 비례하여 그 품위(品位)를 높이며 친절한 사용자를
만나 비로소 그 물건의 미를 발휘한다고 저자는 말한다. 이 점으로 우수한
작품이 우리 목공품 중에 많이 있음을 들고 그 중에도 우리가 일상 사용하는
'선(膳)'을 유집연구(類集研究)하여 위선 일서(一書)를 만드노라 하였다.

이 책의 내용은

서(序)
조선의 선(朝鮮の膳)(본문 57쪽)
삽화해설(揷繪解說)(삽회 33매)
발(跋) 류종열(柳宗悅)

로서 설명도(說明圖) 두 장이 본문 중에 끼여있다. 서(序) 가운데 이 책은 계통적
연구이거나 논거정연한 고증이 아닌 통속적 서술임을 저자는 변명하고 다만

자기는 보고 들은 사실을 할 수 있는 데까지 충실히 기술할 뿐이라고 하였다. 그리고 과거의 존재 잊어버리고 이러한 것이 있었던가 하는 젊은이들에게 이 책이 필요하리라는 뜻을 암시하였다.

이 책의 본문인『조선의 소반』은 8절로 나누어 제1절에는 공예품 제작과 가치를 논하여 우리가 쓰는 소반은 공예품으로서의 대표될 소질－순미 단정한 자태를 가져 일상생활에 친히 싸우고 쓰면 쓸수록 아미(雅味)를 더한다－고 말하였다.

제2절에 소반 명칭의 범위, 역사고고학적 고증－도마(俎)로서의 혼용발달설을 제창하여 중국의 영향을 입지 않은 독창적임을 말하고 다음에 소반 생산의 과정을 술(述)하여 사용자는 선택구매의 충분한 자유를 가짐과 생산품 중에는 미완성의 것도 있어 이 반제품을 사서 완전한 기구로 만드는데 많은 흥미를 느낀다 하였다. 제3절에는 소반을 산지의 지방별로 나누어 통영반(統營盤), 나주반(羅州盤), 해주반(海州盤)의 세 큰 양식과 이외에 구족반(狗足盤, 개다리소반)이 있음을 도시(圖示)하여 그 구조의 어떠함을 설명하였고 이 모든 것의 공시지대(公市地帶)까지 상고하였다.

제4절에는 소반의 형태, 대소와 세미(細微)한 부분의 구조를 도시(圖示)로 자세히 기술하였고 제5절에는 용재(用材)에 대한 세밀한 관찰을 하였다. 저자가 산림기수로 있었으매 본 바의 주도(周到)함을 엿볼 수 있다. 제6절은 도료(塗料)에 관한 연구이다. 주칠(朱漆)은 궁중용, 흑칠(黑漆)이 일반용임과 칠(漆)에 생칠(生漆), 화칠(火漆)의 구별이 있어 전자로 상(上)을 삼는다 하였다.

제7절은 공작순서로 비교적 많은 지면을 이에 공(供)하였으니 저자는 여러 번 공작소를 방(訪)하여 관찰을 게을리 아니한듯하다. 씨는 자태 위에 나타나는 소반의 특색을 "모든 선의 교차하는 부분에 있어 모나지 않고 원미(圓味)를 띄워 온건하게 접촉하여 있는 것"이라고 하여 변화가 많으면서도 안정을 주는 느낌이 있음을 많은 실례로서 보였고 소반에 쓰이는 각종 수복강녕(壽福康寧)을 상징하는 모양이 30종이나 유거(類擧)되었다.

제8절은 소반의 변천에 대한 고찰이다. 소반의 기원－도마(俎)의 혼용발달설

을 문자학상(文字學上)으로 여조시대(麗朝時代)의 것은『궁원의(宮園儀)』,『궐리지고려도경(闕里誌高麗圖經)』등 문헌에 나타난 기록으로, 이조의 것은 궁중에서 쓰던 연대명(年代銘) 있는 실물과 기타의 기록으로 연구하여 현재 민간에 사용되는 나주반, 통영반은 비교적 오랜 전통을 가진 것이라고 논단하였다. 다음에 저자는 소반의 형(型)에 관한 금후의 경향을 추측하여 용재를 구하기 어려운 것과 또는 용재이용(用材利用, 절약)의 점(點)으로 원형과 다각형이 없어지고 장방형(長方形)이 전부를 차지할 것, 기계응용으로 공작이 간단화하는 동시에 그 자태의 특색을 전혀 잃을 것, 도료도 간편한 가칠(假漆)이 사용되어 상상하기에도 견디기 어려울만한 졸렬한 공작품화할 것을 비관하였다. 그러나 저자는 이에 대한 방지안 내지 구제책을 보이어 주기에 주저하지 않았다. 노장(老匠)의 도제양성(徒弟養成), 잡목림(雜木林)과 칠전(漆田)의 확장이 그것이다.

마지막에 저자는 간곡(懇曲)한 권고(勸告)로 결론을 지었다. 타국의 물질문명을 구가하며 기계공업을 예찬하여 성(盛)히 그 모방만을 기도하여 종로바닥에 소반전(廛)이 아직도 벌려 있음을 탄식하는 이들에게 이같이 말하였다.

> ブレイクは云った『馬鹿者もその痴行を固持すれば賢者になれる』と. 疲れた朝鮮よ, 他人の眞似をするより, 持っている大事なものを失はなかったなら, やがて自信のつく日が來るであらう. このことはまた工芸の道ばかりでない.
> 브레이크가 말했다. "바보같은 이도 그 바보같은 행동을 고집한다면, 현명한 자가 될 것이다"라고. 지쳐있는 조선이여, 다른 사람의 흉내를 내는 것보다 가지고 있는 소중한 것들을 잃어버리지 않는다면 마침내 자신감이 생기는 날이 올 것이다. 이는 또한 공예의 길만이 아니다.

본문의 다음에 삽회설명(揷繪說明)이 있으니 모두 진보된 기술로 된 사진판으로 그 중에는 두 장의 원색판이 있다. 해설은 형태, 대소, 재료, 용도 어느 점으로든지 주도(周到)하고 친절한 설명이다. 마지막 한장은 경남 하동읍 시장의 사진으로 지리산재를 이용하여 만들어다가 판매하는 소반전(廛)의 광경이다.

삽회(揷繪) 33장 가운데 소반이 32개, 그 중 5개를 제(除)하고는 전부가 조선민족미술관장(朝鮮民族美術舘藏)으로 되어있다. 들건대 그 중의 대부(大部)는 저자의 소장으로 모두 미술관에 기부한 것이라 한다. 이만한 수집연구가로 자기개인장(自己個人藏)으로 된 것이 하나도 없음에 씨의 면목을 엿볼 수 있는 것이다.

나는 이만큼 소개하여 우리의 공예, 미술에 관심을 두는 학도들로서 아직이 책을 읽지 못한 뜻 같은 이에게 일독을 역권(力勸)하거니와 저자의 진의가 우리들로 새 것만을 모방함보다 자기의 좋은 것을 고지(固持)하라 함에 있음을 보아 반드시 독서층을 제한할 것이 아님을 고하여 둔다. 이 책이 남의 손으로 그만한 재료와 연구를 우리에게 제시한 것만도 고맙고 부끄러우며 그 흠을 잡아 구태여 타박하려 아니한다.

씨의 조선공예, 미술에 관한 논문을 엮어 1책을 만든다는 기획이 보도된다. 『조선의 소반(朝鮮の膳)』, 공정회출판부(工政會出版部) 발행, 진체(振替) 동경 27724 정가 3원(圓)

1931년 10월 10일 야고(夜稿)
(『동아일보』 1931.10.19)

咸興鄉校藏本 龍飛御天歌에 대하여

　함흥향교 동서양무(東西兩廡)에 진장(珍藏)된 본판과 서적에 대해서는 앞으로
더 연구하고자 하거니와 그 중에 용비어천가의 고판본(古版本)이 있어 나는
그 소재를 당시 함흥군청 조사의 향교서적목록에서 알고서 즉시로 향교동무서
가(鄉校東廡書架)를 뒤졌으나 대출 부재로 보지 못하고 작하(昨夏) 함흥 동아일보
지국에서 주최한 한글강습에 강사로 오신 이윤재 선생에게 이것을 고하여
함께 찾았으나 또한 없어 보지 못하였다. 이래 두어번 향교 수직인(守直人)에게
책이 돌아왔는가를 물었으나 대출처 불명으로 도무지 그 소재를 모르고 있었더
니 거하(去夏) 동아일보 주최의 한글 강습에 강사로 래함(來咸)하신 이상춘
선생을 맞아 선생은 이미 이윤재 선생에게 들으셨음인지 향교로 용가(龍歌)를
보러 가자고 내게 동도(同道)를 의뢰하시며 『동국여지승람(東國興地勝覽)』 권48,
함흥부 누정(樓亭) 문소루(聞韶樓)의 기록을 들어 함흥향교장본(咸興鄉校藏本)
용가(龍歌)는 함흥에 온 지 자못 오랜 것으로 임진란 이전판이라고 말씀하셨다.
그 기록의 영처(嬰處)만을 인용하면 동루기(同樓記) 중에

　　歲丁印 醴泉權公孟孫 以刑曹判書 特膺是命 旣視事 政修弊法 人用大和 府之客館北
　　舊有樓 歲久頹圮 公詢諸群吏曰 爾府爲興王舊地
　　一道之望而凡應按賓旅 館宇湫隘 儀觀未稱 盖撤舊而新之 吏咸喜躍 不閱月而工訖樓
　　凡三間 翼以簷牙 軒楹敞豁而勢得宜 一州之勝 於是焉具戊辰秋 予(李石亨) 謁告而歸
　　權公命予曰 上以咸爲祖宗肇基之地 特賜龍飛新樂 府之榮稱矣 而樂之來 會値樓成之

日 亦不爲斯樓之幸歟 樓旣成樂又至 而子又適至 可不志其顚末以示後人乎 子歸爲我
求額而文之 僕還 請書聞韶樓三大字以歸之 ……

운운한 것이니 이상 인용한 「문소루기(聞韶樓記)」 작자인 이석형은 검소 청빈으
로 일세의 사범(師範)이었던 저헌(樗軒) 선생이며 당시 함경감사 권맹손은 세종
조 명신으로 그가 부임한 정묘(丁卯)년은 세종 27년(서력 1447년) 곧 훈민정음이
반포된 다음해로 문소루가 낙성되어 용비신악(龍飛新樂)이 하사된 것은 정묘
이듬해 곧 서력 1448년 가을이다.

　신악(新樂)이 반사(頒賜)되었음에 용비어천가 책자도 하사되었으리라는 추측
은 결코 무리가 아니다. 그러나 용비어천가 125장이 권제, 정인지, 안지 등의
손에 이룬 것은 세종 27년(正統 10년, 서력 1445년으로 함경감영에 사영되기
3년전)이나 가시(歌詩)에 주해(注解)를 더하여 비로소 출판한 것은 세조 12년
정해(서기 1467년)이다.(『조선도서해제』 동가(同歌)조 참조) 그러면 문소루가
필역(畢役)되자 신악(新樂)이 하사된 것은 가악(歌樂)뿐이므로 세(世)에 유행하는
용가인본(龍歌印本)은 이때에 오지 않았으리라고 나는 생각한다. 학자에는 용가
(龍歌)의 출판을 正統 10년 곧 세종 27년으로 말하는 이가 있으니, 어윤적
씨(『동사년표년기사(東史年表年記事)』), 하합홍민(河合弘民) 씨(『조선고서행회
본 용가(龍歌) 해제』)의 正統 10설은 최항이 쓴 正統 12년 용가발본(龍歌拔本)을
보아 부인되지 않은가 생각한다. 그는 하여튼 함흥향교에 현장(現藏)된 용가본
(龍歌本)은 나의 적은 고찰에 의하여 문소루와 전혀 관계가 없이 후세에 나온
것을 말하고자 하는 것이다.

　『증보문헌비고』 권242, 예문고 중에

顯宗六年 咸鏡道觀察使閔鼎重啓請 以龍飛御天歌 五禮儀, 大明律, 經國大典, 及四書
三經, 性理大典, 通鑑, 先儒文集多印下送 俾遠方士子 誦法經傳 習知典禮 從之

라고 있어 현종 6년은 서기 1665년으로 관찰사 민정중은 우암 송시열과 한가지

중용되었고 우암이 유서(流鼠)될 적마다 또한 연좌되어 벽동배소(碧洞配所)에서 서거한 이로 관남총지(關南總誌, 영생여고 소장) 관찰영(觀察營) 선생안에 의하면 그는 현종 5년 갑진(서기 1664년)에 도임(到任)하여 동 8년 정미(丁未)에 부제학으로 승차되어 갔었고 함흥읍지인 『함산지(咸山誌)』 명관조에는 관찰사로서의 그의 사적이 기록되어 특히 학교를 흥하고 예학을 용(傭)하며 향교를 고치는 중 오현서원(五賢書院, 후고) 사우(祠宇, 임진 의사 12인 향사)를 창건하여서 학관규모와 관해(官廨)제도가 비로소 갖추어지니 설부이래(設府以來) 전후무비(前後無比)였으며 그는 운전서원(雲田書院, 후고)에 추배되었고 그의 「공청혜숙흥학진기비(公淸惠肅興學振紀碑)」가 세워져 있다고 쓰여있다.

이상춘 선생과 향교 장본용가(藏本龍歌)를 찾다가 얻지 못한 후 가고(假考)의 기록을 발견한 나로서는 그 책의 행방을 더 열심히 탐색하던 중 행(幸)히 2책을 얻어 보게 되었다. 본래 용가(龍歌)는 5책 1질로 매책에 두 권씩 안배(按配)되어 전후 10권으로 되어 있는데 향교서적목록(大正 13년도 함흥군청 조사)에는 4책으로 기입되어 1책의 흠결이 있음을 알 수 있다. 그런데 현재 대출자는 3책만을 가진 중 제7, 8권의 제4책과 제9, 10권의 제5책의 두 책만을 내게 보냈다. 아마 그 책이 전전(轉轉)하는 중에 1책을 또 잃은 듯하다.

이 책이 함흥향교장본임은 안 표의(表衣)와 제1엽 사이에 걸쳐 함흥향교라 찍힌 묵인(默印)으로 알 수 있고 같은 곳에 함흥관찰사 주인(朱印)의 잔흔(殘痕)이 있으며 또 그 아래에

丙午 七月 日
宣德書院上

안 표의(表衣) 중앙상부에

禮曹下送

이라 쓰여 있어 함흥향교 장본 용가(龍歌)는 병오(丙午) 7월에 예조로부터 선덕서원(宣德書院)에 하송(下送)되었던 것임을 알겠다. 그러던 이 병오년은 어느 해인가. 우리는 이에 선덕서원의 존재기간을 고구(考究)할 필요를 느껴서『문헌비고(文獻備考)』권213, 학교고 각도사원(學校考 各道祠院) 함경도 함흥조하에

雲田書院 (顯宗丁未建 / 英祖丁未賜額)

이라 함과『함산지』권2, 학교조하에

雲田書院 在府東 二十里 …… 院初在宣德廣浦龍巖之西 地患卑濕 歲甲寅 移建雲田社石潭之東 又歲丁未 移建于雲田車引洞

이라 있음을 아울러 생각하면 선덕서원과 운전서원은 이명동신(異名同身)으로 둘 다 지명을 취한 것이다. 전인(前引)『함산지』운전서원조하에는 따로 설치 유래에 관한 기록이 있으나 번잡을 피하여 이에 그 전문을 들지 않거니와 숭정후세사을사(崇禎後歲舍乙巳, 서기 1665년 현종 6년) 12월에 창원(創院)의 의(議)가 있어 정미(丁未, 현종 8년)에 의결되어 서원이 창건되었음을 보이고 있다.

　그런데 서원이 두 번째 운전차인동(雲田車引洞)으로 이건된 정미년은 영조 사액의 해이므로 서원이 선덕(宣德)에 있는 동안 곧 선덕서원으로서의 기간은 현종 8년 정미로 동(同) 15년 갑인(甲寅)까지(서기 1667~1674년)이다. 그러면 함흥향교 현장본(現藏本) 용가가 예조로부터 하송된 병오년은 서원이 선덕에 있었던 동안이라 할 것이다. 그러나 불행히 현종 정미에서 갑인년 사이에는 병오년이 없다. 이에 나는 이 병오년은 서원이 선덕(현재 定平郡)에 창건되기 바로 전해인 병오임을 고찰하려는 바이다.

　관찰사 민정중은 흥학에 용력(用力)하여『문헌비고』학교고에 의하면 그가 재직한 현종 5년~8년 사이에 관내에 창건된 서원사우의 수효가 6개소나 되고

그가 배향된 곳이 관내에 5개소나 된다. 그러므로 그는 도임한 그 이듬해에 계청하여 다수한 서책의 하송(下送)을 받아 관내 신설 서원에 나누어 주었을 것이다. 이러한 추측으로 그가 현종 6년에 계청한 서책은 그 다음해 곧 병오년에 하사되어 각 서원에 분배되었으려니 현재 함흥향교장본 용가(龍歌)도 그러하였을 것이다. 다만 선덕서원이 설치되기 전에 보내었다 함이 의심스러운 점이나 선덕서원이 발기(發起)되기는 민정중이 서책을 계청한 해이었음과 용가(龍歌) 이외의 다른 서책의 거취를 보아 이 의문은 빙석(氷釋)될 것이다.

함흥향교에 현존한 서책은 대체로 문회서원(文會書院), 운전서원(선덕서원을 포함함), 향교장본의 것이 서원철폐로 인하여 한곳에 모여 보관된 것이다. 현 장본(藏本) 중 민씨의 계청서목(啓請書目) 중에 보이는 『성리대전(性理大典)』의 안 표의(表衣)에는

禮曺來監營分送

이라 쓰여 있고 안 표의(表衣)와 제1엽 사이에 걸쳐서

丁未九月 日
宣德書院上

이라 있으며 그 위에 관찰사 주인(朱印)과 함흥향교 묵인(墨印)이 찍혀 있다. 이것은 예조에 온 것을 감영에서 정미년 곧 선덕서원이 창건되던 해에 분송(分送)한 것이다. 동양(同樣)의 문구가 『주자대전』에도 보이고 있다. 또 한 가지 참고할 것은 향교 장본 의례경전(儀禮經典) 안 표의에

禮曺下送 丁未九月 日
宣德書院上

안 표의와 제1엽 사이에 걸쳐서

丙午七月 日
文會書院上

이라고 있음이니 이것은 용가(龍歌)와 마찬가지인 병오 7월에 문회서원에 보내
었다가 혹은 보내려고 하였다가 정미 9월에 선덕서원으로 이송한 것이다.
이로써 보면 용가에 쓰인 문구가 이상 서계(書啓)의 것에 비하여 분명하다고는
못하겠으나 현종 6년 곧 선덕서원 발의의 해에 당시 관찰사 민정중이 예조에
계청하여 그 이듬해 병오에 하송(下送)된 바로 감영에서 보관하였다가 서원이
창건되자 선덕으로 이송되었고 후에 운전으로 왔다가 서원철폐 시에 문회서원(『
함산지』에 "云 在府北十里 牛丘峯下") 서적과 함께 함흥향교에 이관되어 전하여
온 것임이 틀림없을까 한다.
　이제 한 가지 문제는 함흥향교장본 용가(龍歌)의 간행연대고이다. 용가의
현행 목판인본은 대부분이 임진후 판이라는 것을 선배 권덕규 선생과 조선총독
부 도서관 오전(奧田) 사서에게 들었다. 실(實)로서 고하면 필자는 용가목판인본
을 처음 본 것이 동경 동양문고장본(前間恭平氏原藏)이며 판의 연구도 없어
조선도서해제의 세조 12년 출판설, 하합홍민(河合弘民) 씨의 正統 10년, 세종
27년 인출(어윤적 씨 설과 동일)설과 동일판설(同一版說)을 읽었을 뿐이다.
다만 식자(識者)의 연구에 공(供)고자 별게(別揭) 사진과 함께 자료만을 공급하고
자 한다.

　책의 크기는 고(高) 1척(尺) 1촌강(寸强) 폭(幅) 7촌 4분반(分半) 후(厚) 평균(平均)
8분(分) 표의(表衣) 파손(破損) 지질(地質) 후(後) 인쇄선명정도는 중(中)

　이 글을 초(草)하여 삼가 두 분 이 선생께 올리며 용가(龍歌)를 찾아준 한형(韓兄)
에게 감사를 드린다.

『함산지』명관조 하(下)에 민정중이 오현서원의 창건 운운하였는데, 이는 선덕서원의 이명(異名)으로 동지(同誌) 산이조 하의 광포기사(廣布記事)와 운전 서원조 하(下)의 영귀정기(永歸亭記)에 보이어 있다. 처음 향사(享祀)된 이가 포은(圃隱), 퇴계(退溪), 율곡(栗谷), 우계(牛溪), 중봉(重峯)의 5현이었으므로 생긴 이명일 것이다.

(『동아일보』 1931.12.2, 12.3, 12.5)

讀史漫錄 : 朝鮮學에 관한 歐文著書의 日本에 미친 影響 —日譯本을 中心으로 하여—

호암(湖巖) 선생 족하(足下)

 지방 우거(寓居) 7년에 천품(天稟)없고 위력없고 자료 얻기 어려워 사학(斯學)을 던진 지도 이미 오래였습니다. 우연히 선생의 사외이문(史外異聞) 외국사료에 대하여 예 아님을 무릅쓰고 엽서를 빌어 올린 글이 귀지(貴紙)에 나타남은 요외(料外)의 광영이라 하옵고 더욱 과찬에 있어서는 선생의 후학을 애호 독려하시는 겸덕(謙德)이시려니와 실로 자신의 금일의 업적 없음을 돌아보아 부끄러웠나이다. 이 만록(漫錄)을 초하여 선생의 질정을 비는 것은 오로지 자신의 사학(斯學) 연구의 갱신을 바라는데 불과함을 용납하소서.

 이 문제를 염두에 두고 생각하여 본 지는 오래였으나 아직 성과를 얻지 못하여 발표하기에 주저하여 마지않습니다.

 우리 최근세사를 연구함에 있어 정치상 어떠한 과정을 밟아 그 종막을 마감하였는가는 그 내용에 있어 아직 나타나지 않은 부분과 외교적 비밀이 있다 치더라도 그 골자되는 순서만은 알고 있지 않습니까? 우리는 모름지기 그 측면사(側面史)에 유의하여 일본 정객(政客)들은 언제부터 조선에 관심하여 왔으며 어떠한 지식을 가져왔는가? 그들 학자들은 여기에 대하여 어떠한 노력을 쌓아왔으며 어떠한 연구를 거듭하여 왔는가? 그리하여 이 업적이 외교무대 정치활동에 어떠한 도움이 되었으며 얼마나한 공헌을 하였는가 고찰하여 볼 문제가 아닐까 합니다. 그런데 여기에는 구미인(歐米人)의 조선에 관한 저서가 일본 정객 학자에게 어떠한 영향을 주었는가 살피고자 합니다.

일본 조선의 지리상 위치가 일대의 바다를 격(隔)하고 있어 피차의 교통이 자못 오래였습니다. 그러나 일본이 조선을 상대로 외교문제를 일으킨 것은 강화사건(明治 8년)이겠지요. 혹은 그 전에 명치유신 정부의 국서불수리(國書不受理)로 인한 서향(西鄕) 일파의 정한론(征韓論) 좀 더 거슬러 올라가 덕천(德川) 막부의 운명이 오늘 내일하던 그즈음에 로함(露艦)의 대마도 점령을 동기로 한 정한론이 있었으나 이는 실현되지 않은 사실, 이 편에서는 전연부지(全然不知)의 사건입니다. 그러면 강화도 수호통상조약을 맺기 전에 일본측의 조선에 관한 지식은 어떠하였는가? 그들의 조선에 관한 서적 문헌은 상당히 많습니다. 더욱 우리 사료에 전하지 않은 것이 그들의 정사(正史)에 있는 점들은 우리로 고사(古史) 연구에 일본측 사료를 제외할 수 없게 하는 바이어니와 그러나 조선에 관한 전문서는 크게 보아 풍신수길(豊臣秀吉)의 임진(壬辰)·정유역(丁酉役)에 대한 것 또 하나는 그 후 덕천(德川) 씨 막정시대에 양국간의 외교 회복과 동시에 교환된 소위 통신사(通信使)에 관계된 서적이라고 봅니다. 그들은 풍신수길정한역사(豊臣秀吉征韓役史)를 편집코저 류성룡의 『징비록(懲毖錄)』을 인용 내지 번인(飜印)하였고 조선사절을 맞음에 그 역사 문물을 알고자 성종 명찬의 『동국통감(東國通鑑)』을 번각(飜刻)하였으니 특히 『통감』은 明治 2, 3년경까지 조선사에 관한 그들의 유일무이의 지식의 보전(寶典)이었다 합니다.

임진역(壬辰役)에는 평북(平北)을 제하고는 그들의 족적이 각 도에 미쳤으며 통신사의 내왕으로 문물교환도 자못 적지 않았는데 일문역(日文譯) 『조선팔역지(朝鮮八域誌)』(明治 14년 발행) 서문의 일절에

조선이 쇄국한지 년구(年久)에 인앙(隣壤) 청국인일지라도 함부로 내지에 들어감을 불허하여 기국(其國) 사정을 전(傳)하는 자 크게 드물도다. 근래 불란서 선교사 잠입한지 수년에 능히 그 정치 민속을 정지(偵知)하여 서(書)를 편(編)하고 이를 나마법황(羅馬法皇)에 정(呈)하니 즉 복본군(榎本君)의 소역(所譯) 『조선사정(朝鮮事情)』이 시(是)라 차거(此擧) 있음으로 천하의 인(人)이 비로소 조선정

체의 여하를 알게 되었으니 그 공이 위차대(偉且大)하도다.

라고 있어 明治 14년경 곧 이미 양국 간에 수호통상조약을 맺어 공사관 설치가 있은 이때에도 그들의 조선에 관한 지식은 일반으로 부족하였던 것을 알 수 있습니다. 이『팔역지』의 역자(譯者)는 대리공사로 조선에 재류(在留)하였고 한학(漢學)에 능통하여『눌헌유고(訥軒遺稿)』라는 저서까지 있는 근등진서(近藤眞鋤)입니다. 그가 일찍 부산포에 있을 제 1등본을 얻은 것이『팔역지』이었는데 조선에 관한 지식을 일반에게 넓히고자 이 책을 번역 출판한 것입니다.

여기에 우리는 근등(近藤) 대리공사의『팔역지』서문 중에 소개된 복본군(榎本君) 소역(所譯)의『조선사정』에 대하여 흥미를 가집니다.

복본(榎本)이라는 이는 중등학교 역사교과서에 명치유신이 되자 북해도에 반기를 들었고 그 후 명치정부에 요용(要用)되어 노서아 특명전권공사로 재근(在勤)하야 일로(日露) 간에 천도화태교환조약(千島樺太交換條約)을 맺었다고 실려 있는 해군장교이며 난학자(蘭學者)입니다. 그가 주로(駐露) 중에 그의 기록관 화방의질(花房義質, 후에 조선판리공사)이 불란서 파리에서 딸레 저『조선천주교사(朝鮮天主敎史)』가 간행됨을 알고 복본(榎本) 공사에게 청하야 이 책을 화급히 주문하였는데 너무나 그 책의 조점(造漸)함을 번거로이 생각한 복본(榎本) 공사는 자기가 고용하는 화란인 의사 봄페에게 명하여 필요한 부분만을 적출(摘出), 난역(蘭譯)하게 하고 자기 스스로 이를 자국어로 중역(重譯)하여 明治 9년 7월 원서 출판된 지 1년 후 바야흐로 일한 양국 간에 강화도조약이 맺어지려는 때에 본국에 보내어 초판을 간행케 하고 그 후 동 15년에 중간되었으니 이 책은 전게 근등진서(近藤眞鋤)의『팔역지』를 번각(飜刻)한다 하였습니다. 딸레의『천주교사』는 조선관계의 오래된, 또한 권위 있는 구문(歐文) 저서의 하나이거니와 구미학자 저서의 거의 공통되는 관례로 딸레는 그 저서의 목적인 천주교사 외에 일반선교사에 필요 지식이 될만한 조선역사, 지리, 정치, 풍속, 문화, 국민성 각 방면에 대하여 기술한 것을, 복본(榎本) 공사는 그 본말을 바꾸어 천주교보다도 그 외의 기술에 다대한 흥미를 느껴 당시 일본정계에서 알고자 하는 지식에 관계된 것만을 초출 중역(重譯)한 것을 보면 그들이 얼마나 조선 사정을 알고자 하였으며 뒤집어 우리 사정에 어두웠다는 것은 한걸음 나아가 이 만적(漫跡)의 제목을 삼은 구문문학서(歐文文學書)의 일본에 미친 영향을 알 수 있지 않을까 생각합니다.

일문(日文)으로 번역 혹은 번간은 아니되었지만 학계에 큰 공헌을 하였고 자극과 지도를 준 것은 불인(佛人) 쿠란의 『조선서지(朝鮮書誌)』 3책일 것입니다. 간행년대도 서력 1894, 95, 96년(축간(逐刊))이며 본문만의 쪽수만 1486페이지를 산(算)하고 서문 목록 기타가 409페이지나 됩니다. 조선에 관한 일본인의 서지(書誌)로는 조선고서간행회의 『조선고서목록(朝鮮古書目錄)』(明治 44년 간행)이 단행본으로 처음이 아닌가 생각합니다. 조선총독부의 조선도서해제는 大正 8년 간행이매 쿠란의 『서지』에 뒤지기 20유여년(二十有餘年)입니다. 조선고서 목록범례에는 쿠란의 『서지』와 『문헌비고(文獻備考)』, 『해동역사(海東歷史)』 등의 문예고(文藝考)를 참조하였다 쓰여 있으며 동목록 총서에는 조선서지학에 조예가 깊고 또한 장서가로 이름있는 천견윤태랑(淺見倫太郎) 박사의 쿠란의 저서에 대한 좌(左)와 같은 평이 있습니다.

조선의 고서를 섭렵하여 구시대의 제도문물을 연구하는 것은 장래의 시정에 대한 기다의 논결(論決)을 얻고자 하는데 지나지 않는다. 불인(佛人) 모리스 쿠란 씨의 『한적목록(韓籍目錄)』 3책은 서기 1895년 간행으로 1901년의 부록이 있다. 다소 비채(秘綵)의 지적할 것이 있으나 조선본에 관한 최고도의 지식을 망라한 망연(尨然)한 대책(大冊)으로 후에 간행된 서책에 아직 이에 지나는 것이 없다.

고. 그리고 쿠란의 쓴 『조선서지』 결론을 역(譯)하여 천견(淺見) 씨 자신의 의견에 대(代)하였습니다. 일본인 조선사학자로 이 책을 이용하지 않은 이가 없음으로 보아 그 가치, 그 영향을 미루어 알 수 있습니다. 구미인(歐米人)의 조선에 관한 저서의 양(量)으로는 영문(英文)이 거괴(巨魁)이지만 질에 있어 또한 선편(先鞭)을 든 점에 있어서는 불인(佛人)을 아니 들 수 없습니다. 소창진평(小倉進平) 박사의 『조선어학사(朝鮮語學史)』에는 쿠란의 서목해제를 상당히 인용하였음을 볼 수 있습니다. 박람광색(博覽廣索)으로 이름 있는 소창(小倉) 박사로 그 서목에 실린 책을 보지 못한 것이 무던히 있음을 보아 쿠란의 공적을 알 수 있습니다.

영문서적으로 일역(日譯)된 것은 미인(米人) 끄리프스 저 『은선국조선(隱仙國朝鮮)』을 明治 28년에 수교사 해동관계단체(水交社 海東關係團體)에서 『조선개화지기원(朝鮮開化之起源)』이라는 서명으로 초역한 것입니다.

원저가 1882년(明治 15년) 발행임에 보아 그 역본은 너무도 뒤졌습니다. 이보다도 일본정계에 더 큰 영향을 미친 것은 영인(英人) 아스톤의 조선어연구의 발표이겠습니다. 그 처음 발표는 1879년으로 일한어(日韓語)의 비교연구인바 후에 금택장삼랑(金澤庄三郎) 박사 기타 학자의 선구가 되었습니다. 그는 일본학계에 뿐이 아니라 조선어문법연구에 있어서는 다른 불영학자(佛英學者)들도 그 설을 잉습(仍襲)하게 한 것도 있습니다. 아스톤이 일본 외교계에 활약한 관계인지 그의 처녀작이라고 할 만한 『풍신수길(豊臣秀吉) 조선정벌기(朝鮮征伐記)』(1879년)가 일본에서 일역합본(日譯合本)으로 번간(飜刊)되어 영문화(英文和) 역의 독본으로 된 것도 우연한 일이 아닌가 합니다.

(『조선일보』 1934.2.1~3)

『讀史漫錄』의 補遺

　　구문(歐文) 저서의 「조선에 관한 일역본(日譯本)을 중심으로 고찰한 일본에 미친 영향에 대하여」는 많은 자료를 가지지 못하였으매 용두사미의 격을 이루었습니다. 일역본 중심이라는 단서만을 떼어 놓는다면 상당한 연구제목일 것입니다. 좀 더 후일을 기다리려 합니다.

　　구문 저서의 일역본도 얼마나 되는지 필자로서는 과문이어서 잘 모르거니와 이미 게출(揭出)한 것 외에 로인(露人) 맥시몹호 저 『태평양과 오인(吾人)문제』라는 것이 明治 29년에 『로국동방책(露國東方策)』이라는 별제(別題)로 역출(譯刊)되어 그 책 제3편에 「노서아와 조선」이라는 29페이지의 참고할만한 기록이 있습니다. 大正 14년에 역간(譯刊)된 『30년전의 조선』이 영국 지리학자 삐숍 여사의 『조선과 그 인국(隣國)』의 일부 초역임은 주지의 것입니다.

　　조선사정을 구체적으로 소개한 일본인의 저서로 비교적 널리 알리운 것은 국지겸전(菊池謙讓)의 『조선왕국(朝鮮王國)』(明治 29년 刊), 항산성복(恒産盛服)의 『조선개화사(朝鮮開化史)』(同 34년 初刊)와 및 신부순평(信夫淳平)의 『한반도(韓半島)』(同 34년)일 것입니다. 신부(信夫) 씨의 저서 서언 일절에

　　조선에 관한 본방인(本邦人)의 저서는 비교적 많지 못한 것 같다. 도리어 이를 구미인(歐米人)의 손에 이룬 저작을 보면 만근(輓近) 십수년간에 이미 기십종(幾十種)을 셀 수 있다. 특히 영문(英文)만을 보더라도 영인(英人) 쫀·로쓰의 『조선역사급속습(朝鮮歷史及俗習)』, 독인(獨人) 엘네스트·옵펠트의 『금봉

방토(禁封邦土)』(이상 明治 13년 출판), 미인(米人) 끄리프스의『은일국조선(隱逸國朝鮮)』(同 15년 초판),『조선내외(朝鮮內外)』(同 17년 출판), 영인 칼스의『재선기(在鮮記)』(同 21년 출판), 영인(英人) 커-슨의『극동문제(極東問題)』(同 20년 초판)들은 그 세평은 그만두고라도, 대체로 일독할 가치 있는 저서임에 틀림없다. 일청전역(日淸戰役) 이후 반도의 서안(西眼)에 비추는 도수(度數)가 점차 석일(昔日)에 배종(倍徒)하면서 조선 전반에 관한 5, 6종의 신저작이 이어 출판되었다. 특히 明治 25년에 초권을 발행하여 일차중절(一且中節)되었다가 다시 동 29년에서 31년말까지 인속간행(引續刊行)된 월간『코리안 레포시토리』잡지와 같은 것은 반도의 정치, 경제사회, 문학, 종교를 학술상으로 논구한 자못 유익한 편찬이라고 하겠다. 만약 본방인(本邦人)의 손으로 된 저서를 들자면 우인(友人) 국지겸전(菊池謙輾) 씨의『조선왕국』, 항옥성복(恒屋盛服) 씨의『조선개화사』가 또한 얻기 어려운 가작(佳作)이라고 하겠지만 요컨대 이것을 비교하여 보면 구미인(歐米人)의 반도에 관한 연구가 왕왕 근린의 방인(邦人)을 능가하는 것 같다.

라고 있고 계속하여

여(予) 본디 감당할 수 없지만 본서를 저술케 된 지취는 또한 기분간(幾分間) 차변(此邊)의 사정에 최촉된바 없다고 못하겠다.

하였습니다. 조선왕국의 참고서목 중에 구문원서 내지 그 일역본이 다수 실렸음과 이상 일본문 삼서(三書)의 내용체재가 딸레의『조선사정』, 끄리프스의『조선개화지기원(朝鮮開化之起源)』을 모방한 것 같음과『한반도』저자의 서언을 보아 구문 저서가 직접으로 많은 지식을 그들에게 주었고 간접으로 상당한 자극이 되었음을 알 수 있습니다. 대방(大方)의 교시를 빌어마지 아니합니다.

함흥 산수정(山手町) 2-93 고재(古齋) 서옥에서
(『조선일보』 1934.2.9)

東瀛文庫雜記

때는 바야흐로 구랍말(舊臘末). 교무(校務)에 바쁜 시골 학도에게 학예부 편집자로 엄명이 있어 여(余)의 장서에 대하여 그 내용을 지정하여 송고(送稿)를 최촉하여 오니 이른바 광영이요 또한 참습(慙慴)하기 짝없는 일이다. 쓰자니 보잘 것 없는 빈약을 드러내어야겠고 또한 겸허의 덕을 손(損)할 터이며 그만 두자니 교태(驕怠)로 보이기 쉽겠는 중 실로 고(告)하면 조선일보 학예면은 필자로서 감사한 생각을 가지게 하는 숙연(宿緣)이 있나니 지금으로부터 10년 전 처녀작 졸고를 반월(半月)에 넘게 실어 사학(斯學)에 나아가는 길을 열어 주었고 또한 불소(不少)한 고료(稿料)를 보내어 고학생으로 어느 객창(客窓)에의 숙대(宿代)를 물게 되었음이랴.

필자 조선사학에 뜻 두게 됨은 은사 좌옹(佐翁) 윤치호 선생의 교도와 백당(白堂) 현채 선생의 감화를 인(因)함이오 약간 서적수집에 착미(着味)케 됨은 가전(家傳)하는 고적 몇 권과 도미한 모씨로 양여받은 광문회간 조선총서가 입수한 때부터이다. 그 후 동경에 유학하여 특히 동양문고와 그 사업에 경의와 흥미를 가져 고학하는 몸임에 불구하고 조선사에 관한 고문서, 내외국인의 연구업적을 사모아 한 문고(文庫)를 만들고자 하니 과대나 겸양함이 없이 그저 조선학 입문자의 읽을 만한 서책쯤은 구유하다고 할까? 동경유학 3년간에 한 번도 못 본 것이 극장과 유원지와 자기 다니는 대학총장의 얼굴일세 신전(神田), 본향(本鄕)을 비롯하여 고본옥(古本屋) 간판 붙은 집을 거저 지내본 적은 없는 듯, 사든 못사든 경의(敬意)만은 표하였고 고서전람회에 새벽 일찍이 남보다 먼저 가보는 것이 유일의 취미이었다. 돌아와 교직 생활 9개년에 사는 집 한 채 산 것 이외에는 지금 한 푼 없으니 위로 환갑이 거의 되신 양친이 구존(俱存)하고 아래로 여러 동생과 자식이 있으되 아직도 단념 못한 것이 적서벽(籍書癖)이다.

평생의 꿈이 조선학을 중심으로 하고 만권서책을 모아 스스로 연구하고 또한 남에게 즐기어 빌리고자 함에 있나니 아직도 그 수를 헤어 보지 않음은 만이 못되기 까마득함이오. 또한 만을 만들기 어려움은 구인(救人)은 반비례로 주는데 밥살 돈은 남지 않으니 우선 급한 것은 서채(書債)의 반채(反債)이다.

스스로 일지책(日誌冊)의 끝에 유서(遺書)를 붙여 가로되 일여(一余)의 선후에 서책과 약간 서화와 도자기, 목공품을 전부 ××도서관에 기증하되 여(余)의 서채(書債)만은 갚고 가져가게 하라고 썼다. 삼간방(三間房)을 서고로 하고 질서정연하게 책장에 세워 두었으나 좁아서 마루까지 침범하여 아이들 놀 곳이 없게 되었고 심지어 옷방과 마루바닥에 그대로 쌓아 둔 것도 있어 어떤 책은 유리창 속 일등실에 호강을 하고 어떤 것은 먼지와 다니는 사람의 발길에 홀대를 받고 있다.

저 가진 책이란 남 가진 진본보다 더 귀해 보여야 하나니 모두 진본이요 희본(稀本)이다. 한번 없어지면 첫째로 돈이 없어 다시 못 사겠고 둘째로 낙심되어 다시 못 사겠으니 어찌 진본이 아니며 희본이 아니랴. 이름하야 동영문고(東瀛文庫)라 하니 가군(家君)의 명명이요 위창(葦滄)의 액자를 받아 곱게 꾸미어 서실에 걸으니 낙역재집중(樂亦在集中)이라. 스스로 망언하여 1책을 찾고 모르는데 촌재(寸才), 촌능이 있다 믿노니 어느 우학독지가(憂學篤志家) 재단법인 조선문고를 만들고 필자를 문고지기로 고용치 않겠는가? 즐기어 모든 가진 것을 기진하고 충실하게 집 지켜 드리려 하노라. 이러한 뜻이 있으매 나의 장서에는 인을 안 찍는 것이 근래의 습관이다. 편집자는 이만으로써 아원(雅怨) 하시라.

1936년 1월 23일 오전 2시
(『조선일보』 1936.1.30)

韓末政客遺墨雜攷

　　가난한 학도―약간 서적을 모아 동영문고(東瀛文庫)라 일컫고 스스로 즐기니 그 누구라 왈시(曰是) 왈비(曰非)하리오마는 그 수집의 벽(癖)이 고서화, 골동에 미치니 한사(寒士)에게 서책, 골동은 여력(餘力)이요 한취(閑趣)이니 불가취야(不可取也)라 그 길의 어그러짐이 심하다 아니치 못하겠다. 그러나 글 읽는 학도에게 한 폭 서화는 아름다운 빛이 되며 한두 개의 고진(古珍)이 또한 아취(雅趣)아님이 아닌지라 서화, 골동이 비록 황금의 시세를 따름이 오늘날의 일이나 때로는 성(誠)과 애씀이 오히려 황금의 위력을 이기나니 더구나 일국의 민치(民治)에 관여한 정객들의 유묵을 모음이랴.

　　필자 이 방면 수집에 뜻함이 늦었었고 또한 재직한 곳이 편비(偏鄙)이며 자력(資力)조차 없는지라 3, 4년간 각고하여 모은 것이 겨우 수십 점 될까 말까하니 그 성(誠)과 애씀이란 또한 의심스럽다. 사료(史料)됨도 아니오 그렇다고 진완(珍玩)할 바도 못되니 그동안의 수고가 다만 아까울 뿐. 기왕 모은 것이니 버리기 애처로운지라 『후한서(後漢書)』 「양수전(楊修傳)」에 있는 "夫鷄肋 食之則無所得 棄之則如可惜"이라는 말을 빌어 그 변어(辯言)을 삼노니 필자를 아는 이 위하여 눈살을 찌푸릴 것이요 모르는 자 독소(黑笑)할지라 독자는 모름지기 필자의 당돌한 붓대에 그 순진함을 사랑하고 그 함께 ○○함을 웃는 아집과 관서(寬恕)를 가지시라.

1. 흥선대원군의 묵란(墨蘭)과 단간(斷簡)

강의과단(剛毅果斷)한 영명(英明)을 가진 반면에 조포방려(粗暴放戾)한 단처(短處)도 있었으나 이조 오백년사에 있어 대용단(大勇斷) 대개혁(大改革)의 부월(斧鉞)을 휘둘러 침체한 정계의 공기를 한번 크게 새롭게 한 이가 석파(石坡)의 아호를 가진 흥선대원군임에 누구나 이의가 없으리라. 그가 한번 집정하자 외척 김씨의 전횡을 누르고 사색평등(四色平等)을 내세웠으며 지방구별과 계층차별의 간격을 터버렸고, 서원철폐 경복궁의 중건 …… 등 대원군 평소에 꿈꾸던 모든 기획이 일시에 폭탄적 위력으로 실현되었었다. 그의 야망이 성취되어 정권이 수중에 들어오니 잠시인들 유예하여 한번 발한 명령에 가차(假借)가 있으랴. 대용단과 대개혁은 오직 실현이며 강행이어서 오직 그의 생활은 동분서주의 치망(致忙)이었다.

이것이 그의 제1차 집정 10년간(서기 1863~73년)의 일이다.

때는 그의 집정한 지 다섯 해째 되는 해 나는 새라도 떨어뜨릴 듯한 위세를 펴던 정묘년 2월 중춘(仲春), 곳은 삼계정사(三溪精舍, 운현궁의 일실(一室)인 듯 식자의 교시를 갈망한다). 정사에 몹시 바쁜 그도 일일(一日) 혹은 일야(一夜)의 청유(淸遊)를 시(試)하였으리라. 내객(來客)으로는 서우(書友) 화우(畵友)인 희원(希園) 이한철, 혜산(蕙山) 유숙, 화경(化景) 정학교 등 수인 모두 당대 거장들이다. 술이 반감(半酣)에 흥이 바야흐로 솟으니 안두(案頭)에 준비된 당첩(唐帖)에 석파 득묘(得妙)의 난을 요모조모로 휘두르니, 완당(阮堂) 김정희 선생이 일찍이 평한 바, "石坡 深於蘭 盖其天機淸妙 有所近在耳" "鴨水以東 無如此作 此非面前阿好之一飾辭也"(『완당집(阮堂集)』)라고 절찬(絶讚)을 받던 솜씨이다. 그의 붓이 끝나매 동석한 제화백 득의작(諸畵伯 得意作) 찬화(贊畵)를 일엽식(一葉式) 권두(卷頭) 권미(卷尾)에 부치어 주인공께 경의를 표하니 대원군이 이 화첩(畵帖)을 이름하여 우시난맹(又是蘭盟)이라 하였다. 아마도 그전에 이와 같은 모듬이 있었던 것 같다. 이것이 우연히 필자 아니 동영문고의 진장(珍藏)한 바 다만 하나의 석파(石坡) 묵란(墨蘭)이다.

석파(石坡)의 난에 대하여 위창(葦滄) 오세창 선생은 일찍이 그의 명저 『근역서화징(槿域書畵徵)』 방윤명(호 노천(老泉))의 조에 "石坡老人 當局之時 人有求蘭畵者 輒倩老泉 寫之露天 尙其筆態 世莫能辨 近日石坡蘭之流行 多此作"이라 주의(注意)하셨다. 대원군 당시에는 노천(老泉)의 대작(代作)이 유행하고 근일에는 이름 모를 숨은 화가들의 위작(僞作)이 남행(濫行)하니 동영문고 장(藏) 우시난맹(又是蘭盟) 일첩(一帖) 또한 석파(石坡)의 진적(眞蹟)인지 아닌지 뉘- 알랴.

삼가 구안자(具眼者)의 감식을 빌고서 그 □葉의 한 장(張)을 영사(影寫)하여 공정한 교시를 바라는 바이다.

우시난맹이 대원군 득의(得意)시대의 진작(眞作)이라 하면 그가 일조(一朝)에 실권(失權)하고 낙백불우(落魄不遇)하여 있을 때 자기 생진(生辰)에 찬물(饌物) 보낸 원척(遠戚)되는 모수(某倅)에게 회사(回謝)한 한 장(張) 단간(斷簡)이야 의미 있는 일호대(一好對)가 될 것이다. 그 전문을 실으면

高靈知縣視笑戚座 雪稍大嶺 群嶂疊疊近近聲息稍隔 卽於便到 獲拜先被 備承情注
藉悉治優異 第有訝感誰解者矣 今年大無 民飢頷顧 主上憂之 丙枕 特下
楡音 林咸 扇 補賑歸民 此時方伯守宰 先自身上 以至日用當行 稍爲準折補賑 此爲對
揚之道 今年三南歲儀 半蠌馬馱 塡巷滿街 此曷故那 此爲難知者也 實爲諸傳而不取
焉 拜審
蔡履淸□保元 且當此時衆日之求荒 兩稅之取作 果有能算而無惱神之廬耶 區區更
瀨 弟老墳含飴 問又添孫膝下 邊味裕裕足 稱孫近讀先習 習文勤讀 課日書在閭孫書
堂 夜臥梅妻香屋 餘生之喜 高言太平 專諸種簡水有情 此爲天降之目 有意去客一無
知之 別空費酒麵無益故 故定不設酒麵則極矣 以今年荒思之則 不安滋甚 此後更
書問 以安彼此之心 自安自靖如何 海蓮一渡蒼海 更無問焉 實爲問蓬 然歲色不蘊己
落 則蘊此時 福履諸希

珍關 新年吉年 如意顧就 不宣
照亮

雲下戚生
臘月望日

이라고 있어 수신인은 성명부지(姓名不知)의 고령지현(高靈知縣)이고 발신 월일
은 섣달 보름이나 그 해를 모르겠다. '치손근독선습(穉孫近讀先習)'이란 구(句)를
그의 애손(愛孫) 준용(埈鎔)에게 비정(比定)하여보면 준용은 고종 7년생(서기
1870년)이오 그가 89세되는 해에 기근 대역(大疫)이 있었음과 발신한 대원군이
'운하척생(雲下戚生)'이라 하여 운현궁에 있을 때임을 종합하야 이 편지는 집정
(執政)의 직을 내어 놓은 지 5, 6년 되는 60세이던 때가 아닌가 한다.

　세(世)에 전하는 석파의 난이 수다하며 그의 유묵으로 사료(史料)되는 자
불소(不少)하니 보성고보 황의돈 선생 그의 일지(日誌)를 가지셨다 하고 국지겸
양(菊池謙讓) 저『대원군전(大院君傳) 부 왕비지일생(附 王妃之一生)』과 세정조
(細井肇) 저『조선궁사비화(朝鮮宮史秘話) 국태공지비(國太公之妣)』에 사진판으
로 실린 필적이 다 진귀한 것이다. 동영문고 장 우시난맹 일첩과 서간 일엽이
실로 계륵이라 차마 버리기 아까워 횡설수설 한편 글을 띄워 한말정객유묵잡고
(韓末政客遺墨雜攷)의 수편(首篇)을 삼노라.

2. 임오·갑신정변 관계 정객의 시화 단간(斷簡)

　조선 최근세사에 있어 일본이 조선에 밀접한 관계를 맺게 됨은 강화 조약으로
비롯한다. 이로 말미암아 양국 간의 친교는 더욱 가까워졌으니 도일(渡日)
유람한 소위(所謂) 신사단은 드디어 개화당이란 이름을 듣게 되었고 그들의
활약은 이윽고 통리기무아문의 설치, 병제의 개혁－신식군대교련과 사관생도
양성으로 나타났다. 여기에 수구파와 구식군인의 합작적 불평이 폭발되니
일장(一場) 분요를 일으키니 소위 임오군란(고종 19년, 明治 15년, 서기 1882년)이
이것이다.

이후 민씨를 중심으로 한 수구파는 청국을 보장(保障)으로 세력을 쓰매 연소기예한 개화당 일파는 이에 대항하여 일본과 협력하여 국정 개혁을 도(圖)하고 이로써 청국의 패반(覇絆)에서 벗어나고자 꾀하니 이름하여 독립당이라 하였다. 독립당의 수구파에 대한 쿠데타가 곧 갑신정변(고종 21년, 明治 17년, 서기 1884년)이다.

임오군란의 결과의 하나로 일본과의 사이에 제물포조약이 맺어지고 박영효를 수사(首使)로 한 사죄사(謝罪使) 일행이 특파(特派)되니 그 중에 김옥균, 민영익이 수원(隨員)의 하나였었다.

박, 김 양인은 후일 갑신정변을 빚어낸 수모(首謀)였었고 또한 함께 일본 등지로 망명한 동지였었다. 임오군란을 앞서서 두 해. 강화조약의 결과로 수신사 김기수 일행이 일본에 보빙되자 전기(前記) 박, 김, 민 3인이 함께 따라 갔었고, 또한 윤웅렬이 참가되었었다. 윤은 임오란에 신식병대의 장인 영관(領官)으로 있었고 후일 갑신변의 삼일천하에는 형조판서의 직에 있어 박, 김 양인과 휴척(休戚)을 같이한 바 많았고 민은 이들과는 정견을 달리하여 갑신변 우정국 연(宴)에 먼저 뛰어 나오다가 칼날을 받은 것도 그랬다. 『좌옹윤치호선생약전(佐翁尹致昊先生略傳)』, 12쪽에 수신사 일행의 성격을 평하여 "백옥같은 고귀한 풍채와 민첩한 두뇌를 가지고도 수구적인 것이 민영익이었다."라고 있거니와 그는 박, 김 양인과 동행이 되어 일본에 갔다 온 것도 두 번, 그 후(고종 20년) 한미조약의 보빙사절로 미국에 갔을 때에도 독립당파의 홍영식, 서광범으로 더불어 행동을 한 가지 하였건만 끝끝내 그는 수구파로 종시일관하였다.

고균(古筠) 김옥균의 서(書)에 대하여는 일찍이 목당(木堂) 견양의(犬養毅) 평하여 특히 세해(細楷)를 잘하고 행서(行書)가 기차(其次)라 하였다.(『김옥균(金玉均)』, 39~41쪽) 흔히 망명객의 유일의 자구책은 글씨를 씀에 있었나니 고균(古筠)의 서(書) 방간(坊間)에 돌아다님이 한둘이 아닐새 거개(擧皆) 일본망명 중의 작(作)이다. 그의 유묵(遺墨)으로 가장 큰 사료가 되는 것은 그가 상해로 향할 적에 소산열지조(小山悅之助)에게 증여한 자필일지일 것이니 소위 『갑신일록(甲申日錄)』이 이것이다. 이것은 세간의 흔히 전사(傳寫)되거니와 일찍이 도변수일랑(渡邊修一郎) 저『동방관계(東邦關係)』에 역재(譯載)되었었다. 필자의 문고에는 그가 소립원도(小笠原島)에 유배되어 있는 동안(明治 20년~22년간) 모 여루(旅樓) 주인의 부탁을 받아 써준 오언 시폭을 진장(珍藏)하니 아열대 지방의 전원풍경이 지상에 요연(瞭然)할 새 현현거사(玄玄居士) 박영효옹 차폭(此幅)을 보고 감개무량함을 이기지 못하여 「이사고인(我思古人)」이라 찬폭(贊幅)을 써 주셨다. 고균(古筠) 23년제(祭)가 大正 5년 동경에서 열렸을 제 그를 기념코자 발행한『김옥균』권두에는 그의 사진과 유묵이 많이 게재되어 있고 또한 필자의 은사 좌옹 선생 그의 최후서간을 진장하였고 필자의 지인 2, 3우의 소장한 바 모두 귀품이다. 다만 사학 말도(末徒)로서 그의 배소를 증참할 일폭시구(一幅詩句)를 가지고 있음이 한 가지 기쁨이다.

현현거사의 서(書)는 그가 아직도 생존한 분이므로 여러 말하기를 피하거니와 항간에 있는 것 중에 필자의 진(珍)타고 보는 것은 일찍이 그가 일본 망명 중에 대원군에게 보낸 신묘년(고종 29년) 상서이니 북천길삼랑(北川吉三郎)의 애장(愛藏)이다.(등촌덕일(藤村德一) 편,『거류민지석물어(居留民之昔物語)』참조), 또한 좌옹 선생도 그의 망명 당시의 수서(手書)를 가지고 계신 바 조선문 한자 교용체(交用體)임이 더욱 진기하다.(『동(同) 선생약전』참조) 필자의 소장한 현현거사의 것은 전기(前記) 「오사고인(吾思古人)」 액구(額句) 외에 그의 망명시 칠언(七言) 시폭(詩幅)이니 그 어느 구석엔가 궁곤(窮困)을 엿볼 수 있는 것으로 필치의 전아함이 근일(近日)의 수적(手蹟)보다 나음에 흥미를 둔다.

반계(磻溪) 윤웅렬의 유묵으로 가장 사료(史料)되는 것은 그가 영관(領官)으로 군요(軍擾)를 일본공사관에 급보한 일문(一文)일지니 이를 받은 화방공사(花房公使) 진(珍)히 여기어 당시 서기관이던 석번정(石幡貞)의 해설을 붙여 해가(該家)에 습장(襲藏)되어 있다.(궁무외골(宮武外骨) 편『임오계림사변(壬午鷄林事變)』179쪽, 武田勝藏 저『명치 14년 조선사변과 화방공사(明治十四年朝鮮事變と花房公使)』20쪽에 그 사진이 게재되었다.(『좌옹선생약전』15쪽 참조).『좌옹선생약전』18쪽에 실린 반계(磻溪)의 수서(手書) 또한 귀한 사료이다. 필자 역시 일엽(一葉) 서간을 애장하니 은사로부터 받은 귀한 선물이다.

운미(芸楣)(우호(又號), 죽미(竹楣), 원정(園丁)) 민영익은 임오정변에 상(傷)함을 입었으나 다행히 나음을 얻어 의연히 수구파의 중진으로 활약하더니 그만 정계에 뜻을 끊고 상해로 가서 그 여생을 □하니 『근역서화징(槿域書畵徵)』에 양일 저 『상해묵림(上海墨林)』을 인(引)하여

閔泳翊 字園丁 朝鮮國人 本椒房貴戚 國亂 僻地泥上 以幹墨自娛 所居曰千尋竹齊 書學顔平原 擅書蘭竹 筆氣雄傑 逢星期日 輒招書畵名流 讌集寅慶 流連文翰以爲樂 旋以病遂輟 宣統辛亥後三年卒

이라 있다. 서(書)와 죽(竹), 난(蘭)을 다 선(善)히 하였으되 특히 난(蘭)에 공(工)하니 여(余)의 본 바 중 청년서가(靑年書家) 소전(素荃) 소재형 씨 장(藏) 운미난첩(芸楣蘭帖) 수십장(數十張)은 절품이라 박창훈(朴昌薰) 박사, 김용진 씨(『고적도보(古蹟圖譜)』권14, 6053) 유병열 씨 소장 모두 희품(稀品)이라. 동영문고(東瀛文庫)장 또한 스스로 진(珍)이라 하노니 난(蘭)에 석(石)을 곁들였고 그림 그린 시일과 장소 구유(俱有)하여 사학도의 눈에 만족한지라. 자찬이 과하고 아님은 독자의 고안(高眼)에 맡기려니와 빈한한 문고 주인 차일폭(此一幅)이 귀하고 족하거늘 그의 서간과 그에게 온 것 몇 장을 또한 가지고 있으니 이른바 청복(淸福)이라. 이 복을 나누어 동호연구가(同好硏究家)의 일조(一助)를 삼을까 한다.

玉山大人閣下 數日未奉
誨, 但功葵忱, 不審關務稍暇, 勛祺暢適, 以頌以禱翊托庇粗寄居, 無善可錄, 弊邦所派 金容元 往俄亦□約條, 可得其詳聞歟, 惟輪使未還之前, 不勝憂鬱幸爲稟知 中堂行轅, 受出其文字明白乘示, 則亦荷, 代人終始提醒, 不勝翹企, □此頗攸, 大安, 不備

閔泳翊 頓首
五月 二十一日
　　　×　　　×

(이상 서신소(書信所)에 대한 반신(返信))

來書謹悉 如有信寄宵朝鮮 望卽付來撤兵訂 於初七日抵馬山 初十日全撤也 卽復
順頌
台祺

　　拜頓
　　初一日

芸楣仁兄大人
　　　　×　　　　×
邏哲者 向遇貴輪船使 客我搭往烟空 一行俱獲安善 此係 貴下嫻於覘測 調度有術也
回望海天 可量慰豁 託買朝鮮蔘種 尙記左心 俟可至秋結熟再圖 希爲照諒 順頌
富頎舡長 貴下陞安

閔泳翊 頓首
五月廿八日

　　　　×　　　　×
班大人 貴下 憶在烟臺 旣郇廚之擾擾 又鄙事之答辨 備荷綢繆 實深□愧 翊 伊時附豊
順船 宿至津 念駕馭安瀾 下陸穩起 皆賴勗力 頓忘客著者也 奚如忻頌 曷喩感
　銘 綱簾 提團扇二面非敢將意 聊博粲耳 敬候台社 不盡神溯

閔泳翊 頓首

　　　　×　　　　×
(다음 서신은 다만 일엽(一葉)뿐으로 완결되지 않아 발신인이 누구인지 모르겠
으나 발표하여 사료(史料)로 공(供)하노라)

雲楣仁兄大人 閣下 韓城聚晤 深慰渴懷 奉別至今己蟾圓兩度矣 前者
台旆北行 長途跋涉 正荊天棘地之時 鄙刻刻掛懷 默視 行李之無恙 嗣遇高姓者回京

道出水原洵悉我

兄覆險如夷 吉人天順 己至烟臺而赴天津

(以下 厥葉)

3. 갑오경장·을미정변 전후 관계 정객의 수찰(手札)과 시폭(詩幅)

갑신정변 이래 일청(日淸)간에 흔단(釁端)이 벌어지기 비롯하여 소위 천진조약(明治 18년)이란 외교적 공작으로 일시 그 충돌을 피케 하였으나 원세개(袁世凱)는 조선통상사무전권위원(朝鮮通商事務全權委員)이라는 명목으로 의연히 한성에 주재하여 횡사(橫肆)를 극(極)하였으므로 일본의 이에 대한 분만(忿懣)은 더욱 커지어 필경은 동학의 난을 계기로 양국간에 교전을 보게 되니 사(史)에 이른바 일청전역(日淸戰役)이 이것이다. 이 싸움이 일기 전에 일본은 조선정부에 권고하여 내정개혁 — 인재택용(人材擇用), 재정정리, 재판공정, 군경충실, 학제완비를 강요하니 이 형세에 놀란 원세개(袁世凱) 슬그머니 귀국하매 오랫동안 칩거 대기하던 개화당 일파 새로이 정권을 잡자 먼저 청과의 모든 조약을 파기하고 내정개혁을 철저케 하기 위하여 군용기무처를 세우니 이것이 고종 31년(明治 27년) 소위 갑오경장이다. 영의정 김홍집이 기무처 회의 총재가 되고 김윤식, 어윤중, 조희연, 유길준, 장박 …… 등이 회의원이 되어 대소사무를 의정(議定)할새 개국 기원을 쓸 것, 계급타파, 노비석방, 과거폐지, 외인고문 채용 …… 등 208건이 반년동안에 안출(案出)되었었다. 이 경장사업은 그 뜻은 성(誠)하였으나 그 실행에 있어서는 여러 가지 복잡한 내정으로 그만 지상공론됨에 끝인 것이 많았다. 의정부를 내각으로 8도를 13도로 변함 같음은 그 유업의 하나로 가장 두드러진 것이겠다.

세계의 이목을 동아일우(東亞一隅)에 집중한 일청교전(日靑交戰)도 일본의 승리에 귀(歸)하였으나 노서아의 소위 삼국간섭에 일본은 함루(含淚)하고 요동반도를 도로 청에 환부(還附)케 되니 로국(露國)의 세위(勢威) 일본에 승(勝)함을 짐작한 개화당의 반대파―민씨당 어찌 이 천재일우의 좋은 시기를 놓쳐 실세회복을 무도(務圖)치 않으랴. 왕비와 일시 친밀한 연락을 맺고 있던 박영효 일파 또다시 망명의 신고(辛苦)를 맛보지 않을 수 없게 되었다.

일청개전(日淸開戰)을 계기로 한 갑오경장이 로국(露國)의 야심적 제패로 말미암아 애써 조선에 부식한 일본의 세력이 일조(一朝)에 수포화(水泡化)한다 함은 실로 참기 어려운 굴욕이며 실의(失意)일새 이를 비상한 방법으로 환국(換局)코저 한 것이 을미정변(明治 28년)이었다. 친로파 요인이 쫓기고 갑오경장의 집정자 다시금 요직에 오르니 김홍집이 총리됨은 물론, 조희연은 군부대신에, 어윤중은 탁지부대신에, 김윤식은 전대로 외부대신에, 유길준은 내부대신서리에, 장박은 법부대신서리에 임명되었었다. 일시 중단되었든 경장사업이 다시 활기를 띄우고 계속되었을 것은 말할 것 없다.―구력폐지(舊曆廢止), 개국기원의 시용(始用), 우편사업의 개시, 군제변경, 일세일원(一世一元)의 제(制)로 「건양(建陽)」이라는 새 연호를 사용할 것, 단발령 …… 등등으로 그 실적을 나타내려 하였었다.

이와 같은 개화당의 집정이 계속한 지 반개년여 또 한번 한성 정계에는 돌발적 변국(變局)이 있었으니 병신년(丙申年, 明治 29년) 국왕의 로관파천(露館播遷) 사건이다. 경장 신법 중 단발령의 강행과 국모의 피해가 개화당에 있어 자못 불리한 점이었나니, 이로 인하여 지방각처에 의병의 궐기를 보게 되었고 그 진정을 위하여 드디어 재경친위대(在京親衛隊)의 지방출동이 있자 한성의 수비공소(守備空疎)함을 이용하여 쿠데타를 감행한 것이 전기(前記) 노관파천의 일막정극(一幕政劇)이었다. 박정양이 신내각의 수반에 올랐으나 그나마 서리였고 모든 획책의 중심적 인물은 노서아공사 웨버와 친로파 거두 이범진이였나니 그들의 적에 대한 보복은 용서가 없어 파천의 급보를 듣고 경복궁으로 달려간 김홍집은 광화문전 경무청 앞에서 타살되어 청내로 끌어 들인 바 되었다가 종로 십자로에 효수되었고 어윤중은 난을 유하여 향리로 돌아가는 도중에 용인서 조변(遭變) 피살되고 김윤식, 유길준은 일본인가(日本人街)에 숨었다가 김은 제주도에 유배되고 유와 조희연, 장박 …… 등 모두 일본으로 망명하였다.

단발령 등 개화신법의 거의가 철폐되었음도 물론이었다.

이상이 박영효, 김옥균 일파의 빚어낸 갑신정변 이후 일청로(日淸露)의 세력을 배경으로 한 한성정계 풍운추이(風雲推移)의 개략이거니와 동영문고 이 시기에 해당한 정객들의 유묵(遺墨)을 가짐이 무엇무엇이뇨. 가로되 김홍집, 어윤중, 김윤식의 수찰(手札) 각일엽(各一葉), 조희연, 유길준, 장박의 시폭(詩幅) 각일점. 이범진의 단간(斷簡) 일편이로다. 김홍집의 수찰(手札)은 반신(返信)으로써 말 그대로의 단찰(短札)일 새 사료(史料)될 바 못되나 그가 늘 중직에 있었고 가장 참혹한 최후를 마쳤음에 정객다운 면목을 엿볼 수 있다. "을유정월십구야(乙酉正月十九夜)"라고 그 서신 끝에 있어 을유는 갑신정변의 다음해로 그는 그 전 해에 이미 정계요인으로 활약하였다. 갑신정변의 결과로 그해 11월에 일본은 전권대사 정상형(井上馨)을 보내어 보병 2대대의 호위 하에 입경하매 그와의 교섭에 당(當)케 된 이가 곧 김홍집이였었다. 어윤중의 서간 또한 사료 못됨이 유감이나 [신묘원월6일(辛卯元月六日)]이라 있어 그가 피살되기 바로 다섯 해 전 것이다.

김윤식은 능문(能文) 능시(能詩) 능서(能書)로 유명한 중 그와 휴척(休戚)을 같이한 모든 요우(僚友) 모두 순직요사(殉職夭死)하였음에 반하여 그는 90이상의 장수를 보(保)하니 그의 유묵으로 시정(市井)에 매매되는 바 또한 적지 않다. 필자도 그 약간을 보았으나 모두가 경술병합 이후의 것이라 애써 구하여 그 전 것을 일엽소장(一葉所藏)하니 그의 문집인 『운양집(雲養集)』과 『운양속집(雲養續集)』에 수재(收載)되지 않음에 스스로 기뻐함도 있으나 그다지 귀한 사료 못됨은 내용을 보아 그러하다. 그렇다고 버리기 아까운 애착(愛着)을 가짐이 동영문고 주인의 괴벽이지라 혹여나 여기에 이용될만한 사료가 있을까 하여 그 전문을 드노라.

久聞

繡節漸邇 疑信相半 綠弟奔忙 未能詳探 漸聞 應光相續 若將攀接 芝宇 尙未知 住駕何 處 豈勝紆鬱 伏惟過半年 鞅掌勞瘁之餘

兄體神扶萬旺 摺子修正 想多惱神 施切仰溸 拱祝之忱 弟現在北倉機器所土木呼耶之
間 其況可砥包 第念

從公按廉 據實論奉之地 雖在知舊 豈客一毫私干 而竊有不得不仰誦者 卽前晉拜申友
聖言事也 此友素有治聲 在晉時以潛商屬公事 因營關別飭 執贓痛禁不然則稅穀盡入
萊館 弟在順天時 亦目親斯幣者也 其屬公潛穀 亦有京鄕歸屬 斷不入於私槖者也
今聞以此將入於臚列之巾 恐不必如此 申友銳志辨事 失一可用之才 實屬可惜以
兄公心 豈有是理耶 且係前惠堂所親 頗得指目 因冷擠陷 雖非
令兄之心 世之好覓人疵者 必有此等說話 不亦難堪乎 幸
十分深諒 在履惜名之士 以留將來効力之餘地如何 弟於聖言 晚交不過再三見面 不專
爲私也 想蒙 照諒矣 都留不備上

十四日 弟 允植二拜

그 발신 연월을 모름이 또한 유감일새 "제현재북창기기소토목호야지간(弟現
在北倉機器所土木呼耶之間)"이라 있음에 미루어 고정(考定)할 수도 있겠으나
그의 문집에 가고(可考)할 재료가 없는지라 억측을 피(避)코저 한다. 은사 좌옹
윤치호 선생의 진장(珍藏)하신 운양(雲養)의 서간 일엽(一葉)은 바로 고종의
노관파천으로 그가 피란하기 즉전(卽前)의 것이며 사료로서 귀하게 보인다.(『좌
옹윤치호선생략전』, 101쪽 참조)

조희연, 유길준, 장박의 시폭은 모두 그들이 일본 망명시 작(作)이다. 기원(杞
園) 조희연의 서(書)는 그의 평생 계잠(戒箴)으로 무변(武弁) 출신으로는 온건한
사상과 중용적 태도를 보여 있다. 정미(丁未, 明治 40년) 하일(夏日) 강호(江戶)에
서 쓴 것이다. 구당(矩堂) 유길준의 서는 북해도(北海道) 욱천(旭川)에서 망본(岡
本) 의사에게 써준 것으로 그가 멀리 북해도 한지(寒地)에 가게 됨은 그의
신상을 심려하는 모 군인이 마침 그곳에 재직하여 있던 까닭이었다 한다.
구당 작고 후 그의 유고형제(遺孤兄弟) 급(笈)을 경도, 동경에 부(負)할 제 또한
그 군인의 권고(眷顧)가 자못 깊었다고 필자는 은사 억겸 선생에게 배문(拜聞)하
였노라. 장박의 서는 明治 35년 것임이 자서(自書)되어 있다.

이상 열기한 제 정객(諸政客)을 적대시한 음모정객이 이범진이었나니 그가 로관(露館)에 국왕을 감금하다시피 모시어 놓고 세위를 극(極)하였을 적의 그의 의기(意氣)야말로 충천(衝天)의 세였을 것이다. 노관에 출입하는 자 그의 발행하는 문표(門票)나 신서(信書)가 없이는 도저히 불가능하였다 한다. 필자의 가진바 이의 단간(斷簡) 일편은 그가 은사 좌옹선생에게 보낸 것으로

李第範晉 除百有面對緊切事 雖萬難瞥枉 血乞血乞耳

後墻通門來 則似可無違也

尹台兄致昊閣下

이라고 있어 이와 좌옹선생 사이에 가까운 교분이 없었음은 선생의 『약전』(96쪽)에 명시되었고 또한 그의 서신의 사진도 동서(同書)에 있어 학도들에게 가르침이 많거니와 하여튼 나의 가진 이 일편(一片) 단간은 그 자체가 사료이며 또한 은사로부터 받은 진품(珍品)이라 영구히 동영문고에 보장(寶藏)코자 하노니 독자는 지상에 실린 사진에 그 진(珍)을 완(玩)하시기 삼가 비노라. 그러나 기타에 있어 모두 계륵임은 두말 할 것 없음을 거듭 변언(辯言)하는 바이다.

4. 을사조약 발포 이후 정객의 서간과 유물

광무 8년(明治 37년, 갑진(甲辰)). 드디어 일로(日露) 간에 전단(戰端)이 열렸었다. 일청전쟁이 끝나자 바야흐로 일본의 세력이 조선 만주에 퍼지려던 것이 로국의 간섭으로 중단되고 그 대신 로국의 세력이 조선에 ─ 을미정변, 노관파천 …… 등으로 나타나고 만주에 ─ 철도부설, 조차지 …… 등 형식으로 움직여지니 이에 대화(大和) 민족의 10년간 와신상담이 곧 일로전쟁에 분한을 푼 것이다.

강국 틈에 끼여 그들의 비식(鼻息)을 엿보던 반도의 정계! 불편부당을 의미하여 양국 개전 전에 국외중립을 선언하였으나 이윽고 일본에게 군용지(軍用地)

수용권을 허하고 외교상 일본의 승인을 얻어야 한다는 의정서 갑진(甲辰) 2월에 순응치 않을 수 없었으며 그의 권하는 고문정치—제1차 협약(동년 8월)에 거절할 용기가 없었고 일로전쟁이 일본의 대승리에 돌아가 포스마스조약으로 결국(結局)되자 외교권 위양의 제2차 협약—을사조약 혹은 보호조약이 체결되었음은 이상의 경과로 보아 의례히 그러하였으리라고 생각된다.

을사조약 체결 당시에 날인을 거절한 참정대신 한규설을 비롯하여 이에 응한 내각 제공(諸公)의 유묵은 불행히 필자의 문고에 소장되지 못하니 제(題)한 바 「한말정객유묵잡고」의 내용빈약을 스스로 드러냄이 부끄럽다. 생각커니와 독자는 실망치 마시고 잠시 기다리시라.

을사조약 체결 직후의 상황을 소전성오(小田省吾) 술(述)『조선최근세사(朝鮮最近世史)』(조선사강좌 소수) 195~196쪽에서 역재(譯載)하면

이상 협약이 체결되자 대세에 통(通)치 못하는 자 시세를 분개하는 자 일시에 일어나 혹은 신문에 혹은 연설로 혹은 격문으로 이번의 조약을 비난치 않는 자 없었다. 종로의 상인은 호(戶)를 쇄(鎖)하고 업(業)을 폐(閉)하여 만도(滿都) 소요의 항(港)으로 변하였다. 또한 지명(知名)의 인사로 궐하(闕下)에 상소하여 신조약의 취소를 통청(痛請)한 이로는 의정부참찬 이상설, 법부주사 안병찬, 특진관 조병세, 시종무관장 민영환, 종묘제조 윤태홍, 특진관 이근명 등이다. 취중(就中) 민영환은 우국의 유서(遺書)를 재(載)하고 자문(自刎)하여 사(死)하였고 조병세 또한 약을 마시고 자진(自盡)하니 이로 말미암아 크게 인심을 자극한 바 있었다. 한정(韓廷)은 특히 2인을 국상에 부(附)하여 민영환에게는 충문공, 조병세에게는 충정공이라고 시(諡)하고 또한 그 유족을 휼(恤)하였다. ……

보호정치가 실시된 지 3년. 소위 해아밀사사건(海牙密使事件)이란 것이 돌발되었었다. 밀사 3인 중의 하나인 해옥(海玉) 이준은 고향이 북청으로 필자 특히 그에게 많은 흥미를 가져 그의 고택도 찾고 그의 유자(遺子)와도 상종하여 다소의 사료를 소장하니 해옥이 약관에 구사차(求仕次)로 유경(留京)할 때에 그의 숙부에게 올린 서간 일엽(一葉)과 일본 망명 중에 모 화가로부터 선물

받은 권축(卷軸) 연접도(蝴蝶圖)(그 유래가 자필로 기록되어 있다)와 및 망명 중에 박은 사진은 모두 필자의 문고에 심장(深藏)되어 있고 그 외에 그의 자필 이력서와 조선복 입은 사진과 해아공동묘지에 서 있는 그의 묘비사진은 복사한 것이다. 묘비에 한문으로 새기어 있는 글자는 이상설의 글씨라 하니 또한 진(珍)타고 보겠다. 이 해아밀사사건의 결과로 고종이 양위하시고 순종이 습위(襲位)하신 것은 세인(世人)이 공지하는 바이다.

5. 경술병합 당시 요관(要官)의 시폭, 수찰

해아(海牙)밀사사건의 큰 물결은 드디어 고종의 양위를 보게 하였고 순종 즉위 이래 일본정부의 보호정치는 더욱 그 범위를 확충하니 군대해산, 시정 지도ㅡ 일본인 차관정치, 사법권위양, 경찰사무위임이 종(縱)으로, 일진회 일파의 창도(唱道)가 횡(橫)으로 합작이 되어 사내정의(寺內正毅)와 이완용과의 사이에 진행되는 바 밀의가 드디어 한 장(張)의 칙유(勅諭)로 발표되어 역사적 대종국(大終局)을 고하니 이른바 경술병합(庚戌倂合)이다. 당시 내각총리대신이 이완용, 내부대신이 박제순, 농상공대신이 조중응이었었다.

일당(一堂) 이완용은 스스로 정국의 종언을 요정(料定)한 요관일새 일반 민중의 시국에 대한 불평이 적지 않아 그는 병합 전년 隆熙 2년 12월 22일 불란서 천주교당에서 열린 백이의(白耳義) 황제 레오폴드 3세의 추도회에 출석하였다가 나오는 길에 이재명이라는 청년에게 찔림을 받아 대한의원에 입원하여 겨우 그 목숨을 건졌다. 그는 대한의원에 입원하야 구력정초(舊曆正初)를 병상 위에서 맞았을 새 흉중에 떠오르는 감회를 금치 못하였음인지

　　大韓醫院逢元吉
　　明窓淨机獨坐時
　　吾死吾生何足說
　　此心惟有後人知

라 읊었었다.(『일당기사(一堂紀事)』 전(前) 319쪽 참조) 동영문고 이 시폭을 우연히 소장하니 그 진(珍)하다는 이유를 독자는 너그러이 아객(雅客)하시라. 왈(曰), 그 주인공이 우리 역사 최후의 큰 마감을 한 거역(巨役)이므로 왈(曰), 그 시(詩)가 불평 가진 청년자객에게 찔리운 바 되어 병중음(病中吟)인 것 왈(曰), 최후의 국호를 띄운 병원명이 있으므로 왈(曰), 시폭에는 '경술하(庚戌夏) 일당(一堂) 이완용'이라고 낙관되어 있어 병합한 연월을 알 수 있음 …… 등등이다. 그 진적(眞蹟)인지 아님을 확실히 하기 위하여 재도(再度)의 감정을 하였던 만큼 사학말도(史學末徒)인 필자에게는 이 한 폭이 귀한 사료로서 진장(珍藏)되어 있다. 그 밖에 조중응의 시폭, 박제순의 수찰, 일진회의 우이(牛耳)를 잡고 병합에 큰 공을 세운 송병준의 시폭이 하나씩 소장되어 있으나 그들의 유묵(遺墨)이 사료로서 필자와 같은 학도에게는 흥미를 줄지 모르되 독자에게도 그러하리라고는 단언치 못한지라 다만 제(題)하여 「한말정객유묵잡고」라 하고서 최후의 한 편을 빼기 어려워 이만으로써 끝 마치고저 하는 바이다. 붓대잡기 힘든 그 고충을 독자는 살피실지어다.

결언

빈약한 자료와 능치 못한 모진 붓대로 독자의 머리와 눈을 어지럽게 할 바 아니로되 이 졸고가 호를 거듭하기 다섯 번 또한 장을 나누기 다섯 가닥이었다. 최근세사 연구의 권위로는 선배 문일평 선생과 외우 이선근 씨가 계시어 진귀한 사료를 수장(蒐藏)하시었고 다산 박영철 씨의 『근역서휘(槿域書彙)』에 또한 많은지라 필자는 근세사 연구의 전공가도 아니며 또한 여력있는 수집가도 아닌지라 그 가진 바가 참으로 빈약하며 해설에 있어 소루하기 짝 없었음은 겸양과 허사가 아님을 내용으로 보아 자명일새 더구나 참고할 겨를과 편의를 가지지 못하였음에랴.

필자 이 글을 초함에 있어 편비(偏鄙)에 묻히어 연구하는 바 없고 노둔하여

양발(揚發)함이 없는 바를 근심하사 이 글이나마 쓰게 하야 학적(學的) 발분을
꾀하여주신 극태(極熊) 최승만 선생에게 감사를 드린다. 선생은 필자의 조대(早
大) 입학으로부터 필업하기까지에 가장 많은 지도와 편달을 아끼지 않으신
선배이시다. 다만 필자의 익명을 드러내심에는 당황하지 않을 수 없음을 한마디
고하여둔다. 이 글을 초하는 동안에 약간 입수한 자료도 있고 또한 편의상
부득이 내어논 것도 더러 있어 『보유(補遺)』의 이름으로 귀한 지면을 빌어
대방(大方)의 일독을 구하여 질정을 다시금 빌고자 한다.

5월 22일 야반(夜半) 함흥부 산수정(山手町) 2-93, 동영문고 서실에서
(『신동아』 제6권 3∼7호, 1936.3∼7)

蠹魚雜錄 獵書餘談

1. 동영문고변(東瀛文庫辯)

필자가 약간 수장하여 가지고 있는 조선학 중심의 서실을 가군(家君)이 명명하여 동영문고라 하니 일찍이 관동팔경의 하나인 강릉 경포대에서 놀았던 부사 한광□(韓光□)의 작인

十二欄干碧玉臺
東瀛春色鏡中開
綠破淡淡無深淺
白鳥雙雙自去來
萬里歸帆雲外跡
四時客子月中杯
東飛黃鶴知吾意
樓上徘徊故不懼

라는 시를 절찬(絶讚)한 나머지에 동영(東瀛)이란 두 자(字)를 떼어 이름지었다 한다. 반도를 중심으로 관계 인근제방(隣近諸邦)의 문화유산의 자료와 연구업적을 모아 보려는 문고명으로 매우 적당한 양 하여 그 명명을 쫓았다. 더욱 필자가 가장 큰 관심과 경의를 가져 그 사업에 추수(追隨)코자 하는 동경 동양문고(東京 東洋文庫)의 명칭에 비슷함이랴.

2. 광문회(光文會) 조선총서(朝鮮叢書)

大正 3년(1914) 7월 B도(都) A교(校) 재학시 하휴(夏休)로 귀성(歸省)한 나의 눈에 환희의 호기심을 가득히 던져준 것은 R씨가 도미(渡美) 시에 맡기고 갔다는 조선광문회 간본(刊本) 조선총서 30여 책이었었다. 가득(家得)하는 고서가 몇 책 안 되어 늘 애달파 하던 나는 이 총서를 애지중지하여 마지않았다. 혹은 R씨가 성업(成業) 후 돌아와 찾아간다면 어떻게 하나 하는 조바심까지 났었다. R씨는 아직도 귀국하지 않았을 뿐더러 그 후 나는 정식으로 위사(委謝)를 받았다.

후에 알고 보니 가친(家親)은 R씨의 도미 파자(派資)에 충당코자 모회(某會) 공금을 융통한 것이 그의 불여의(不如意)로 기한 안에 갚지 못하매 그만 인책 사직치 않을 수 없게 되었고 그 여파로 당시 S전문학교에 입학하였던 나는 1학년도 한 학기를 남긴 채 그만 퇴거(退去)치 않을 수 없었으며 이래(爾來) 3년 3개월을 봉급생활에 시달리며 인간사의 시련을 맛보게 되었었다. 그러나 언제나 나는 R씨를 원망치 않고 고맙게 생각한다 - 씨는 내게 조선총서를 주어 조선학연구에 뜻 두게 한 은인이므로 후에 결본(缺本)을 채워 완질에 가까운 조선총서를 만들었음은 물론이다. 육당(六堂) 최남선 선생의 사업 중 가장 큰 공적은 이 조선총서의 간행일 것이니 明治 44년으로 大正 4년에 이르기까지에 약 28편 42책 2매의 고전을 중간하였다. 나의 소장목록을 열거하여 일부 미장자(未藏者)의 참고에 공(供)코자한다.

(간행순서부동)

『삼국사기(三國史記)』 2책

『동국통감(東國通鑑)』 6책

『연려실기술(燃藜室記述)』 6책

『동 별집(同 別集)』 3책

『해동역사(海東歷史)』 5책

『해동역사속(海東歷史續)』 1책

『대동운부군옥(大東韻府群玉)』 2책

『중경지(中京誌)』 2책

『임충민공실기(林忠愍公實記)』 1책

『해동명장전(海東名將傳)』 1책

『동국세시기(東國歲時記)』 1책

『부(附) 열양세시기(洌陽歲時記)』

『경도잡지(京都雜誌)』

『동국병감(東國兵鑑)』 1책

『해동속소학(海東續小學)』 1책

『상서보전(尙書補傳)』 1책

『아언각비(雅言覺非)』 1책

『훈몽자회(訓蒙字會)』 1책

『동경잡기(東京雜記)』 1책

『기보(碁譜)』 1책

『당의통략(黨議通略)』 1책

『연암외집열하일기(燕巖外集熱河日記)』

『택리지(擇里志)』 1책

『도리표(道里表)』 1책

『산경표(山經表)』 1책

『승경도(陞卿圖)』 1매

『고구려광개토왕비탁본(高句麗廣開土王碑拓本)』 일부 1매

3. 조선고서간행회 조선군서대계(朝鮮群書大系)

조선광문회간 조선총서와 아울러 조선학에 많은 기여를 끼친 것은 조선군서
대계(朝鮮群書大系) 70여 책이다. 교정의 엄밀, 가격의 저렴이 전자의 특색이라면
간행의 앞선 것, 책 수의 많은 것이 후자의 자랑일 것이다. 군서대계의 처음
출판은 明治 42년으로 광문회본(光文會本) 근자의 조선사학회본(朝鮮史學會本)
규장각총서 등의 속출(續出)로 그 가치를 얼마쯤 덜었겠으나 『대동야승(大東野

乘)』『동문선(東文選)』기타 달리 쉽게 볼 수 없는 것들이 같이 있는 이상 아직도 일반 독자에게 주는 편의는 불소(不少)한 것이다.

大正 13년 8월 하순 W대학 본과 편입시험 준비를 위하여 약간의 참고서를 사고자 동경(東京) 신전고본점(神田古本店)을 뒤지던 나는 산본(山本)서점에서 뜻밖에 군서대계 72책을 보았다. 그 후 전차로나 도보로나 그 서점 앞을 지날 적마다 그 책이 그대로 있고 없는 것을 염려하여 가슴을 두근거린 지 기십일(幾十日), 어느 친우에게서 약간의 금전을 취대(取貸)하여 가지고 담판한 결과 1. 대금은 일금 65원(1책 평균 90전 2리 8모강(强)) 2. 1개월 이내에 찾아갈 것 등 조약(條約)이 체결. 계약금 20원을 내어 놓은 즉 선골학신(仙骨鶴身)의 촌부자(村夫子)같은 점주의 말씀이 또한 그럴듯 하였다. "언제 다시 진재(震災)가 있을지 압니까? 계약금은 그만두시오. 또 이런 책은 쉽게 팔리는 것은 아니니까" 라고 까다로워 보이는 그의 태도는 너무도 관대하였었다. 10월 초순 편입시험을 무사히 마친 날 72책 군서가 내손에 들어와 밤새워 가면서 낙정(落丁) 유무를 살피어 본 그 즐거움, 하룻밤쯤 샜다고 괴로웠을 리는 없는 것이다.

이것도 그 후 별집 7책을 채워 거의 완전한 총서를 만들었다. 이제 그 목록을 집별(集別)로 열거하면

정집(正集)

『삼국사기』 1책

『대동야승』 13책

『조선미술대관(朝鮮美術大觀)』 1책

『팔역지(八域志)』, 『군현연혁표(郡縣沿革表)』, 『사군지(四郡志)』, 『경도잡지(京都雜誌)』, 『북한지(北漢誌)』, 『동경잡기(東京雜記)』 1책

『중경지』『강화부지(江華府志)』 1책

『파한집(破閑集)』, 『보한집(補閑集)』, 『익재집(益齋集)』, 『아언각비(雅言覺非)』, 『동인시화(東人詩話)』 1책

『해동역사』 3책

『동 속(同續)』 1책

『용비어천가(龍飛御天歌)』 1책

　　속집
『기년아람(紀年兒覽)』 1책
『문헌촬요(文獻撮要)』 1책
『동국통감(東國通鑑)』 3책
『동국여지승람(東國輿地勝覽)』 5책
『연려실기술』 6책
『동 별집』 3책
『통문관지(通文館志)』 1책
『대전회통(大典會通)』 1책
『동국이상국집(東國李相國集)』 2책
『징비록(懲毖錄)』 1책
『해동명신록』 1책
『해행총재(海行總載)』 4책
『가재연행록(稼齋燕行錄)』 1책
『동문선』 7책
『동사강목(東史綱目)』 4책
『성호사설류선』 2책
『지봉유설(芝峰類說)』 2책
『동환록(東寰錄)』 1책
『삼은집(三隱集)』 1책

　　별집
『퇴계집(退溪集)』 4책
『삼봉집(三峰集)』 1책
『난한지(蘭漢志)』 1책
『흠정만주원류고(欽定滿洲原流考)』 1책

이밖에

『조선고서목록(朝鮮古書目錄)』 1책

이 있다.

4. 무명씨의 조선관계서적

大正 14년 3월 초순 동경(東京) 신전(神田) 십자옥점주(十字屋店主)에게서 무명(無名) 씨의 조선사 관계 서적 59책을 받고 그 목록을 보여달라 하여 33원에 결정하여 구입한 일이 있었다.

주로 내지인(內地人)의 저서로 방간(坊間)에 흔히 다니는 서책들이다.

그러나 당시 나의 적은 안목으로는 처음 보는 바 적지 않았다. 늘 고본옥(古本屋)을 뒤지고 목록을 벗하기 10여 성상(星霜)에 아직도 다른데서 얻어 보지 못한 것도 있음을 보아 단 60책이 못되는 것이나마 수집이란 그리 용이한 일이 아님을 느끼고 있다. 어떤 동포가 어떤 부득이한 사정으로 필자에게 그 애써 모은 것을 양여(讓與)하였는지는 모르겠으나 이 책들이 내 손에 들어온 후로부터 조선관계의 서책을 힘써 모아 문고를 만들어 보겠다는 흥미와 결심을 갖게 된 것만은 사실이다.

5. 『조선(朝鮮)』과 『청한론(淸韓論)』

大正 15년 6월말 『조선(朝鮮)』이라는 조선외교관계논문 1책을 샀다. 국판 지표(紙表) 화철(和綴) 163매 明治 23년 간행. 소전절만수지조(小田切萬壽之助)라는 이의 저(著)로 시산위조(柴山衛助) 임권조(林勸助)의 협력으로 된 책이다. 비매 기증서였던 관계인지 희본(稀本)의 하나인 것 같다. 목록을 보면

제1 일본의 관계

으로 되어 있어 조선외교사 연구자에게는 일독의 가치가 있는 책이다

그런데 이 책에 인용된 외교문서를 기타 저서 중에 미국인 데니의 『청한론(淸韓論)』이 자주 실리었으므로 나는 상야(上野)도서관을 비롯하여 원문으로나 역문으로나 읽어보고자 힘 있는 데까지는 찾아보았건만 얻어 보지 못하였다.

그 이듬해 2월말 동경에서도 제일 크다는 일성당본점(一誠堂本店) 전람회에 갔다가 1, 2층을 순력하였으나 사고 싶은 책은 가앙(價昻)하여 엄두를 못 내이고 실심(失心)하여 2층 계단을 내려올 새 진열에 참석 못한 허접쓰레기 한 무더기가 한편에 차여 있음에 혹시나 하는 호기심으로 장난삼아 뒤져본 바 그 중에 『청한론』 역본(譯本)이 들어있었다. □색(□色)한 자색(紫色) 포의사육판(布衣四六版) 95쪽의 소책자로 明治 23년 11월 출판이다. 1년 남짓을 찾다가 우연히 입수케 된 것을 다행히 여기어 점주에게 사은을 표하였더니 자기 역시 그런 책인 줄 몰랐노라 하고 자기 상점목록에 올리겠노라 하였다. 나의 가진 변변치 않은 몇 권 책 중에 여러 동료에게 많이 빌림을 받는 것이 이 책이었다. 아직도 원서를 구하지 못함이 유감이나 □본만은 모우(某友)의 후의로 가지고 있다.

6. 만·선 역사지리(滿鮮歷史地理)와 지리역사연구보고(地理歷史硏究報告)

내가 W대학 사학과에 입학하여 T박사의 강의를 들을 적마다 자기의 이미 발표한 학설에 관하여는 재술(再述)을 피하고 무슨 무슨 책을 참조하라고 하는 데는 참으로 질색하였다. 강의가 끝나자 도서관에 들어가 보면 흔히는 대출부재인 까닭이었다.

大正 13년 5월말 어느 날 주머니에는 전차 왕복권 1매와 일금 40전의 자금을 가지고 신전(神田) 고본옥(古本屋) 순례의 길에 올라섰다. 40여 집을 뒤져나가다가 유구당(悠久堂)이란 서점에서 『만주역사지리 1·2』 부도(附圖), 『조선역사지리 1·2』를 찾은 나는 콜럼버스의 신대륙 발견 이상의 대광희이었다. 더구나 표지도 포의(布衣)인 장식본(裝飾本)으로 신책(新冊) 동양(同樣)임이랴. 정가 25원 전 자본 40전을 내어 놓고 싫어하는 점원군(店員君)을 달래어 일주간 안에 찾아 간다는 계약을 하고 기뻐 돌아와 가족에게 급신(急信)을 띄우고 날마다 전환(電換)오기만 눈이 빠지게 기다렸다. 기한은 닥쳐왔다. ─ 돈은 아직도 오지 않았는데 나의 당시 가지고 있는 유일의 귀중품 월삼 금측(金側) 시계를 전당포로 가지고 가서 일금 15원(圓)을 만들어서 다시 서점에 가서 일주간 연기에 성공하기에는 무던히 힘들었다. "일금 14전에 25원짜리 그나마 있는 대로 잘 나가는 책을 예약하는 놈이 어디 있느냐"고 주인에게 톡톡한 꾸지람을 들었다. 두 번째 약속한 기한보다는 2일 앞서 그 책들을 사게 되었다.

『만주역사지리』, 『조선역사지리』는 남만주철도회사에서 역사조사실을 두고서 일류학자를 망라하여 만선(滿鮮)에 관한 사학상(史學上) 조사를 하게한 연구보고서로서 그 밖에 『문록경장의 역(文祿慶長の役) 정편(正編)』 제1, 한 책이 있다. 이 사업은 그 후 동경제국대학에 인계되어 만철의 보조 하에 『만선지리역사연구보고』라는 서명으로 순차 계간되어 있다. 관동대진재(關東大震災) 전까지 제9책이 발행된 바 진재(震災)에 발행소 고본옥(古本屋)들의 가지고 있는 책들이 소실(燒失)되고 그 잔부가 극히 적어 진재 후에는 상당한 고가로 매매되어 온다. 전기(前記) 『만선역사지리』를 입수한 나로서 계간(繼刊)인 연구보고를 탐(貪)내지 않을 수 없을 것은 물론이다. 한권 두권 사서 모은 것이 거의 찼기는 찼으나 권6만이 구하기 힘들었다. 그러던 차, 거래있던 십자옥서점(十字屋書店)에서 1~9기간 전부가 나와 일금28원에 산 기억이 있다. 1책 결본의 기구분(旣求分)은 희망자가 많았으나 나는 모교 모전문교에 기증하였다. 조선사학 관계 논문집으로는 최고 권위서의 하나이다. 금(今)□ 제6이 모 고본목록에 실렸는데 일금 25원이었고 모두 나온다면 3백원 이상인 것 같다. 그 목차

중 조선관계의 분(分)을 거(擧)하여 미장(未藏)하신 분의 □고에 공(供)코자
한다.

『만주역사지리』 제1책(大正 2년 9월)
『한대의 조선(漢代の朝鮮)』 백조고길(白鳥庫吉) 전내와(箭內瓦)
『수당이조고구려원정의 지리(隋唐二朝高句麗遠征の地理)』 송정등(松井等)
『발해국의 강역(渤海國の疆域)』 송정등(松井等)
『동서(同書)』 제2권(大正 2년 5월)
『동진국의 강역(東眞國の疆域)』 전내와(箭內瓦)
『조선역사지리』 제1, 2권 진전좌우길(津田左右吉, 大正 2년 11월)
(상고로부터 이조초까지의 지리적 考察인바 목차략)
『문록경장의 역(文祿慶長の役)』 정편(正編) 제1 지내굉(池內宏)(大正 3년 8월)
『만선지리역사연구보고』 제1(大正 4년 12월)
『물길고(勿吉考)』 진전좌우길(津田左右吉)
『안동도호부고(安東都護府考)』 진전좌우길(津田左右吉)
『발해고(渤海考)』 진전좌우길(津田左右吉)
『동(同)』 제2(大正 5년 1월)
『선초의 동북경과 여진과의 관계(鮮初の東北境と女眞との關係)(1)』 지내굉(池內宏)
『동(同)』 제3(大正 5년 12월)
『동(同)』 제4(大正 7년 4월)
『몽고의 고려경략(蒙古の高麗經略)』 전내와(箭內瓦)
『선초의 동북경과 여진과의 관계(2)』 지내굉(池內宏)
『동(同)』 제5(大正 7년 12월)
『고려성종조의 여진 및 거란과의 관계(高麗成宗朝に於ける女眞及ひ契丹との關
係)』 지내굉(池內宏)
『선초의 동북경과 여진과의 관계(3)』 지내굉(池內宏)
『동(同)』 제6(大正 9년 3월)
『동(同)』 제7(大正 9년 6월)
『고려태조의 경략(高麗太祖の經略)』 지내굉(池內宏)
『고려현종조에 있어서의 거란의 침입(高麗顯宗朝に於ける契丹の侵入)』 지내굉

(池內宏)

『선초의 동북경과 여진과의 관계(4 완)』 지내굉(池內宏)

『동(同)』 제8(大正 10년 8월)

『백제에 관한 일본서기의 기록(百濟に關する日本書紀の記載)』 진전좌우길(津田左右吉)

『고려 조선조에 있어서의 동여진의 해구(朝鮮高麗朝に於ける東女眞の海寇)』 지내굉(池內宏)

『동(同)』 제9(大正 12년 3월)

『삼국사기고구려기의 비판(三國史記高句麗紀の批判)』 진전좌우길(津田左右吉)

『완안 씨의 갈라전 경략과 윤관의 9성의 역(完顏氏の曷懶甸経略と尹瓘の九城の役)』 지내굉(池內宏)

『동(同)』 제10(大正 13년 6월)

『몽고의 고려정벌(蒙古の高麗征伐)』 지내굉(池內宏)

『동(同)』 제11(大正 15년 9월)

『동(同)』 제12(昭和 5년 8월)

『조위의 동방경략(曹魏の東方經略)』 지내굉(池內宏)

　부(附) 관구검의 고구려정벌에 관한 삼국사기의 기사(毌丘儉の高句麗征伐に關する三國史記の記事)

『고구려멸망후의 유민의 반란 및 당과 신라와의 관계(高句麗滅亡後の遺民の叛亂及び唐と新羅との關係)』 지내굉(池內宏)

『동(同)』 제13(昭和 7년 6월)

『숙신고(肅愼考)』 지내굉(池內宏)

『부여고(夫餘考)』 지내굉(池內宏)

『동(同)』 제14(昭和 9년 6월)

『백제멸망후의 동란 및 당 신라 일본 삼국의 관계(百濟滅亡後の動亂及び唐羅日三國の關係)』 지내굉(池內宏)

『동(同)』 제15(昭和 12년 1월)

『물길고(勿吉考)』 지내굉(池內宏)

이 밖에 만주에 관한 것 진전(津田) 박사의 『지나사상사연구(支那思想史研究)』

에는 간접직접 조선사의 참고되는 바가 많다.

대학 재학 중에『만선역사지리』,『지리역사연구보고』를 입수한 후 무엇보다 기쁜 것은 동학의 벗들이 도서관에 다투어 들어가 책들을 읽으려 함에 나만은 그리할 수고가 없었음이었다.

7. 동양학보

조선사학관계 전문잡지로는『조선사학(朝鮮史學)』(월간 大正 15년 1월 창간, 昭和 3년 폐간)『조선학보(朝鮮學報)』(昭和 5년 8월 발간 2호 폐간)『괴기(怪奇)』(최남선편 조선중심 인문과학 통속잡지 昭和 4년 5월 창간, 동년(同年) 12월 2호로 폐간)『조선민속(朝鮮民俗)』(송석하 주간 昭和 8년 1월 창간 2호로 폐간)『청구학총(靑丘學叢)』(昭和 5년 8월 창간, 동 2년 8월 제29호로 휴간)『경성제국대학 사학보(京城帝國大學史學報)』(昭和 6년 7월 창간, 속간중)『진단학보(震檀學報)』(昭和 9년 11월 창간 속간중) 등을 들 수 있다. 그 중에『조선사학』,『청구학총』은 권위 있는 발표기관이더니 그만 폐간 혹은 휴간상태로 있음은 유감이며, 오직 조선문 잡지인『진단학보』가 재정상 기초가 아직도 확립치 못하였으나마 부정기로 속간됨은 주간 이병도 씨의 열성에 의함이다. 이외에 조선어문학회보, 한글, 정음 등 조선어 중심의 잡지가 있어 혹은 폐간, 혹은 속간 중에 있다.

이상은 거개(擧皆) 경성에서 발행된 것이거니와 동경에서 발행된 잡지 중에 비교적 조선사 논문을 다수히 실은 것으로『사학잡지(史學雜誌)』와『동양학보(東洋學報)』가 있다.『사학잡지』는 明治 22년 11월 동경제국대학 문과대학 사학관계의 교수, 졸업생들을 중심으로 조직된 사학회 기관잡지로 가장 오랜 역사를 가진 것이고,『동양학보』는 동양협회(東洋協會) 조사부 연구보고 기관 잡지로 明治 44년 1월 창간 이래 권위 있는 순학술잡지로 세계적으로 명성을 나타내고 있다. 전자는 월간, 후자는 계간으로『사학잡지』는 발행부수가 많은 관계인지 관동진재(震災) 이후에도 고본(古本)서점에서 합본미장(合本美裝)으

로 가끔 나오는데 4백원 이내로 비교적 용이하게 구할 수 있으되, 『동양학보』는
발행부수가 비교적 적고 또한 범위가 『사학잡지』에 비하여 동양사에 국한되어
진재(震災)후 고본(古本)시장에 나오는 바 적고 나오더라도 전부가 드물다.
금년 6월 동경 일류 서사(書肆) 북담(北潭)서점 고서목록에 일금 4백원(圓)으로
실렸으나 8책의 결호가 있었으니 진재(震災)전 것을 채우기 어려운 까닭이라.
이제 조선관계의 중요한 논문을 인명별로 거(擧)하여 보고자 한다. (無順)

백조고길(白鳥庫吉) 씨
「한(漢)의 조선 사군(四郡) 강역고」
「조선어와 URal-Altai어와의 비교연구」
「고려사에 보인 몽고어의 해석」

지내굉(池內宏) 씨
「이조 사조(四祖)의 전설과 기구성」
「고려 신우조에 있어서의 철령 문제」
「고려 공민왕조의 동녕부 정벌에 대한 고」
「공험진(公嶮鎭)과 소하강(蘇下江)」
「대화궁(大花宮)과 소위왜성(所謂倭城)」
「발해의 건국자에 대하여」
「고려 공민왕의 원에 대한 반항운동」
「신라말의 진례성(進禮城)에 대하여」
「새로 발견된 열반경의 소(疏)」
「고려조의 대장경」
「고려에 주재한 원의 달노화적(達魯花赤)에 대하여」
「고려에 있어서의 원의 행성 백강급탄현(白江及炭峴)에 대하여」
「신라의 화랑에 대하여」
「당의 고종의 고구려토벌역과 열도다곡도(列道多谷道)·해곡도(海谷道)의 칭
(稱)」

전간공작(前間恭作) 씨
「진흥비에 취하여」
「신라왕의 세차(歲次)와 그 명에 대하여」
「약목석탑기(若木石塔記)의 해독」

금서룡(今西龍) 씨
「신라 구도 경주의 지세 및 그 유적 유물」
「정풍준풍(正豊峻豊) 등의 연호」
「대동강 남의 고분과 낙랑왕씨와의 관계」
「신라승 통고(通誥)에 대하여」
「조선에 있어서의 국왕재위의 칭원법(稱元法)」
「고려태조 훈요십조에 대하여」

소전성오(小田省吾) 씨
「삼국사기 칭원법(稱元法)과 고려이전 칭원법의 연구」

도엽암길(稻葉岩吉) 씨
「김추사(金秋史)에 관하여」

적산수웅(荻山秀雄) 씨
「삼국사기 신라기 결말의 의의(疑義)」
「고려현종의 즉위에 관한 고려사의 곡필을 논함」

소창진평(小倉進平) 씨
「조선에 있어서의 일한만몽어독본(日韓滿蒙語讀本)」
「조선의 어학자 최세진」

진전좌우길(津田左右吉) 씨
「고려악에 관한 1, 2의 총설」

전보교결(田保橋潔) 씨

「조선국통신사이지행빙고(朝鮮國通信使易地行聘考)」

뢰야마태(瀨野馬態) 씨
「고려묘청의 난에 대하여」
「조선폐사군고(朝鮮廢四郡考)」

매원말치(梅原末治) 씨
「북조선 발견의 고경(古鏡)」

갈성말치(葛城末治) 씨
「신라갈문왕고」

관야은팔(管野銀八) 씨
「신라 흥녕사 원효대사탑비의 찬자에 취하여」

대옥덕성(大屋德城) 씨
「조선해인사경판고」
「특히 대장경 보판병장외잡판(補板並藏外雜板)의 불교문헌사적 연구」

반도충부(飯島忠夫) 씨
「삼국사기의 일식(日蝕) 기사에 대하여」

이병도 씨
「권양촌의 입학도설에 대하여」

조선사학을 중심으로 하고 귀중한 논문이 많이 실리어 있음을 알겠다.

大正 14년 6월말, 거래하는 동경(東京) 본향(本鄕) 옥영당(玉英堂) 서점에 들렀다가 막 제본소에 보내려고 내어싣는 중에 있는 제1권~제13권을 뜻밖에 발견하고 동양협회조사보고(東洋協會調查報告) 1책을 아울러 일금 120원에 사기로 약속하고 온 나로서는 대담도 하였거니와 운도 좋았다.

제2학기금(第二學期金)을 당기어 가져오고 그달 기숙사비 기타를 긁어모아 지불하기까지에는 모든 일이 순조로웠다. 그러나 제3학기금으로 제2학기 분을 납입하고 2월 모일까지 제3학기금을 납입하지 않으면 학년말 진급시험을 불허한다는 게시를 보고는 마음이 걱정스럽지 않을 수 없었다. 일면식 있는 L치마본포(齒磨本舖) K사장에게 속달로 학기금(學期金) 보조를 간원(懇願)하고 익일 오전 6시까지에 그의 자택에 당도하여 벌써 공장에 출근하였다는 하인의 말을 들었을 적에 낙심하였던 것. 이윽고 그의 부인이 뒤쫓아 나와서 품속에서 종이에 싼 것을 내어 주면서 "주인이 바빠서 실례(失禮)한다고 하면서 이것을 오시면 전(傳)하여 달라고 하였습니다." 하고 은은한 태도로 돈을 줄때에의 그 기쁨, 눈물이 흐르려는 것을 겨우 참고 고맙습니다 하고 사례하고 문을 나와 싼 것을 펴보니 의외에 학기금을 지불하고도 남게 되어 도중 어느 서점에 들러 책 몇 권을 샀다. 『동양학보』를 읽을 제마다 아니 바라다 볼 제마다 K씨에게 대한 감사한 생각을 금치 못한다. 성업(成業) 귀향(歸鄕)할 제 인사하러 갔더니 그도 기뻐하면서 축하로 양복 1구(裘)지어 준 것을 10여 년을 입었고 그만 해어져 부득이 야간복, 작업복으로 입을 때마다 그의 겸손한 대인적 인격을 사모하여 마지 않는다.

8. 경쟁양보

나보다 W대학에 1년 앞서 입학한 한분의 선배가 있었다.

같은 과 같은 기숙사에 있어 그에게 많은 지도와 교시를 받았다.

그러나 책사는 데에는 간혹 경쟁이 불무(不無)하였다. 내가 전람회에 가느라고 새벽 5, 6시경에 가만히 기상하여 장지를 열고 나와서 신을 신노라면 어느 틈엔가 그도 따라나섰다. 둘이 같은 책을 쥐고 서로 사려고 하는 적도 있으므로 할 수 있는 대로 충돌을 피하지만 그에게 두 번 양보치 않으면 안 된 서책이 있었다. 그 하나는 그 후 경성에서 같은 값으로 입수하였지만 현 경성제대 교수 조산희일(鳥山喜一) 씨의 졸업논문인 「발해사고(渤海史考)」만은 도무지 살 수가 없었다. 은사 시촌(市村) 박사의 권독(勸讀)도 있었지만 그가 사고 내가 못 샀다는 점에서 늘 잊히어지지 않았었다. 연전 조산(鳥山) 교수가 함흥에 졸업생 취직 주선 차 왔을 적에 잔부(殘部)가 있거든 1책 양도하여 달라고 뱃심 좋게 교섭하였으나 자기에게도 한권밖에 없다는 대답이었었다. 그 대신 성대출판물(城大出版物)로 비매품인 것을 보내주어 감사히 받은 일이 있었다. 그 후 경성서 온 고본목록(古本目錄)에 의하여 사기는 샀다. 그러나 물경(勿驚)하라 당시 1원 50전에 O씨에게 양보한 것이 5배인 고가(高價) 겨우 입수함이랴.

9. 천주교 관계서

나의 변변치 않은 문고에 약간 천주교 관계 서적이 있다. 그 중의 하나는 달레의 명저『조선천주교사(朝鮮天主敎史)』2권이니 물론 불문원서(佛文原書) 이다. 昭和 6년 10월, 경성제대에서 열린 조선활자인쇄자료전관(朝鮮活字印刷資料展觀)에 출석하였다가 바로 일주일 전에 열린 조선천주교사료전관에 참석 못한 유감을 얼마간이라도 풀어볼까하고 명치정(明治町) 천주교당을 찾아가 당시 일반에게 반포한 전관목록(展觀目錄)을 얻고서 장난삼아 달레의 저서를 살 수 없겠는가 물어본 것이 "어떤 젊은 신부 한 분이 팔겠다는 말이 있었습니다" 라는 대답에 엽서대(葉書代)를 두고 왔으니 과연 10원이면 팔겠다는 회답이 있어 K우에게 부탁하여 찾아온 일이 있었다. 그후 한불문법(韓佛文法)을 이와 같이 시험하였으나 성공하지 못하였다.

『한불자전(韓佛字典)』(1880년간), 『납한소자전(拉韓小字典)』(1891년간)은 둘다 조선어사전 서지사상 희관본 중에 드는 진서(珍書)인 바『한영자전(韓英字典)』초판(1897년간)과 아울러 나의 동영문고(東瀛文庫)의 비장본(秘藏本)이다. 昭和 8년 여름 함흥상품진열관(咸興商品陳列館, 현재 공회당) 앞에 조그마한 고본노점(古本露店)이 있었다. 서적광인 내가 노점이라고 경의를 표하지 않을 수 없었겠으나 청류(靑柳) 씨의 『조선연구회본(朝鮮研究會本)』2, 3책이 띨 뿐으로 나의 문고에 사둘만한 서적이 없었음은 유감이었다. 그 후 1, 2차 혹시나 하고 보았으나 마찬가지 없으므로 다시는 돌보지도 않았다. 그 후 시월 초순 볼일을 보고 집에 돌아가다가 문득 잊은 것을 생각한 나는 몰처서 가는 길에 좌측을 통행한 나는 그 노점 앞을 지나지 않을 수 없었다. 버릇이란 용이(容易)히 고치기 어려워 보잘 것 없다고 인정한 노점이나마 그 앞에 지나게 된 이상 자연히 시선을 그리로 향하지 않을 수 없었다. 이제까지 보지 못하던 배피사육배판(背皮四六倍版)의 양서(洋書), 혹은 게일 씨의 『한영자전』초판이 아닌가하는 호기심으로 점두(店頭)에 가까이 가서 자세히 아니 볼 수 없었다.(나의 가지고 있는 『한영자전』에는 서문이 떨어져서 나갔음으로이다. 재판에 초판 서문이 실리어 이것을 소장하였으나.) 그러나 놀라지 말라. 일금 3원50전의 정가표를 부친 『한불자전』이 아닌가.

이 책을 손에 든 나의 마음이 얼마나 두근거리었음을 독자는 짐작하실 것이다. 그러나 다년의 집서(集書)의 신산감고(辛酸甘苦)를 겪은 나로서 환희의 표정을 노골적으로 나타나 보일 리는 절□(絕□)한 일이다. 낙정(落丁)의 유무를 뒤적뒤적 하노라니 점주공(店主公) 어떻게 보았는지 "제2책도 좋습니다" 한다. 사기로 의사를 표시한 즉 "또 한권 보시기오" 하고 내어 보이는 것이 금시초문은 아니나 초견인 『납한소자전(拉韓小字典)』의 46판이다. 정가 1원 50전. 두 권에 4원만 달라는 점주의 간청이다. 이렇게 되면 파는 이의 무지도 무지려니와 사려는 나도 낯이 화끈화끈한다. 평소의 빈□(貧□)이 그날에 한하여 두둑하였을 리 없었다. 겨우 1원(학창시대 봉급생활 시대에 하등 다툼이 없는 생활의) 전 재산을 맡기고 잠깐만 기다리라고 하고 이웃 상점에서 황망하게 지우(知友)에게 전화를 걸어 부족금(不足金)을 가져오게 하여 샀던 것이다. 너무도 싸게 산 양심상 가책(苟責)이 실주(實主)의 신원을 알게 되고 그가 천주교에 상당한 지위에 있는 분으로 영락(零落)함에 동정하여 그가 가진 천주교 관계 서적 잡지를 전부 상당한 가격에 인수(引受)하여 점포를 빌어 개점(開店)케 하였다.

그가 가진 철학 관계의 불문(佛文) 원서가 약간 있었건만 나의 문고의 구입 범위 이외의 것으로 사두지 못하였음이 유감이었다. 추후(追後) 구입한 것 중에 황사영 백서의 영인과 경성 명치정(明治町) 천주교당 발행의 『경향잡지(京鄉雜誌)』(1906년 간행) 26년분, 기타가 있다.

(『조선일보』 1939.11.2.~11)

太宗武烈王

1. 유적

신라 고도 경주 채 못미처에 서악리라는 촌락이 있어 학자들과 탐승객(探勝客)들의 끊임없는 방문을 받고 있다. 그곳에 있는 무수한 고분 구적(古墳舊蹟) 중에 제일로 많은 사람의 주의를 끄는 것은 무엇보다도 비신(碑身)없는 한 개의 귀부(龜趺)와 이수이다.

귀부라 함은 비석을 앉히기 위하여 만든, 도사려 앉은 거북 모양의 기석(基石)이요, 이수라 함은 비석 위에 놓는 것으로 소위 뿔(角)없는 용(龍 : 이시미)의 머리를 새긴 돌이다. 경주 부근에만 보이는 귀부가 한둘이 아니지만 크기로나 조각으로나 이만한 것이 없으니 폭이 8척 4촌, 길이가 11척, 높이가 2척 8촌 6푼이나 되는 거대한 거북으로 화강암에 정치(精緻)를 다하여 새겨져 있어 두부(頭部)로부터 사지(四趾)에 이르기까지 사실적으로 웅려(雄麗)한 기상을 충분히 나타내고 있다. 더욱 턱 아래(頷下)에 있는 보상화문(寶相花文)이라든가 갑(甲)의 연변(蓮邊)에 새겨져 있는 비운문(飛雲文)에서는 반도 미술의 특징이라고 할 수 있는 선의 미를 넉넉히 찾아볼 수 있다. 그리고 갑에 보이는 귀갑문(龜甲文), 비신을 세우는 비좌(碑座)의 연판(蓮瓣), 연판의 내면에서 새겨져 있는 당초문양(唐草紋樣) 등은 모두 곡선과 직선이 유감없이 조화되어 미와 힘(力)을 나타내고 있다.

이러한 귀부 위에 비신이 남아 있다 하면 역사적 자료로는 물론 고고학상 미술사상 얼마나 진귀하였으랴. 다만 비신 위에 놓여 있던 이수가 귀부 위에 놓여 있었을 뿐, 이것 역시 희귀한 것으로 폭이 4척 8촌, 후(厚)가 1척 1촌, 고(高)가 3척 6촌 5푼, 여섯 마리 용이 좌우로 서로 등을 지고 얽혀서 윤곽을 이루고 있는데 안팎의 용이 각각 후지(後趾)를 들어 보주(寶珠)를 받들고 있는 구도는 도무지 후인의 추수(追隨)를 불허하는 바로, 형상이던지 선이던지가 모두 복잡하고도 섬세한 기교로 되어 있으되 역강(力强)함을 표현하고 있다.

조선 미술공예에 다대한 관심을 가지고 연구한 고(故) 관야정(關野貞) 박사는 그의 저서 『조선미술사(朝鮮美術史)』에

여(余)는 지나(支那)에서 종래 다수의 당비(唐碑)를 보았지만 이에 비적(比敵)할 만 한 것을 발견치 못하였다. (중략) 그 비신을 잃은 것은 아깝지만 이수의 웅혼(雄渾)하고 귀부의 정려(精麗)함은 조선 비석중의 최고(最古), 최우(最優)한 표본이다.(같은 책, 112쪽)

라고 절찬하고 있다.

그러면 이 무신(武身)의 비는 누구의 것인가. 이수 중앙에 세로 1척 6촌, 가로 1척 1촌이나 되는 두 줄로 쓴 전액(篆額)이 있어 양각으로 '태종무열대왕지비(太宗武烈大王之碑)'라고 그 주인공이 누구임을 밝히고 있다. 서(西)에 그 주(周) 57간, 고(高) 6간여나 되는 고분군 중 특별히 큰 동왕의 능과 아울러 무열왕의 위업을 무언중에 여실히 말하고 있는 듯한 느낌을 우리는 가지는 것이다.

2. 위업

태종무열왕의 유적이 고고미술학상 절찬을 받는 것과 마찬가지로 왕의 영주(英主)로서의 위업은 신라 반도 통일운동의 성공―정직하게 말하면 백제를 멸하여 그 기초를 닦은 데 있다.

그러면 당시 신라의 국제적 위치·환경은 어떠하였던가. 신라·고구려·백제의 삼국이 반도와 만주를 중심삼아 전후하여 정족(鼎足)의 기세로 건국되자 고구려는 현금의 만주와 노령 연해주를 합한 큰 판도를 가진 외에 점차 남하하면서 북선지방을 차지하여 조선사상 유일의 대국가를 형성하였었고, 백제는 서남지방에 반거(蟠據)하여 또한 일방(一方)의 웅(雄)을 이루고 있었는데 작은 강토로 동남 일우에 고립한 형세로 또한 지나와의 거리도 멀어 비교적 문화의 발전이 더디었던 나라가 곧 신라였다.

그중 북방의 대국인 고구려의 세위(勢威)는 나·제 양국을 합하고도 남음이 있었으므로 양국은 연맹하여 고구려에 대항하기에까지 이르렀으니, 서기 433년 이래 약 120년간 이 형세는 계속되었었다. 신라는 이 연맹을 이용하여 자국의 발전을 도모하였으니 먼저 지나 문화를 적극적으로 수입하여 지증왕(500~514) 시대에는 '신라'라는 국호를 사용하였고 모든 제도를 일신하였으며, 그 다음 왕 법흥왕(514~540)시대에는 한편으로 더욱 지나 문화를 수입하는 동시에 불교가 전래되었고 영토 확장에 착수하여 남으로 금관국(金官國 : 金海)을 병합하여 낙동강 유역을 점령하기에 이르렀다.

그 다음 왕인 진흥왕(540~576)은 비교적 오래 재위한 분이거니와 백제가 고구려의 압박을 견디지 못하여 부득이 공주의 왕도에서 부여로 옮겼음에 반하여 진흥왕은 혹은 고구려를 친정(親征)하여 현금의 광주(廣州), 경성(京城)방면을 약취하기도 하였고 혹은 백제와 협력하여 전기(前記) 지방 이외의 한강 유역을 회복하자 백제와의 연맹의 숙약(宿約)을 취소하고 이 지방을 독점하니 이는 오로지 지나와의 직접 교통상 절대 필요를 느꼈음이다.

실로 진흥왕은 신라를 강성케 한 영주로서 한강 유역을 점령한 결과는 고구려·백제의 접경을 분리시켰고 신라는 비로소 지나로의 교통로를 얻게 되었다. 그 뿐 아니라 남으로는 변한 고지(故地) 곧 가라(加羅) 제국(諸國)을 완전히 병합하였고 북으로도 영토를 확장하여 방금 학계에 문제를 일으키고 있는 그의 순수비가 북한산성 외에 함흥 황초령, 이원 마운령에 있어 당시의 북경(北境)이 어디까지 미쳤는지를 궁금하게 여기게 하고 있다.

전기(前記) 나·제 연맹 파열 이후 신라의 반도 통일운동을 일으킨 태종무열왕의 즉위까지의 백 년간을 두 시기로 나누어 전기 50년간을 휴전기, 후기 50년간을 교전기로 볼 수 있다. 휴전기에 있어 한강 유역을 점령하여 황해 방면의 항해권을 얻은 신라는 당시 지나 남북조시대의 남조인 북제(北齊)에 사신을 통하였으니 이것이 신라가 직접 지나와 교통한 처음이다.

이와 전후하여 여·제도 북제와 통빙(通聘)하였고 이어 수나라가 남북조를 통일하자 반도의 삼국은 쟁선(爭先)하여 사(使)를 보내니 외교에 의하여 얼마동안 평화가 계속되었던 것이다.

기술한 바와 같이 삼국 중 제일 강성한 나라는 북방의 웅(雄)인 고구려였으니 이와 흔단을 일으켜 교전 수차에 이(利)를 얻지 못한 수나라는 그만 이것이 원인이 되어 당나라에게 멸망한 바가 되었었다. 그런데 수나라가 처음 고구려를 치려고 할 적에 백제가 자진하여 향도(嚮導)를 청한 바가 반도 삼국간의 평화기를 교전기로 바꾸게 하였다.

고구려는 일찍이 잃어버린 한강 유역을 회복코자 북한산성을 침범하였으나 그만 실패하였다. 이때에 불안을 느낀 신라는 멀리 당나라와 친밀한 외교 공작을 시작하여 그의 고립적 지위를 튼튼하게 하고 한 걸음 나아가 반도 통일의 대업을 꿈꾸게 되었으니 빼앗긴 40여 성을 회복코자 먼저 예봉(銳鋒)을 서린(西隣)인 백제에 향하지 않을 수 없었다. 당나라는 반도 삼국과에 별반 차별적 외교 관념이 없으련만 일찍이 수나라가 역강토광(力强土廣)한 세위로도 고구려에게 패하여 웃음을 산 부끄러움의 설치를 하려고 수차 고구려를 치다가 또한 봉욕한지라. 중화대국의 체면 유지상 신라와 긴밀한 연락을 맺지 않을 수 없게 되었던 것이다.

이러한 국제 정세에 있어 친당책(親唐策)을 세워 가지고 그 교섭을 맡아 한 이가 곧 김춘추 즉 후일의 태종무열왕이다. 그가 더욱 백제를 미워함에는 국가적 관계도 있었겠지만 일찍이 그의 여서(女婿) 김품석의 가족이 대야성 함락과 동시에 백제군의 손에 죽은 뒤로 일층 더하였다. 그는 일본과도 가까이 할 필요를 느꼈으니 당시 일본은 백제와 가장 친밀한 관계를 맺어

가지고 있었음이다. 그리하여 효덕천황(孝德天皇) 大和 3년(신라 진덕여왕 원년, 647)에 그는 스스로 일본에 사신으로 갔었다. 『일본서기(日本書紀)』에서 그의 인물을 칭찬하고 있음을 보면(3.인물 참조) 그의 외교는 어느 정도까지 성공하였던 것 같다.

그는 일본에 유(留)한 지 1년 만에 다른 사신과 교대하여 귀국하자 곧 그의 아들과 마찬가지로 당나라에 갔었다. 당 태종황제가 춘추공의 영위(英偉)함을 보고 후우(厚遇)를 다하였다. 이때에 그는 백제의 침박(侵迫)이 심함을 말하고 협력 토평(協力討平)을 구하였다. 그는 그의 아들을 당나라에 머물러 두고 귀국하니 때는 당 태종이 몰하기 전해(진덕여왕 2년)로 고구려는 당의 정토(征討)를 입던 무렵이다.

춘추공의 이 길이야말로 국제적 정세를 이용하여 자국의 고립적 지위를 일약 대활(大活) 무대 위에 올려놓았던 것이며 한편으로는 당나라의 발달된 문물제도를 힘써 수입하여 문화 향상을 꾀하여 그 수준을 높였던 것이다. 한번 당과의 친밀을 도모하자 진덕여왕의 재세(在世) 중에 해마다 사신ㅡ춘추공의 아들들 중에서의 왕복이 그치지 않았다. 진덕왕 8년에 여왕이 돌아가자 춘추공이 공(功)으로써 국인(國人)의 추앙을 받아 왕위에 오르니 왕의 7년에 드디어 나·당은 힘을 아울러 숙적인 백제를 멸하기에 이르렀다.

반도의 동남 일우(一隅)에 위치하여 지나의 문화를 수입하기에 불편하였고 강토가 협소하여 다른 두 나라에 대항하기 어렵던 신라로서 후일 반도 통일을 하기에까지 이른 데에는 여러 각도로 고구(考究)할 제재가 있다. 여·제 2국에 비하여 개화가 더딘 반면에 지나 문화의 과식에 빠질 위험이 적었던 때문에 한편으로 신라 독특의 씨족사회적 공고한 기초가 작성되었으며 신라혼이라고 부를 수 있는 무사도 정신이 함양되었던 것이다. 이런 것들이 계승 전속하여 오는 중에 진흥왕과 같은 영주가 있어 그 근저를 만들었으니 지나와의 직접 교통로를 얻게 한 것이 고립적 지위에서 국제적 활동 무대에 나서게 한 큰 기운의 작성이었다.

그러나 이러한 국제적 대진출을 직접 자신이 나서서 일생의 정력을 다하여,

더구나 성의 있는 외교로써 한 이가 춘추공이었으며 영년(永年)의 고립적 지위와 약소국으로서의 울분에서 헤매던 신라를 반도 통일의 성공의 길에 그 지위를 높이고 그 울분에서 벗어나게 한 이가 태종무열왕이었다. 그의 영위(英偉)야말로 신라사상에 빛나지 않을 수 없는 것이다.

그의 뜻을 계속한 이가 그의 아들 문무왕으로 당과 아울러 고구려를 토평한 것은 오직 부지(父志)를 이었음이니 반도 통일의 수훈을 거의 태종 무열왕에게 돌림이 과대(誇大)라 볼 수 없을 것이다. 오직 여기에 왕을 도와 대사업을 이룬 유명 무명의 장졸의 공을 몰할 수 없으니 신라혼의 발로야말로 다른 반도사(半島史)에서 찾을 수 없는 것이다. 그중에도 왕을 도와 성공한 김유신은 신라의 원훈 주석(元勳柱石)이다. 더욱 왕과는 이중의 친족관계를 가졌음에랴. 그의 인물전은 따로 기술하는 이 있기로 여기에는 생략한다.

3. 인물

태종무열왕의 위업은 왕으로 영주(英主)라는 부름을 받게 하고도 남음이 있겠거니와 왕의 인물에 대한 고찰을 약간 사료에서 찾아보기로 하자. 먼저 왕의 계보를 『삼국사기』 권제5 신라본기에 의하여 엮어 보면 다음 표와 같다.(괄호 안의 숫자는 몇 대 왕임을 표시, 괄호 밖의 숫자는 재위년수)

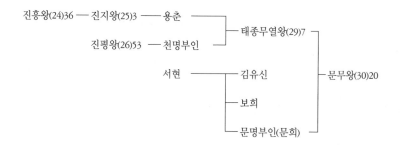

왕의 휘(諱)는 춘추, 진자왕자(眞智王子) 이찬 용춘(龍春 : 追封 文興大王)의 아들로 어머니는 천명부인(天明婦人) 진평왕의 따님이다. 왕의 인물과 이력을 『삼국사기』에서는 다음과 같이 말하였다(직역).

왕의 의표(儀表)가 영위하시어 어려서부터 제세(濟世)의 뜻이 있으셨고 진덕왕을 섬기어 위(位)는 이찬을 지냈다. 당제(唐帝) 수(授)하기를 특진으로써 하다. 진(王)이 훙(薨)하심에 군신(群臣)이 알천(閼川) 이찬에게 섭정을 청하니 알천이 굳이 사양하여 가로되 '신이 늙었고 덕행이 일킬을 바 없는지라. 이제 덕망 숭중(崇重)으로는 춘추공 같은 이가 없어 실로 가히 제세(濟世)의 영걸(英傑)이라 이를지로다' 하여 드디어 받들어 왕을 삼으니 춘추 세 번 사양하고 부득이 위(位)에 나가니라.

라고 되어 있다. 다소의 과장이 없지 않을까 하나 즉위 전 왕이 일본에 사신으로 갔을 때의 기록에

춘추 자안(姿顔)이 아름답고 담소[談咲(笑)]를 선(善)히 한다.(『일본서기』 권25 효덕천황(孝德天皇) 大和 3년)

라고 있음과 또한 당나라에 갔었을 때에 기사에 '우례심칭'(優禮甚稱 : 『구당서(舊唐書)』 권199상 열전 제149 동이(東夷) 신라). '우례심비'(優禮甚備 : 『책부원귀(冊府元龜)』 권109 제왕부 연향(宴享)1)라고 있어 특히 우대받았음을 보아 왕은 심상한 인물이 아니었음을 족히 추측하겠다. 왕에 대한 일화로 전하는 『삼국유사』(권1 태종춘추공)의 기록을 보면 더욱 재미스럽다(의역(意譯))

왕의 잡숫는 것이 일일에 반미(飯米) 3두, 웅치(雄稚) 9수(首), 경신(庚申)년 백제를 멸한 이후부터 주찬(書饌)을 그만 제(除)하시고 조석만 잡수셨는데 그러나 하루에 미(米) 3두, 주(酒) 6두, 치(雉) 10수였었다.

라고 있어 왕의 식량이 크셨음을 전하고 있고 계속하여

> 동궁에 계실 때 고구려를 치고자 청병키 위하여 당에 들어가시다. 당제(唐帝)가 그 풍채를 칭상(稱賞)하여 이르시되 '신성지인(神聖之人)'이라 하시고 굳이 머물러 시위(侍衛)케 하시매 힘써 청하여 이에 귀국하시다.

라고 있다. 왕비 문명부인(文明夫人)은 왕을 도와 반도 통일을 이룬 김유신의 계매(季妹)로서 여기에 한 토막의 로맨스가 전하여 있으니 『삼국사기』(권 제6 신라본기 제6 문무왕 상)와 『삼국유사』(권1 태종 춘추공)에 기재되어 있다. 전자가 사실적인 것 같고 후자가 윤색한 로맨틱한 것이다. 독자의 흥미를 돕고자 후자를 의역한다.

> (태종대왕의) 비(妃)는 문명왕후 문희(文熙)로서 유신공의 계매이다. 처음 문희의 자(姊)인 보희(寶熙)가 꿈에 서악(西岳)에 올라 오줌을 누어 서울에 가득하였던 것을 아우에게 말하니 문희는 이를 듣고 말하기를 '내가 이 꿈을 사오리다' 언니 가로되 '무슨 물건을 주려는가' 가로되 '비단 치마로 팔겠는가' 언니 가로되 '그러자' 아우는 옷가슴을 풀어 이를 받으니 언니는 '지난 밤의 꿈을 아우에게 전하노라'하매 아우는 비단치마로써 이를 갚았다.
> 후 순일(旬日)에 유신은 춘추공과 더불어 정월 오기일(午忌日)에 유신의 집 앞에서 축국(蹴鞠)을 하다가 짐짓 춘추의 옷을 밟아 옷고름을 떨어뜨리고 청컨대 '내 집에 들어가 이를 꿰매입시다' 하니 공이 이에 좇았다. 유신이 보희에게 명하여 꿰매게 하니 가로되 '어찌 조그만 일로 가벼이 귀공자에게 가까이 하리오' 하고 굳이 사양하는지라. 이에 문희에게 명하니 공이 유신의 뜻을 알고 드디어 이를 사랑하여 자후로 자주 내왕하였다. 유신이 그 아이 배인 것을 알고 이에 책망하여 가로되 '네가 부모에게 고하지 않고 아이를 배임은 무슨 까닭인고' 하고 이에 국중(國中)에 선언하여 그 누이를 불에 태우려 하였다.
> 하루는 선덕왕이 남산에 유행(遊幸)하심을 기다려 나무를 정중(庭中)에 쌓고 불을 질러 연기를 일으키니 왕이 '웬 연기냐'고 물으시니 좌우가 여쭈어

가로되 '인제 유신의 누이를 태워 죽이려는 것입니다.' 왕이 그 까닭을 물으신대 가로되 '그 누이가 지아비없이 아이 배임으로써외이다' 왕이 가라사대 '이것이 누구의 소위(所爲)인고.' 때에 공이 가까이 모시고 앞에 있다가 안색이 크게 변하니 왕이 가라사대 '이것이 네 소위로구나. 속히 가서 구하라.' 하시니 공이 명을 받고 말을 달려 왕명을 전하여 이를 막고 자후로 혼례를 행하니라.

라고 있다. 반도 통일의 큰 공을 세운 왕과 김유신 두 분이 손을 마주 잡고자 그 누이로 비를 삼아 밀접한 관계를 맺은 일막의 로맨스로 해석할 수 있으니 왕의 즉위는 유신의 힘이 컸음을 보아 더욱 그러하다.

(文一平 外, 『朝鮮名人傳』, 조선일보사, 1939)

慧超

1. 머리말

우리 반도 문헌에 도무지 그 이름을 찾아볼 수 없는 신라승 혜초(慧超 혹은 惠超)의 사적이 근자 조선학계에 차차 알려져 그의 위명(偉名)과 업적을 사모하는 이 많게 됨을 기뻐하여 마지않는다. 혜초의 이름이 높았던 것은 그의 생존하였던 8세기경의 일이었으리니 그가 약관에 고국을 떠나 멀고 먼 당나라에 유학하였으며 한걸음 더 나아가 법을 두루 오천축(五天竺 : 인도)에 구하였고 또한 밀교(密敎)의 초조이며 역경(譯經)으로 유명한 금강지(金剛智, 670~741)와 그의 고족(高足) 불공(不空, 705~774) 두 분에 수학하였을 뿐더러 스승을 도와 역경사업에 종사한 그이었는지라 이만하여도 그의 이름은 무던히 높았을 것이다.

그러나 그의 전기가 남아 있지 않고 그의 저서가 끼쳐지지 않아 후인들이 그의 이름을 좇아 기억케 못하였더니 1900년경(明治 33년) 지나(支那) 감숙성(甘肅省) 돈황(敦煌) 천불동(千佛洞)의 막고굴(莫高窟)의 한 석실에서 우연히 발견한 수다한 고문적 중에서 혜초의 인도기행문인『왕오천축국전(往五天竺國傳)』의 잔결본(殘缺本)이 나타나자 근세에 발흥한 서역사(西域史)의 둘도 없는 귀중한 사료로 인정되어 그의 이름은 다시금 동서 학계에 훤전(喧傳)케 된 것이다. 생각하면 그의 일생도 파란 많은 일생이었으려니와 사후에 남긴 그의 업적도 또한 기구하다 아니할 수 없다.

2. 그의 저서가 재발견되기까지

불경 중 난해의 범어(梵語 : 인도 고대어인 산스크리트어)에 주석을 가한 서책으로 혜림(慧琳, 737~820년)이 지은 『일체경음의(一切經音義)』가 있다. 혜림은 혜초의 동학으로 인도의 성명(聲明 : 음운의 원리를 연구하는 학문)과 지나의 훈고(字意 설명)에 정통하여 20유여 년간 고심하여 경(經) 논(論) 1,300부 5,700여 권 중의 범어를 뽑아 100권의 거질(巨帙)을 대성한 것이 전기 『일체경음의』인바, 이 책 중에 혜초의 인도기행인 『왕오천축국전』도 인용되어 84조가 음석 의해(音釋義解)되어 있다. 이로 인하여 혜초의 이름과 그의 유저(遺著)가 있음이 일부 독학자(獨學者)에 한하여 알려져 있으나 그 저서는 언제부터인지 실전(失傳)하고 말았던 것이다.

감숙성 돈황(敦煌)은 한나라 무제가 장건(張騫)을 사자로 서역지방에 보낸 이후 동서 교통로상 요충으로 발달되어 온 곳이다. 멀리 서역지방에 왕환(往還)하는 이로 인도에 불법을 구하는 명승으로 이곳에 다리를 쉬지 않은 이가 없었으니 현장(玄奘)과 마르코 폴로가 그 일례이다. 그런데 돈황 동남에 명사산(鳴砂山)이란 모래산이 있고 그 동록(東麓)에 뇌음사(雷音寺)라는 고찰이 있어 절 뒤에는 불상을 모신 동굴이 많기로 유명한 곳이다. 明治 33년경 왕도사(王道士)라고 불리는 중이 이 절 주지로 와서 황폐한 곳을 수선하던 중 우연히 동굴 속에서 이루 헤아릴 수 없을 만큼 서책으로 가득한 석실을 발견하였다. 무식한 주지는 그중 몇 책을 그 고을 관부에 보내어 발견된 사유를 보고하였으나 그들 역시 그 무엇인지를 알지 못하고 그대로 봉하여 두라고 지시만 하고 말 따름이었다.

이 소식이 어찌어찌 전하여 당시(明治 40년, 1907) 서장(西藏) 방면 학술탐험 중에 있던 동양학 학자 영국인 스타인 박사의 귀에 들어갔다. 그는 종자 수인(數人)을 데리고 천불동으로 가서 주지를 달래어 석실 구경을 하였다. 그는 한문에는 정통하지 못하였으나 범어, 서장어, 기타 중앙아시아의 신고어(新古語)에 능하였다. 그의 빛나는 눈앞에는 이상 여러 고어로 쓰인 불교관계

서류가 산더미처럼 쌓여 있지 않은가. 지나인의 욕심을 아는 그인지라 거짓 놀라지 않은 체하고 석실을 나왔다. 온갖 방법을 다하여 교섭한 결과 돈에 눈이 어두운 주지는 얼마 안 되는 값에 대부분을 팔아먹었다. 스타인 박사는 그 책 전부를 24개 대갑(大匣)에 묶어 본국 대영박물관에 옮겨 보관하여 학자의 연구에 제공하고 있는 중이다.

스타인 박사의 돈황석실유서 지거(持去)가 세상에 알려지자 이 소식을 들은 이 중에 못지 않게 놀라 즉시로 천불동으로 달려간 이는 불란서인 페리오 교수이다. 그는 스타인 박사 못지않은 학자로 한문은 그의 전공이었으며 그 위에다가 스타인의 어학을 겸한 이이다. 대부분을 이미 가져간 나머지이지만은 석실에 들어가 본 그의 눈은 오히려 스타인 박사가 놀란 이상으로 놀랐다. 거기에는 세상에 전하지 않는 당·송 이래의 불경과 기타 희귀한 진적(珍籍)이 가득하였음이다. 교섭을 거듭한 결과 나머지의 삼분의 일 5천 권을 매수한 그는 귀도(歸途) 북경(北京), 천진(天津), 남경(南京) 등지에서 그 일부분을 학자들에게 보인 것이 단서가 되어 소위 돈황학파의 발흥을 보게 된 것이다. 페리오 교수의 장래품은 불란서 파리의 기메 박물관, 국민도서관 기타에 분장되어 있어 동서 학자 연구에 제공되어 있는바 그 중에 우연히도 실전하였던 혜초의 『왕오천축국전』이 다시금 그 얼굴을 나타낸 것이다.

3. 동서 학자의 왕오천축국전 연구와 그 학적 가치

페리오 교수의 손에 다시 세상에 나온 혜초의 유저는 불행히도 완본이 아니고 앞뒤가 끊어진 그나마 당나라 때 흔히 유행하던 절략본(節略本 : 사본)이 었었다. 맨 처음으로 원문에 교록찰기(校綠札記)를 붙이어 발행한 이는 당시 지나(支那)의 유명한 학자 나진옥(羅振玉) 씨였으니 그의 돈황석실 유서에 수재되어 있다. 그 후 지나의 서역사를 연구하던 등전풍팔(藤田豊八) 박사(마지막으로는 대북제대(臺北帝大) 교수, 필자의 조대(早大) 재학시 은사)는 「혜초왕오천축국전전석(慧超往五天竺國傳箋釋)」이란 연구를 발표하여 그의 박학을 드러내었는데 단행본으로만 지나(支那)에서 2차, 일본에서 1차 간행되었었다. 그 후이 전석이 『대일본불교전서(大日本佛教全書)』「유방전(遊方傳)」총서 제1에 실리게 되자 고남순차랑(高楠順次郎) 박사는 약간의 고정(考訂)을 가입하였고 따로 「혜초전고(慧超傳稿)」1편을 총서에 붙였다. 혜초가 신라인임과 그가 유명한 금강지(金剛智), 불공(不空) 양사(兩師)에게 취학하여 역경에 종사함을 고증한 이는 고남(高楠) 박사로 비롯한다. 박사는 따로 「혜초왕오천축국전에 대하여(慧超往五天竺國傳に 就いて)」라는 논문을 잡지 『종교계(宗敎界)』제11권 제7호에 발표까지 한 일이 있는 분이다.

이상까지는 대개 페리오 교수가 가진 원본의 중사본(重寫本)으로 연구하여 온 까닭에 약간 틀림이 없지 않더니 페리오 교수와 경도제대 교수 우전(羽田) 박사 두 분의 협력으로 사진판 인쇄로 그 원형을 그대로 나타내게 되었으니 大正 15년(1926)에 간행된 『돈황유서(敦煌遺書)』제1집 맨 첫머리에 실린 것이 그것이다. 우전(羽田) 박사는 간단하고도 조리있는 해제를 붙였는데 후에 고남(高楠) 박사가 편찬한 『대정신수대장경(大正新修大藏經)』중에는 사진판을 원본으로 한 혜초의 유저가 수재되었다. 최근 이에 대한 논문으로는 성대(成大) 교수 대곡승진(大谷勝眞) 씨가 「혜초왕오천축국전의 1, 2에 대하여(慧超往五天竺國傳の一二に就いて)」를 『소전선생송수기념 조선논집(小田先生頌壽記念朝鮮論集)』중에 발표한 것이 있다.

그러면 혜초의 유저가 어찌해서 이와 같이 동서 학자의 손에 쟁선(爭先)연구되어 있는가를 생각할 필요가 있다. 근세 동양사상에서 한 걸음 나아가 서역사의 한 분파가 생겨가지고 동서 학자가 열심히 연구하고 있는 중인데 그 연구 자료로는 지나 정사(正史)중에 실려 있는 서역전(西域傳)과 명승의 인도 기행과 서양 학자들의 현지 실제 연구의 보고서류가 중요한 것이다. 그중에도 가장 불편을 느끼던 것은 당나라 현종시대에 있어 그 전후의 사료는 있으면서 당대 문화의 최고조이던 소위 開元 년간의 것이 도무지 없었다. 그래서 동서 학자들이 이 시대의 사료의 출현을 오래 열망하던 차 우연히 페리오 교수의 손에 발견된 것이 혜초의 유저이다. 원본이 아닌 절략본, 그나마 전후 잔결된 것일지라도 귀하기가 짝이 없는 것이다. 우전(羽田) 박사가 그 해제에

당대 의정 삼장(義淨 三藏)의 후에 서유(西遊)의 사(士)로서 겨우 그 견문을 전한 이는 정원(貞元) 5년 북정(北庭)에 귀환한 오공(悟空)이다. 그리고 양자의 중간인 서방 제국의 사정에 나아가서는 역사에 기록한 바가 심히 상세치 못하다. 이에 개원시대에 당하여 인도를 비롯하여 서역 제국의 종교, 풍속, 정정(政情), 지리 등의 일반을 알 수 있음은 진실로 이 잔권(殘卷)의 덕이라고 본다. 어찌 그 기사가 간략하고 행문(行文)이 평판(平板)임을 물을 것이냐.(편집자 역)

라고 하였고 그 발견 당시의 동서 학자들의 경이에 대하여는 오랫동안 동경 동양문고(東洋文庫) 주임으로 있는 석전간지조(石田幹之助) 씨가 『동경일일신문(東京日日新聞)』에 「지나학에 관한 두세 권의 신간서(支那學に關する二三の新刊書)」(昭和 2년 4월 11일)라는 제목 하에

이것이 처음으로 세상에 나온 적에는 세계의 지나 학자가 크게 놀랐었다. (중략) 인도, 서역에 관한 제1 사료로 귀중히 여길 만한 것으로 학계가 크게 소동하면서 각국 학자가 다투어 연구한 것도 무리가 아니다. (의역)

라고 보도한 것으로 알 수 있다.

4. 그의 인물 사업과 반도 학계에 소개된 유래

머리말에 소개한 바와 같이 혜초에게 있어서는 이상스럽게도 전기가 끼쳐지지 않았기 때문에 그의 기행문 『왕오천축국전』이 재현되지 않았다면 그저 혜림(慧琳)의 음의(音義)에 그의 이름과 저서명이 남았을 뿐이었을 것이 페리

오 교수의 우연한 발견으로 아니 그보다도 돈황석실 유서의 꿈같은 출현으로 말미암아 그의 존재가 알려진 것이다. 그가 신라인이었다는 것은 표제집(表制集) 중에 불공 삼장(不空三藏)에게 수학한 제자 6인의 이름이 적혀 '신라 혜초'라 있음에서 안 것이고 좀더 무슨 재료가 없을까 하여 찾는 중에 스승을 도와 역경사업에 종사한 역경 서문에 그의 사적이 약간 기록되었음을 알게 되었다. 그러므로 고남(高楠) 박사가 그의 「혜초전고」에

> 살펴보건대 신라의 혜초는 나이가 약관에도 미치지 못하여 고국을 떠나 당나라
> 에 들어갔다. 그러나 바다와 선박에는 오래 견디지 못하여 곤륜산(崑崙山)을
> 지나 불가에 귀의해서 자주(子洲)를 스승삼고 오천축에 이르러 두루 성역을
> 찾아보았다. 드디어 북천로(北天路)를 취하여 안서(安西)에 돌아오니 나이가
> 30이었다. 당나라에 있었던 기간을 더해 보면 대충 84~85가 되니 그의 수명을
> 알 수 있겠다.(편집자 역)

라고 하였다.

요컨대 혜초가 연소한 때 불문에 귀의하여 그의 신앙과 그의 열성은 그로 하여금 급(笈)을 멀리 당에 부(負)케 하였고 이어 당시 인도로부터 당에 와서 밀교를 창시한 명승 금강지(金剛智)의 문인으로 있다가 뜻한 바 있어 해로로 인도에 들어가 불적(佛蹟)의 순례를 마치고 육로로 장안에 돌아와 금강지(金剛智)의 제자 불공(不空)의 앞에서 수학하는 일방에 역경사업에 종사하니 일본의 홍법대사(弘法大師) 공해(公海)는 혜초 동문인 혜과(惠果)의 제자이다. 그는 불행히 고국에 돌아오지 못하고 그 땅에 영면한 듯 그의 박학고덕(高德)을 고국에 펴지 못한 것이 우리의 유감으로 여기는 바이다. 오늘에 있어서는 그의 기행문 잔결 1권이 불교사보다도 서역사 연구상 세계적으로 경이를 주었다. 프랑스 학자의 손에 재현되어 중국, 일본 여러 일류학자의 연구하에 그의 이름이 드날리게 됨도 한 운명이라 할까 기이라 할까. 그의 생전에 받았던 승려로서의 성가와 금일에 자료를 제공한 학자로서의 가치가 그 어떤 것이 나을지는 모르겠

으나 지하의 그도 사바세계의 유전무상(流轉無常)을 더 한번 웃지 않았을는지 누가 알리요.

그를 조선학계에 문자로 처음 소개한 분은 이능화 선생이니『조선불교통사(朝鮮佛敎通史)』와『조선사강좌(朝鮮史講座)』,『조선불교사(朝鮮佛敎史)』에 전기 고남 박사의 전고가 초출되어 실리었다. 그러나 이것은 최남선 선생이 먼지 읽으시고 알려 주셨다는 것을 필자는 최 선생에게서 들은 듯하다. 그 후 권덕규 선생이 교과서『조선유기(朝鮮留記)』에 간단히 요령 있게 기재하였으나 약간 억측과 오서(誤書)가 있음이 유감이다. 그리고는 말도(末徒)인 필자가 한글잡지에「세계적 학계에 대경이를 준 신라승 혜초에 대하여」라고 발표한 것이(昭和 3년 2월 15일) 비교적 상세한 소개이겠으나 이 졸고와 마찬가지로 혜초의 공적을 잘못 전함이 있지 않은가 하는 공구를 품는 미완성품이다.

문일평 선생이 조선일보 지상에 발표하심이 있었지만 그의 장서(長逝)로 필자가 부득이 집필하게 되었음을 독자에게 심사(深謝)하여 마지않는 바이다.

(文一平 外,『朝鮮名人傳』조선일보사, 1939)

北鮮과 女眞

1. 서언(緒言)

조선사편수회사관(朝鮮史編修會史官) 도엽(稻葉) 박사는, 일찍이 『함남여행담(咸南旅行談)』과 강연의 일절에, 왼쪽과 같은 흥미 있는 의견을 발표하였습니다.

유적, 유물, 지명 등으로부터 미루어 함경도 문화의 주류를 고찰하면, 거기에는 대개 세 가지로 식별된다.

1. 여진계(女眞系) : 이것은 북도(北道) 및 상고지(上高地)를 무대로 해서, 멀게는 숙신(肅愼), 예(濊)의 문화와 관련이 있는 것이다. 서도리의 이씨(퉁두란첩목아(佟豆蘭帖木兒)의 후손), 성대면의 온씨, 니곡면의 동씨등에 대해서는, 그 족보, 구비(口碑), 문기(文記) 및 고분묘출토품 등에 의해, 이후에 밝혀질 여지가 많다.(필자주 : 서도리, 성대면, 니곡면은 모두 함남 북청군 소재)

2. 지나계(支那系) : 이것은 압록강 방면으로부터 유입된 것으로, 한(漢)의 현도군(玄菟郡)은 그 선구였다. 후에는 옥저도(沃沮道)로서, 요동(遼東), 낙랑(樂浪)과 관계가 끊어지지 않았다. 영흥에는 한의 유적으로 추정되었던 토성이 현존한다.

3. 한계(韓系) : 이것은 경상, 강원 양도 방면에서 유입된 것으로, 현재의 함경도에 자취를 남긴 이조시대에 남방에서 유배되어 온 사람들이 가져온 문화는, 가장 중요한 것이다.

즉, 박사의 의견에 따르자면, 대략 정평을 경계로 해서 그 이북은 여진계, 그 이남은 한의 계통이고, 부거, 회령, 경성(鏡城), 참산, 이원, 단산, 삼수, 함주(함흥), 초방(초황) 등의 지명은 여진어로 해석할 만한 대표적인 것입니다. (『청구학총(靑丘學叢)』 제21호 휘보 정양회(貞陽會) 기사 참조)

그 여진족이 활약한 무대는 오히려 만주방면으로 넓고, 조선방면으로는 좁았습니다만, 북선 특히 우리 함남의 민족, 문화사 상으로는 제법 큰 역할을 하였으므로, 북선과 여진 사이에 어떠한 교류가 있었는지, 어떠한 유적이 남아 있는지에 대해서 통속적으로 조사하려는 것이 본고의 목적입니다.

필자는 직접 도엽(稻葉) 박사에게 여진계 문화의 연구에 대해 권유받았던 적이 한두 번이 아닙니다만, 아직 그 착수조차 하지 못했습니다. 몹시 부끄럽기 짝이 없습니다만, 때마침 함남도청 산림과의 지인으로부터 의뢰를 받아, 우선 주변에 있는 약간의 논저를 참고해서 붓을 잡기로 했습니다. 언젠가 도엽(稻葉) 박사의 권유에 보답할 때가 빨리 오기를 스스로 바라마지 않습니다.

2. 만주의 여진

여진이라는 민족은 만주를 중심으로 해서 흥기한 퉁구스족의 일파입니다. 당대(唐代, 皇紀 1278~1567)의 만주에 말갈이라고 불렸던 민족이 있고, 그 일부에 흑수말갈이라는 부족이 있어, 지금의 흑룡강 지방에 산재해 있었습니다만, 이 흑수부가 여진이라는 이름으로 불려온 것입니다. 처음에 발해국(皇紀 1373~1586)에 복종했고, 이어서 오랫동안 동몽고에서 흥기한 몽고계의 요(皇紀 1567~1875)라는 나라에 복속되어 있었습니다만, 그 간에 그들은 지금의 길림성 북부의 지방에서 시작하여, 점차로 단결을 강하게 하여, 특히 군사제도에 의해 집단적인 세력을 기르고 요가 쇠망하는 것에 편승해, 점차로 반항하는 행동을 보이게 되었습니다. 즉 여진의 한 부락인 완안부(完顔部)의 수장인 아골타(阿骨打)는 웅략(雄略)이 있어, 스스로 나라를 건설해서 지금의 하얼빈의 동남쪽

회령에 도읍을 정하고, 국호를 금(皇紀 1775~1894)이라고 불렀습니다. 이것은 실로 여진족이 처음으로 건국한 일로 지금으로부터 823년 전입니다. 금나라는 뒤에 거란족의 요나라를 병탄하고, 다시 북부의 지나를 빼앗아 송(宋, 皇紀 1620~1939)을 남천(南遷)시켜, 마침내 송은 북송, 남송이라 불리게 되었습니다.

이와 같이 금나라도 몽고족의 원(皇紀 1885~2028)이라는 나라에게 멸망당했습니다만, 여진인은 오히려 오랫동안 만주 및 북부 조선에 거처하여, 세력은 부진하지만 그 이름은 보존했습니다. 그간에 혹은 원에 속하고, 혹은 명(皇紀 2028~2321)이라는 나라의 지배를 받았고, 명의 중세 이후에는 요동의 변방[邊牆] 밖의 해서(海西), 건주(建州), 야인(野人)의 삼위(三衛)로 분할되어, 반은 속국과 같은 형세를 이루고 있었습니다. 그런데 삼위(三衛)의 하나인 건주위(建州衛)는 나뉘어져 만주(滿洲), 장백산(長白山)의 2부(二部)가 되었고, 명의 말기에 만주부의 추장인 애신각라노아합적(愛新覺羅努兒哈赤)이라는 영웅이 나타났습니다. 노아합적(努兒哈赤)은 몸이 장대하고 영웅의 책략이 풍부했기에, 점차로 여진의 각부를 정복해서 세력이 점차 강대해졌고, 마침내 자립해서 대칸의 지위에 올라 국호를 금(세간에서는 후금이라고 함)이라고 칭했습니다. 이것은 皇紀 2276년의 일로, 후에 청이라는 국명으로 개칭되었습니다. 지금 만주국의 황제폐하께서는 청국 최후의 선통제라는 것은 주지의 사실입니다.

3. 북선의 여진

(1) 교섭의 발단 : 여진족이 우리 반도에 최초로 들어온 것은 신라의 경명왕 5년, 고려태조 왕건의 4년(皇紀 1581년)의 일로, 말갈의 달고부(達姑部)의 171인이 입관하여 길을 삭정군(이후의 안변)까지 나아갔을 때, 때마침 고려의 장군인 견권이 병사를 내어 이것을 크게 격파하자, 경명왕은 사자를 고려에 파견해서 이에 감사했던 것입니다. 달고부는 여진족이고, 그때의 신라는 이미 국경을 수호할 힘도 잃어 방비하지 못하고, 점차 새로이 일어난 고려의 힘에 의지해서

이것을 격퇴할 수 있었던 것입니다.(『삼국사기』권12, 경명왕 5년 2월조 ;『고려사』권1, 태조 4년 2월조 참조)

(2) **고려와 여진** : 고려와 여진과의 직접적인 관계에 대해서 처음으로 역사상에 보이는 기록은 고려 정종 3년(皇紀 1609년)이고, 이 해의 9월, 동여진의 대광(大匡)인 소무개(蘇無蓋) 등이 와서 말 700필 및 방물을 헌납했다.(『고려사』권2, 정종 3년 가을 9월 참조)라고 기록되어 있습니다.『고려사』와 더불어 근본사료라 할 수 있는『고려사절요』에도 같은 기록이 있습니다. 그러나 이조시대의 학자 안정복(皇紀 2372~2446)의『동사강목(東史綱目)』권6상, 정종 3년 가을 9월조에는, 앞의 기록에 이어서 아래의 것이 실려 있습니다. 그 출처는 아직 조사하지 않았습니다만, 단지 안정복의 의견만 해도 유명한 학자의 의견이기 때문에 그대로 인용합니다. 물론 원문은 한문체입니다.

> 여진의 앞서는 물길(勿吉, 필자주 : 말갈과 같음)로부터 나와서 오대(五代) 초에 처음으로 여진이라고 칭했다. 거란(契丹)의 군주인 아보기(阿保機)는 발해를 멸망시키고 여진의 후환이 있을 것을 염려해서 호걸 수천가를 요양의 남쪽에 옮겨 머물게 해 본국과 상통할 수 없게 하고, 이를 숙여진(熟女眞)이라 칭하였다. 즉 우리가 칭하기로는 서번(西藩)이고, 북에 있지만 거란에 속하지 않은 자를 생여진(生女眞)이라고 부른다. 즉 우리가 칭하기로는 동번(東藩)이다. 여진은 신라 말부터 점차 우리 국경에 머물렀다. 고려는 개국 이래 매번 이변(二邊)을 근심하여 방비를 철저히 갖추었다. 연인(邊人) 중 내부하는 자에게는 대광장군(大匡將軍) 등의 칭호를 주고, 이들을 기미(羈縻)했다. 그러나 항복하거나 배반하기를 예사로 하였다.

고 되어 있습니다. 고려 및 거란의 여진에 관한 정책의 일반을 살필 수 있고, 또한 여진의 행동도 추측해서 알 수 있습니다. 여진족은 동일한 퉁구스족의 발해가 멸망한 후부터 그 통제자를 잃고 할 수 없이 유랑했을 것입니다. 고려가 이를 보기를 이적(夷狄)과 같이 하여 금수와 같은 자라 하였습니다. 그 항복하거나 배반하기를 예사로 하였던 일도 그들의 처지로서는 어쩔 수 없는 일이었을지도 모릅니다. 그 동여진(東女眞)의 대광(大匡)은 고려왕조의 회유책에서 나왔던 관직명입니다.

(3) 고려와 여진의 경계 : 고려는 왕건이 세웠던 국가로 지금의 개성에 도읍한 국가였습니다. 皇紀 1578~2052년간, 즉 475년간 국사 상으로 평안시대(平安時代)의 등원씨(藤原氏)의 전성시대에 시작하여, 겸창막부(鎌倉幕府) 시대를 거쳐 정확히 남북합일(南北合一)의 해에 이성계에 의해 멸망되었습니다. 지나에서는 오대와 동일하게 시작했고, 북송·남송을 거쳐서 원에 복속하고, 명의 초엽에 멸망했습니다. 저 요, 금에 신사(臣事)하고, 원의 압박을 받아서 위세를 심히 떨치지 못했던 나라였지만, 송의 문화를 수입하고, 고려자기나 대장경판이라는 세계적 유물을 남겼습니다. 그리고 고려는 처음으로 국내를 십도(十道)로 나누어 함남방면을 삭방도(朔方道)라고 칭했습니다. 그 관할은 화(和 : 영흥), 고(高 : 고원), 의(宜 : 덕원), 등(登 : 안변), 교(交 : 회양), 춘(春 : 춘천), 명(溟 : 강릉)의 7주(七州)였고 일본해에 면한 강원도의 강릉으로부터 함남의 남부에 걸친 지방을 한 도로 한 것입니다. 이 정치적 구획은 후세에 이르러 변동이 생겼지만, 제7대 목종 7년(皇紀 1665년) 동여진의 입관이 있었고, 제8대 현종 때에는 이따금 요와 고려 사이에 반목이 생겨 양국의 외교는 해를 따라서 다사다난하였습니다만, 이 기회를 타서 동여진은 동해안 일대에 넘어와 함부로 다니며 산림에 불을 놓고, 살해와 약탈이 이르지 않은 곳이 없어, 일본해 위의 외딴 섬인 울릉도와 같은 곳은 거의 무인도가 되고, 마침내는 대도(對島), 일기(壹岐), 구주(九州)의 북쪽 해안까지 공격해왔습니다. 국사 상에 도이(刀伊)의 입구(入寇)라고 되어 있는 것은 이 동여진에 대한 것으로, '卜亻'는 조선어로 '되', 즉 '호(胡)', '북인(北人)'을 말하는 것입니다. 시기는 현종 8년, 皇紀 1679년, 후일조(後一條) 천황, 寬仁 3년입니다. 그 후 여진의 고려침입은 끊이지 않았고 현종은 재상에게 대(對)여진책에 대해 물었습니다. "여진이 누차 변경을 범하고 해를 끼치는 일이 심하다. 의당 거수(渠首)를 초유(招諭)해서 후히 상사(賞賜)를 줄 일이다. 이것은 소위 덕으로 사람을 회유하는 것이 된다"고 했습니다. 참지정사(參知政事) 곽원은 아뢰기를 "여진은 인면수심입니다. 이들

을 회유할 때 은혜를 가지고 하는 것보다는, 아무쪼록 이를 누르는데 힘을 쓰는 것이 좋지 않겠습니까"라고 하였습니다. 왕은 "그렇게 하도록 하라"고 했다는 기록이 『고려사』 권94, 「곽원전(郭元傳)」에 보입니다.

그 때에 많은 성이나 진을 축조하였습니다만, 그 유명한 조선장성(朝鮮長城)—제9대 덕종 2년부터 제11대 문종 9년(皇紀 1693~1715년)에 걸쳐서 완성된 정평 광포(廣浦)의 해안에서 생겨나 평안북도 의주의 압록강 입구에 이르는 토성은, 서북방의 압록강 쪽은 요 및 여진족을 방비하고, 동북방의 함남 쪽은 여진족의 남하를 방지하기 위해 있었던 것입니다.

고려의 북방진출 계획이 창업 이래로 고려되지 않았던 것은 저 거란족 요의 왕성에도 기인하지만, 함흥을 중심으로 하는 여진족의 끊이지 않는 입구 때문이었다는 것은, 다음의 사건에서도 잘 알 수 있습니다. 저 윤관의 여진정벌과 9성의 축조는 제18대 예종 2년부터 4년(皇紀 1767~1769년)에 걸쳐서 행해졌습니다만, 이것은 선왕인 숙종의 유지를 잇는 설욕전이었을 뿐으로, 여진족에 해당하는 사람들의 위치에 대해서는 학자에 따라서 그 설을 전혀 달리하여, 기존의 설에서는 북도(北道)의 두만강 연안에까지라고 합니다만, 동경제대(東京帝大) 교수인 지내(池內) 박사의 연구에서는 함흥평야를 중심으로 전투를 했고, 성을 축조했다고 합니다.(조선총독부 大正 8년도 고적조사보고『함경남도 함흥군의 고려시대의 고성(古城)』의 「정평군(定平郡)의 장성(長城)」 참조) 윤관의 여진정벌은 규모가 컸고, 기운이 왕성했지만 마침내 양자 간에 강화가 성립되고, 여진방비의 영구한 근거지가 되어야할 9성도 그들 여진족의 요구에 의해서 철거되었습니다. 서문에서 언급했습니다만 우리 함흥성도 이 시기에 처음으로 축조되어, 그 후대에 여러 차례 수리되어 병합 때까지 보존되어 온 것입니다. 요컨대 고려는 여진족의 강성함에 장성으로 방비하고 그 기세가 함흥부근에 미쳤지만 영속하지 못하고 지금의 정평(定平)을 경계로 했던 것입니다.

(4) 여진족의 금나라 : 이윽고 여진족의 금나라가 만주에 건국되자, 고려는 거란족의 요에 신사(臣事)하였듯이 또한 여기에 신사(臣事)하지 않을 수 없었던 것입니다. 제17대 인종 4년(皇紀 1786년) 고려는 조속히 사신을 내어

표를 올려서 금이 요를 멸망시키고, 북송을 남지나에 쫓아버린 것을 크게 축하한 일에서 알 수 있습니다. 윤관의 여진정벌이 지나간 지 불과 17년만의 일이니 얄궂지 않습니까? 고려의 금에 대한 신사(臣事)는 몽고족에 의한 금의 멸망(皇紀 1894년)에 이를 때까지 계속되었습니다.

(5) **원과 여진** : 몽고족은 지나에 군림하자 원이라는 국명을 사용하고 지금의 북경에 도읍을 건설했습니다. 원의 고려에 대한 압박은 요·금의 배(倍)가 되었고, 그 관제, 풍속, 내정, 외교 전반에 대해 간섭 받지 않은 곳이 없을 정도였습니다. 함남의 여진족도 원의 치하에 속하여 각지의 여진의 추장 등은 공물과 조세를 헌납하고, 때로는 병역에까지 징발되었던 것으로 생각됩니다. 원이 멸망할 때인 皇紀 2027년까지 여진민족의 활약은 특별히 보이지 않습니다. 이것은 얼마나 몽고족이 강했는지를 뒷받침하는 것입니다.

원이 멸망하고 명이 흥기하자, 고려에서는 공민왕이 배원친명 운동을 일으켜서, 세력의 만회를 위해 매우 노력했습니다. 그러나 고려조도 쇠퇴기에 접어들고 계속되는 외침에 더한 내홍은 마침내 공민왕의 운동을 수포로 돌아가게 했습니다.

(6) **이성계와 여진** : 이때, 여진족은 왕성하게 고려의 동북지방에 입구(入寇)했습니다만, 뒤에 조선이라고 불리는 나라를 일으킨 이성계는 여진의 군대를 격퇴하고, 크게 그것을 격파해서 그 이름을 드높인 일도 있습니다. 그 중에는 이성계에 투항해서 그 휘하가 되어, 힘을 합쳐 조선개국공신에 반열에 오른 여진인 천호(千戶) 퉁두란첩목아(佟豆蘭帖木兒)라는 사람도 있습니다. 도엽(稻葉) 박사의 강연필기 중 '서도리의 이씨'는 이 사람에 대한 것입니다.

즉, 북청의 청해 이씨의 선조에 관한 것으로, '이'는 이성계로부터 받은 사성(賜姓)입니다. 이성계가 즉위하자 지금의 함흥에서 단천에 이르기까지의 지역을 나누어서 함(咸 : 함흥), 홍(洪 : 홍원), 청(靑 : 북청), 단(端 : 단천)의 4주(四州)를 두고, 6년에 이두란(李豆蘭)을 파견해서 여진을 불러서 위로하고 공(孔 : 경흥), 경(鏡 : 경성(鏡城)), 길(吉 : 길주)의 3주(三州)를 두었습니다. 또한 여진이 패배했을 때 산림에 불을 놓았기 때문에 많은 산림을 잃었을 것으로 생각됩니다.

(7) 명, 조선과 여진 : 원을 대신하여 지나에 군림한 명이라는 나라는 지나역대 조정의 전통적인 외교방침으로써 만주에 있는 여진을 회유하려고, 길림방면의 부족에 건주위(建州衛)라 칭하는 군단명(軍團名)을 주고, 그 추장을 지휘사(指揮使)로 임명했습니다. 이 외에 두만강 방면의 여진 각 부족을 회유하기위해 노력하여, 다시 참산(參散 : 북청), 독노올(禿魯兀 : 단천) 등의 여진추장을향해서도 초유(招諭)의 손을 뻗쳤기 때문에, 이씨조선의 정부는 형편에 맞게조치를 취하여 항의하였습니다. 몇 번인가의 우여곡절을 거쳐 명나라는 조선영내에 거주하는 여진에 대한 초유의 손길을 거두었습니다.

그 후 조선 제4대 세종의 6진(六鎭) - 경흥, 온성, 종성, 회령, 경원, 부령 - 개척도, 함북 경원지방 두만강 맞은편 연안의 여진의 한 부족인 올적합족(兀狄哈族)의노략질을 동기로 한 대 평정이었습니다. 평안북도의 압록강 연안지역에 4군(四郡)을 설치한 것도, 동일하게 건주위의 여진에 대비한 것이었습니다만, 결국이것은 폐지되었습니다. 이는 맞은편 연안의 건주위에 있던 여진과, 지나에있던 명에 대한 교섭이 번거롭고 어려웠기 때문에, 우선 완충지대로서 방치한것입니다. 이 상태는 저 명나라가 쇠퇴할 때까지 계속되었습니다.

(8) 청의 건국 : 그 후 여진족은 안주지를 찾아 조선으로부터 만주의 흑도아랍(黑圖阿拉)으로 이주해서 잠시 뒤에 그 부족의 애신각라(愛新覺羅) 씨의 누르하치에 이르러 금이라고 부르는 나라(역사상 후금, 후의 청)를 건국했다는 것은이미 서술한 그대로입니다만, 이 후금의 건국에 의해 조선 역사상 여진과의관계는 일단 해결되어, 국경도 지금의 압록강, 두만강으로 경계하는 데 이르게되었습니다. 그러나 곧 조선은 청국의 침입을 받아 성하(城下)의 맹세를 계기로신사(臣事)하게 되었습니다. 이것은 병자호란이라 하여 조선 제16대 인종 14년(皇紀 2296년)의 일입니다.

(9) 요약 : 다시금 서술합니다만, 고려조는 여진족 때문에 정평이북을 영유하지 못했으나, 우연히 함흥평야를 평정했지만 여전히 정평, 의주 간의 장성을방어선으로 했다는 것은 앞에 서술했던 대로입니다. 이조에 들어와서도 압록강,

두만강 기슭에서는 여진족의 진압이 그 주요한 일이었고, 여진족이 대통일하여 청나라가 생기고서야 여진족에 의한 문제는 해결되었습니다만, 이번에는 이름을 바꿔 청나라에 신사하게 되었고, 이조말기 즉 明治 9년 강화도조약이 맺어졌을 때부터 국내에는 청에 의지하는 사대당과 일본을 배경으로 하는 개화당, 독립당 사이에 알력이 생겨 이윽고 청일전쟁이 일어나고, 이어서 러일전쟁, 한일합병이라는 역사적 전개를 보는 데 이르렀습니다. 반도에서의 여진족과의 문제는 간단한 것 같으면서도 복잡하고, 부분적이었던 것 같으면서도 전체적인 것이었습니다.

4. 그 민족성과 문화

금이라는 나라를 건설한 여진에 관해 다음과 같은 기술이 있습니다. 지나의 근본사료인 『24사(二十四史)』 중 『금사(金史)』와 기타자료에서 재료를 채집하여 정리하였으므로 그대로 인용합니다. 이것은 광도(廣島)고등사범학교 조교수 급천의우위문(及川儀右衛門) 선생의 연구와 관련된 것입니다.

금을 건국한 여진족은 사람들이 용감해서 말 타고 활 쏘는 일에 뛰어나고 어려움을 잘 참았다. 사는 집도 거의 땅을 파내려간 것이고, 화폐가 없이 물물교환을 하고, 의약을 몰랐기 때문에 중병에 걸린 사람은 산야에 버렸다. 또한 무격을 믿어 순사(殉死)의 풍속이 성행하고, 부모형제가 죽으면 아들형제가 그 처를 취하는 것은 흉노와 같아 일부다처였다. 지나의 북반부를 점령한 후에는 문화를 전해 받아, 태조(太祖)는 제자(諸子)로 하여금 한문과 경사를 배우게 하고, 또한 완안희윤(完顔希尹)에게 명하여 여진문자를 만들게 했다. 그 병사제도와 같은 것도 처음에는 병력이 적었기 때문에, 각 부(部)의 장성한 자는 모두 병사가 되고 부장(部長)을 패동(孛堇)이라 불렀다. 그리하여 경보가 있으면 명령을 본부 및 각 부(部)의 패동(孛堇)에게 명을 내려 병사를 징발하고, 각 부(部)의 패동(孛堇)에 대해서는 전시에 병사가 적으면 모극(謀克)이라 부르고, 많은 자는 맹안(猛安)이라 불렀다. 금의 태조는 다른 부(部)의 힘을 빌려

도움을 받았다고 하여 거병 후에 내속한 자에게도 모두 맹안과 모극을 주었고, 한인(漢人), 요인(遼人)에게도 이것을 주어서 대성하는 데 이르렀다.(박문관(博文館) 발행, 『참고동양사(參考東洋史)』, 340~341쪽)

고상구길(高桑駒吉) 씨의 저서인 『지나문화사강화(支那文化史講話)』 제6장에는, 금의 법제가 다음과 같이 서술되어 있습니다.

금의 옛 풍속에 의하면 가벼운 죄는 태형을 유릉(柳菱)을 써서 하고, 사람을 죽이거나 도적질하고 겁략한 자는 그 뇌를 쳐서 죽이고, 그 집과 재물을 몰수해서 십 분의 사를 관에 납입하고, 십 분의 육을 피해자에게 보상하고, 그 집안사람을 노비로 삼고 그 친족은 소와 말, 잡물로 보상하는 것을 허락했다. 그리고 그 감옥은 땅을 여러 장(丈) 깊고 넓게 파서 만들었다. (공립사(共立社) 발행, 동서(同書), 26쪽)

금의 옛 풍속이라고 되어있으므로 여진족 고유의 풍속이 틀림없습니다. 여진의 문자에 대해서는 상원척장(桑原隲藏) 박사의 저서인 『증보동양사교수자료(增補東洋史敎授資料)』에 비교적 상세하게 서술되어 있습니다. 일부 발췌하자면,

여진문자의 성질은 아직 충분히 연구되어지지 않았다고 해도, 지금까지 알려진 바에 의하면 표음문자도 있고 표의문자도 있으므로 일률적으로 단정할 수 없다. (중략)
여진문자에 대해서는 프랑스인 테베리아, 라쿠베리 및 우리나라의 백조(白鳥) 박사 등이 일찍이 연구에 착수한 적이 있는데, 백조(白鳥) 씨의 연구는 明治 31년 11월 및 12월의 『사학잡지(史學雜誌)』에 거란, 여진, 서하문자고로서 게재되어 있으니 일독해 볼 만하다. 단, 지금 보면 어느 것이나 불충분한 것은 말할 것도 없다.
여진문자의 연구에서 한 시기를 구분지은 것은 독일의 그루베 씨이다. 이 사람은 명대의 사역관(四譯館 : 외국문서의 번역을 관장하고, 겸하여 번역생을

양성하는 곳)에서 편찬한 『화이역어(華夷譯語)』를 얻어서 그것을 연구했고, 서력 1896년(明治 29년)에 『여진의 언어 및 문자』라고 불리는 책 한권을 공표했다. 이어서 영국의 붓셀 씨는 서력 1898년 연대비[宴臺碑 : 여진의 국서를 한데 모았기 때문에 국서비(國書碑)라고 한다. 또 하남성 개봉부 연대(河南省 開封府 宴臺)라는 지방에 있기 때문에 연대비(宴臺碑)라고도 한다. 이 비는 오랫동안 일부만 전해졌지만, 내가 明治 41년 지나지방을 여행할 때 고심해서 개봉부 성내의 문묘 중에서 이것을 발견했다.]의 탁본에 관해 연구한 결과를 발표했고, 여진문자의 진상을 일부 밝혀냈다.(이하 생략, 동경 개성관(開成館) 발행, 동서(同書), 248~249쪽)

이씨조선에서는 여진인을 야만인이라고 불렀습니다. 조선 측의 통사류 등에, 자주 "피발(披髮)의 풍속은 모두 관대를 씌우고, 금수의 행동은 고치고 예의의 가르침을 익혀서 국인(國人)과 상혼하고, 부역 납세하지 않고 추장에게 사역하는 것을 부끄러워하여, 모두 민(民)이 되기를 바란다."라고 되어 있습니다. 이조 초기의 여진의 상태였던 것 같습니다.

신진학자 이인영 씨는 「선초여진무역고(鮮初女眞貿易考)」라는 논문을 발표했는데, 씨는 무역의 본질을 연구하여, 경성(鏡城), 경원의 무역소에 관해 논했고, 그 주요무역품인 말, 모피, 금은보석, 철, 면포, 종이 등에 대해 상세한 설명을 시도하여, 결론으로서 다음과 같이 서술하였습니다.(원문은 조선어)

요약하자면, 여진인은 수렵에 의존하여 획득한 자연물을 조선에 가져오는 데 대하여, 조선은 주로 그들의 일상생활에 필요한 가공물을 제공하였다. 그러나 상호간의 무역은 말할 것도 없이 그들에게 중대한 일이라 해야 할 것이다. 그뿐만 아니라 그들이 변경에 이르러 소금과 양식을 억지로 달라고 했을 때에도 역시 이것을 후하게 주었다. 이는 모두 그들이 국경에 침입하지 않게 하기 위함이었다. 세종대왕(이조 제4대)이 여진인을 평하여 "人面獸心, 上國招安, 朝雖賞以金帛蓄必肆跳梁之心 …… 雖云投化其心難測不可仁義說也" (필자주 : 『세종실록』 권87, 19년 8월 갑자(甲子)조 참조)라고 한 것과 같이 고려태조가 "北藩之心 人面獸心 飢來飽去 見利忘恥 禽獸服事 向背無常"(필자

주 : 『고려사』 권2, 세가 14년조 참조)라고 말한 것, 이 조선인의 공통된 여진관
도 새삼스레 그들의 문화정도 및 지리적 환경을 생각하건대 어찌 동정하지
않을 수 있겠는가.(『진단학보(震檀學報)』 제8권 수록)

라고 되어 있습니다.

5. 그 유적과 유민

여진족의 문화가 당시의 한족(漢族), 발해인(渤海人), 한족(韓族)에 비교해
조금 뒤떨어져 있었던 것은, 그들이 활쏘기와 말 타기를 잘하는 기사인(騎射人)으
로 무력을 믿었던 것에 비추어보아도 상상할 수 있습니다.

금의 왕국시대의 유물 외에 ─ 그것도 극히 소수입니다만, 우리의 눈을 끄는
것은 별로 남아있지 않습니다. 지나에 군림한 청과 같은 나라도 한족의 문화에
압도되어, 청의 문화라고 하는 것도 만주인 고유의 것은 아닙니다. 단지 만주인이
정치상의 지배권을 가졌기 때문에 한족에게까지 변발의 엄격한 명령을 내려서
그 위엄을 세운 정도였습니다.

여진문자로 인정되는 금석문은 겨우 지나 본부(本部)에 2개, 만주에 3개,
조선반도에 2개가 있고, 반도의 것은 함북 경원의 사지(寺址, 현재 조선총독부박
물관 보존)와, 우리 함북의 북청 속후면 창성리의 해안에 있습니다. 후자는
보통 마애비(摩厓碑)라고 부르는 것입니다. 이 비는 성곶산성(城串山城)의 오래
된 보루에 가까운 총석(叢石) 중 하나의 자연석에 새겨진 것으로, 높이는 8척
5촌, 좌변은 7척, 우변은 9척으로 글자가 새겨진 면은 종(縱)로 4척, 횡(橫)로
2척, 한 글자의 크기는 약 2촌, 크기는 같지 않고, 석질은 화강암, 글자가
새겨진 총계는 약 45~46자, 모두 오행, 여진대소(女眞大小) 양자(兩字) 중에서,
소자(小字)에 속하는 것이라고 합니다. 도엽(稻葉) 박사는 이 비문을 해독하고,
"원말 여진인의 입석관상제명기(立石觀賞題名記)"라고 단정했습니다.(『청구학

총(靑丘學叢)』2호 수록 「북청성곶산성여진자마애비고석(北靑城串山城女眞字摩涯碑考釋)」참조)

이외의 금석문으로서 「여진문자경(女眞文字鏡)」이 2면 조선총독부 박물관에 보존되어 있습니다. 함흥부내의 골동품 애호가 사이에 여진의 기와나 여진문자가 들어간 항아리조각이나 여진무기의 일부라 하는 것들을 보게 됩니다만 아직 명확하지 않은 듯합니다. 필자는 회령 출장 때에 회령 도자기의 부흥으로 유명한 최면재 씨로부터 흥미로운 그의 연구를 일부 들었습니다. 고문헌에 흔히 사기동(砂(沙)器洞)이라든가, 사견동(砂(沙)見洞)이라든가 하는 것이 있는데, 옛날의 가마터가 남아 있는 것이라고 합니다. 전자는 대개 얇은 것, 후자는 두꺼운 것으로, 사(砂)가 자기(磁器), 사(沙)가 도기(陶器)라고 합니다. 씨의 생각으로는 얇은 쪽이 토착민이 제조에 관여하였고, 두꺼운 쪽이 아무리 봐도 여진인이 제조한 것으로 생각된다고 하였습니다. 장래 실물 출토품을 증여해 주신다고 약속하고 헤어졌습니다만, 실물과 문헌에 기초하여 연구하지 않으면 안 됩니다.

도엽(稻葉) 박사가 「함남여행담(咸南旅行談)」안에 서술해놓은 서도리의 이씨, 성대면의 온씨, 니곡면의 동씨 등은 모두 여진인이 귀화한 자손 가운데, 명망 있는 집안으로 발전해온 것입니다. 서도리의 이씨에 대해서는 간단하게나마 이미 기술한대로이지만, 어째서인지 그 자손은 그 선조를 지나의 송의 충신인 악비(岳飛)의 후예라고 말하고 있습니다. 완전히 조선인화 되어 계도도 문기도 구비도 남기지 않은 경우가 많은 여진인의 일이므로, 문헌의 기록 이외의 출토품으로부터 그 문화를 고찰하는 것은 매우 어렵지 않을까 생각합니다. 필자는 함남산림회 발간의 『임성(林聲)』제4권 제3호(昭和 12년 7월 발행)의 「함남과 그 향토색」이라는 졸고의 안에, 함흥 중심의 이름 짓는 관습의 일례-유명(幼名)의 한 글자에 어머니의 성을 사용한 것을 선주민 또는 이족(異族, 여진?)의 유풍이 아닐까 생각한다고 서술했습니다만, 아직 어떠한 학문적 근거가 없는 억측입니다. 혹은 풍속에서부터 방언에서부터 어떠한 풍속이 남아있는 말을 얻을 수 있을지도 모르지만, 면밀한 연구 없이는 단언할 수 없습니다. 그리고 함북의 회령, 부령, 경성(鏡城), 온성, 경흥의 5부(五部)에 산재한 29개 특수부락의

재가승(在家僧)은 여진족의 후예로, 다른 부락과 교제도 하지 않고, 결혼도 근친결혼을 하고, 언어도 반도인과 다른 것 등이 일찍부터 학자들 사이에서 주의되어 온 것입니다만, 작년인 9년 함경북도 당국에서는 총독부학무국촉탁 가등권각(加藤灌覺) 씨에게 의뢰해서, 학술적인 탐사를 수행했다고 합니다. 머지않아 그 연구보고가 세간에 발표될 것 같은데, 자못 기대를 받는 학계요망 중 하나입니다.(昭和 12년 9월 11일, 12일, 22일 『경성일보(京城日報)』 기사 참조)

(『朝鮮山林会報』 제177호, 1939.12)

圖書館의 充實

    관북의 중심인 우리 함흥은 역사상으로 보아 유서있는 오랜 도회인 동시에 겸하여 근년공업의 발흥으로 신흥도시의 면목을 갖추고 있다. 부정(府政)이 실시된 지 만 십여 년에 모든 시설이 다른 선진도시에 비하여 손색이 없을만치 정비되었으나 아직껏 그 충실을 보지 못하고 있는 것이 함흥도서관이다.

    도서관이 문화시설상 한 치장거리가 아니고 대중교육상 절대 중요한 것임은 새삼스레 말할 필요가 없다. 함흥도서관이 옛날 상품진열관의 한방을 빌어 고고(呱呱)의 소리를 낸 지도 이미 십유여 년인데 향교로 현재의 경찰부장 관사 자리에로 전전하기 몇 번에 아직도 독립한 건물을 가지지 못하였고 따라서 전임관장 사서(司書)의 임명을 보지 못하였으며 장서(藏書)의 수효도 삼천에 미만임은 함흥도서관이라는 이름으로 보아 빈약하기 짝없고 대함흥의 면목상 창피한 존재라 아니할 수 없다. 그러니 야간 공개 연중무휴까지에도 아직도 전도가 요원한 느낌이 없지 않다. 이것이 함흥 일반지식계급인사의 여론임을 필자는 의심치 않는다.

    그러면 우리는 오직 이 책임을 함흥부 당국에게만 맡길 것인가. 당국의 선처도 바라려니와 무엇보다도 일반부민의 분발 각성이 또한 필요치 않을까 함이 필자가 여론의 여론에 호소하는 본뜻이다. 대함흥에 부끄럽지 않은 큰 도서관─특색 있는 향토도서관, 누구나 자유로이 지식의 충족을 위하여 이용할 수 있는 이 문화기관의 충실이야말로 오늘 함흥으로써 긴급히 고려할 과제인 줄로 믿는다.

필자 함남고녀 교직(『조선일보』 1940.2.14.)

高麗 好太王碑에 關한 明治 年間의
2~3개 刊本에 관하여

    만주국 통화성(通化省) 집안현(輯安縣) 통구(通溝)는 고구려 중대(中代)의 도읍지 터로, 일찍부터 호태왕(好太王)의 비 때문에, 최근에는 고분벽화의 발견 때문에 잘 알려져 있다. 비는 7m 정도의 거비(巨碑)이며, 상세사(上世史)의 결루(缺漏)를 보완하는 귀중한 고고학적 사료이며, 그 서체가 중후고아(重厚古雅)한 풍치가 풍부한 한(漢)나라 예서(隷書)의 분서(分書)이기 때문에, 귀중하게 여겨야할 서도학(書道學)상의 본보기임은 주지의 사실이다. (호태왕의 완전한 시호는 국강상광개토경평안호태왕(國岡上廣開土境平安好太王)이며, 그 연호를 따서 영락태왕(永樂太王)이라고도 한다.)

    호태왕비의 발견, 탁본이 전해진 유래에 대해서는 지내굉(池內宏) 박사의 논고(昭和 13년 10월, 일만문화협회(日滿文化協會)에서 발행한 『통구(通溝)』상권에 실린 「통구의 유적에 대한 학술적 조사」, 「광개토왕비」)에 상세하게 서술되어있다. 光緒 2년(明治 9년) 청나라의 관월산(關月山)이라는 금석 애호가에 의하여 황폐해진 풀숲 안에서 발견되어, 번조음(潘祖蔭)·성욱(盛昱)·영희(榮禧) 등의 학인(學人)들에 의해 탁본이 제작유전(製作流傳)되었다고 하는데, 영(榮) 씨의 탁본이 우연히도 明治 17년(光緒 10년) 관명을 받아 통구(通溝)를 여행한 육군포병 대위 주개경명(酒匂景明) 씨의 손에 들어가, 우리나라에 전해진 것이다. 주개(酒匂) 대위의 탁본은 이윽고, 횡정충직(橫井忠直) 씨의 「고구려비출토기(高句麗碑出土記)」(明治 22년 2월, 아세아협회 발행 잡지 『회여록(會餘錄)』 제5집), 관정우(菅

政友) 씨의 「고구려호태왕비명고(高句麗好太王碑銘考)」(明治 24년, 『사학잡지(史學雜誌)』 제22~25호), 나가통세(那珂通世) 박사의 「고구려고비고(高句麗古碑考)」(明治 26년 『사학잡지(史學雜誌)』 제47~49호), 삼택미길(三宅米吉) 박사의 「고려고비고(高麗古碑考)」(明治 31년, 『고고학회잡지(考古學會雜誌)』 제2편 제1~3호) 등에 고석(考釋), 논증하여, 조선의 상대사(上代史) 연구에 기여하는 바가 매우 컸다.[나가(那珂) 박사의 「고비고(古碑考)」는 大正 4년 8월, 대일본도서주식회사(大日本圖書株式會社) 발행 『나가통세유서(那珂通世遺書)』에, 삼택(三宅) 박사의 「고비고(古碑考)」는 昭和 4년 10월, 문학박사삼택미길(三宅米吉)저술집간행회 발행의 동서(同書) 하권, 昭和 4년 10월 강서원(岡書院)에서 펴낸 『고고학연구(考古學研究)』에 수록되어 있다.]

지나(支那)에서는 고비(古碑) 발견 이래, 주로 서도계에서 사랑받았을 뿐이고, 光緒 26년(明治 33년)에 이르러서야 정문작(鄭文焯) 씨의 「고려국영락호태왕비석문찬고(高麗國永樂好太王碑釋文纂攷)」라는 발표가 있었던 것에 비추어볼 때, 사학(斯學) 연구의 기운을 연 주개(酒匂) 대위의 공적은 실로 큰 것이라 하지 않을 수 없는 것이다.

주개(酒匂) 대위의 호태왕비 탁본이 전해진 후의 明治 연간의 연구문헌은 전술한 바와 거의 같지만, 필자의 작은 문고에는 또한 다음과 같은 간본 소책자가 있다.

　　㊀ 「고구려고비(高句麗古碑)」『고비석문(古碑釋文)』
　　㊁ 『고구려영락태왕고비(高句麗永樂太王古碑)』
　　㊂ 『고구려영락태왕고비(高句麗永樂太王古碑)』 再版

㊀은 明治 22년 6월 3일 출판, 아세아협회에서 편집하고 발행되었다. 종(縱) 20.2, 횡(橫) 13cm의 화철본(和綴本)이며, 목차는 없지만, 그 내용 권두에 원비문 글자크기의 집자로 '구려고비(勾麗古碑)'를 가로로 쓴 1매를 장식하였고, 회사(繪寫)한 탁본 22매(이상 사진 석인(石印)), 고구려고비석문(高勾麗古碑石文) 5매(활인(活印))로 만들었다. 필자는 불행히도 아직 『회여록』 제5집을 살펴볼

기회를 얻지 못하였기 때문에 단언할 수는 없으나, 발행소가 같은 곳인 점, 『회여록(會餘錄)』보다 4개월 늦게 출판된 점, 무엇 때문인지 알 수 없으나 활인된 해석문 5매의 판심(版心) 부분이 전부 잘려나가, 다른 종이로 보수되어 있는 점으로 미루어 볼 때 『회여록(會餘錄)』의 별쇄(횡정(橫井) 씨의 출토기를 제외한)이거나 그 단행본임에 틀림없다고 생각한다. (혜시(惠示)를 기다린다.) 어쨌든 호태왕비를 선전하기 위한 학술적인 출판이었음에는 이의가 없을 것이다.

㊀㊂은 마찬가지로 국판(菊版) 가철(假綴)로 만들었고, 초판이 明治 41년 11월, 재판이 明治 42년 2월에 출판되었던 모양이다. 편자도 발행소도 적혀있지 않지만, 서문이라고 해야 할 「고구려영락태왕묘비(高勾麗永樂太王墓碑)」 끝에 연월일이 적혀 있다. 그 내용은

　　　초판본
「고구려영락태왕묘비」 1~5쪽
「축사(縮寫)탁본」 6~7쪽
「고구려영락태왕비석문(釋文)」 8~15쪽
「고구려고비고」 횡정충직(橫井忠直) 16~18쪽
「각서참고(各書參考)」 19~27쪽
「고구려영락태왕묘비란언(高勾麗永樂太王墓碑讕言)」 영희(榮禧) 28~32쪽
「고석(考釋)」 33~40쪽

　　　재판본
(「압로라가(鴨露羅家)」의 석인(石印) 일엽(一葉) 원문크기) 권수(卷首)
「고구려영락태왕묘비」 1~5쪽
「고구려영락태왕비석문」 6~13쪽
(이하 초판본과 동일한 면이 38쪽에서 끝남)

본서는 초판의 묘비에 대해 일러둔 것처럼,『회여록』 제5집에 실린 사진석판을 목판으로 만들어, 그 해석문과 횡정(橫井) 씨의 「고비고」를 싣고, 아울러

청나라 사람 영희(榮禧) 씨의 일문(一文)을 붙여서 한 책으로 만든 것이다.

이 초판본은 이미 지내굉(池內宏) 박사에 의해 소개되었다. 『통구』 소수(所收)의 「광개토왕비」 논고 중에, '明治 41년 간행, 편자불명의 소책자 『고구려영락태왕고비』'(47쪽 주15)라고 되어있는 것이 바로 이것이다. 삼택(三宅) 박사가 이 간본을 잘못 파악한데다가 잘못된 논단을 답습하고, 한걸음 나아가 확정한 데 대해 지내(池內) 박사는 '심한 엉터리'라고 주장하였는데(34쪽)―만일 이것이 엉터리라면, 『통구』 발행 이전의 시기에도 질책 받아야할 학자가 있을 터인데― 도 불구하고 본서에 수록된 영희(榮禧) 씨의 「묘비난언(墓碑讕言)」을 이용하고 있다(36쪽). 본서를 간행한 취지는 묘비의 1절(4쪽)에

> 이 비는 중외(中外)의 서예가, 역사가가 귀중히 하지 않을 수 없는 것이지만, 안타깝게도 그 소재지가 멀고 교통이 편리하지 않으며, 더구나 비면이 오랫동안 물이 심하게 흐르는 곳에 있어 요철이 심하고 훼손된 곳이 적지 않으며, 이것을 탁본하기에 비용은 많이 들고 성공한 일은 적기 때문에 그 탁본이 아직도 천하에 유포되지 못했다. 현재 우리나라에 존재하는 것은 제실박물관(帝室博物館) 소장본을 제외하면 겨우 한 둘에 불과하다고 한다. (초판, 재판) 明治 22년에 발행된 구(舊) 아세아협회 『회여록』 제5집에 이 비의 사진석판을 게재하였지만 그 책이 이미 절판되어 또한 쉽게 구할 수 없다. 이에 여기에 그 일부를 목판에 붙여 원래 비의 글자체 일반(一斑)을 보이고, 뒤에 그 해석문과 횡정충직(橫井忠直) 씨가 엮은 「고구려고비고」를 싣고, 함께 청나라 사람 영희(榮禧) 씨의 「고구려영락태왕묘비난언」을 붙여서, 이것을 안팎의 동호인들이 열람할 수 있도록 제공할 뿐이다. (초판)
> 明治 22년에 발행된 구(舊) 아세아협회 『회여록』 제5집에 이 비의 사진석판을 게재하였다. 그러나 이 책은 원래 박물관이 소장한 탁본에 의거한 것이라 자체에 다소 장식을 입혔기 때문에 오히려 원형을 훼손한 곳이 적지 않아, 그것을 가지고 원 비의 진상을 살피기에는 충분치 않다. 더구나 그 책은 지금은 이미 절판되어 다시 구하기 어렵다. 하략(下略) (재판)

라고 되어 있고, 권말에 실린 광고에

고구려영락태왕고비 탑본(榻本) 예약 모집
불초 대삼송사랑(大森松四郞)이 내년 2월 하순 중요한 임무를 띠고 통화(通化) 지방을 여행하던 중 회인현(懷仁縣)에도 들러 차구(岔溝)에 있는 고구려 영락태왕의 고비를 탁본하여 널리 동호인에게 나누어 드리려 합니다. 따라서 탁본을 얻고자 희망하시는 분은 아래의 방법에 따라 신청서를 작성하여 이 단에 광고된 곳으로 보내주십시오.

예약방법
― 체재 상급의 중국 종이를 사용하고, 청나라제의 먹으로 탁본함.
― 대금 한 부에 30원
― 신청기한 明治 42년 2월 15일까지 아래의 두 사람 중 한 명에게 신청
(이하 생략)

또한 재판본의 말미에도 동일하게 예약모집광고가 게재되어 있는데, 그 초판본의 것과 다른 점은 여행기일이 '내년 2월 하순'에서 '올해 4월 상순', 신청기간이 '明治 42년 2월 15일까지'에서 '明治 42년 3월 31일까지' 된 것 외에, 대가에 대해서 '단, 신청자 예정의 수를 초과할 때는 25원 내지 20원 정도로 내린다.'고 되어있는 것과, 찬조원으로 견양의(犬養毅), 한천철치(早川鐵治), 두산만(頭山滿), 덕부저일랑(德富猪一郞), 중촌부절(中村不折) 등의 명사 15인의 이름을 덧붙인 것이다. 요컨대 본서는 탁본 예약 모집의 취의서를 대신하는 프린트로, 학술적 출판은 아닌 것이다. 초판 간행 후 2월에 재판을 낸 것은 예약 응모자가 적었거나, 또는 여행자의 사정에 의한 것이었을 것이다. 과연 몇 명의 응모자를 모집했는지 알 방법이 없지만, 찬조자의 면면이나 그 수를 보아도 실패는 하지 않았을 것이다.

大正 2년 가을, 관야정(關野貞) 박사, 금서룡(今西龍) 박사의 일행은 통구(通溝) 방면의 정밀조사를 실시했는데, 관야(關野) 박사의 「만주 집안현 및 평양 부근에 있는 고구려 유적」(大正 3년, 『고고학잡지(考古學雜誌)』 제5권 제3, 4호), 『조선고적도보(朝鮮古蹟圖譜)』 제1책에 실린 사진(도판 제163~342)과 같은 책의 해설(18~33쪽), 금서(今西) 박사의 「광개토경호태왕릉비에 대하여(廣開土境好太王

陵碑に就て)」(大正 4년 10월『정정증보 대일본시대사(訂正增補大日本時代史)』
고대(古代) 부록, 昭和 12년 4월, 근택서점(近澤書店) 발행『朝鮮古史의 硏究(朝鮮
古史の硏究)』수록) 등은 당시의 조사결과이다. 관야(關野) 박사는 호태왕비에
대하여

> 비석 옆의 초가에 초□도(初□度)라는 사람이 살며, 비를 탁본하는 일을 업으로
> 삼고 있다. 그 말을 들어보면, 그는 지금 66세로 30년 전부터 이곳에 살았고,
> 당시 지현(知縣)의 명을 받아 탁본을 하려 했는데, 비면에 이끼가 끼어있어
> 불로 이것을 태우니, 돌의 가장자리가 떨어져나가고 석면이 매우 거칠어져
> 탁본의 문자가 분명하지 않아 10년 전부터 문자의 주위의 사이에 석회를
> 칠하고, 이후 매년 석회로 곳곳을 보수한다고 여기에 대해 상세히 조사해보니
> 문자의 사이에는 석탄을 칠하는 것뿐만 아니라, 때때로 글자의 자획을 보완하
> 거나 전혀 새롭게 석회 위에 문자를 새기는 사람도 있다. 그럼에도 불구하고
> 이러한 보수는 대개 원 글자를 틀리지 않은 것 같다. 그렇지만 절대적으로
> 신뢰하기는 어렵다.(『고고학잡지』제5권 제4호, 2쪽)

고 하였고, 금서(今西) 박사는 "이 비문을 사료로 역사를 고증하고자 하는
자에게는 깊은 경계를 요한다."(『조선 고사의 연구』, 455쪽)고 했다. 탁본을
보수하기 시작한 해는 大正 2년보다 10년 전인 明治 36년경일 것이고, 해마다
속도를 더하여 보수가 행해졌다고 하면, 그 대삼(大森) 씨의 明治 42년경에
전해진 탁본은 어느 정도 신용할 수 있을 것이며, 또 어떤 공헌을 학계나
서도계에 했을까 하고 흥미롭게 생각하고 있다.─혹시 필자가 소장한 탁본이
대삼(大森) 씨 관계의 것은 아닐까 하는 억측도 하고 있기 때문이다.

(『書物同好會會報』제13호, 1941.9)

『吏文襍例』小考

일찍이 고(故) 전간공작(前間恭作) 선생은 「이두편람에 대해서(吏讀便覽に就て)」라는 논고를 잡지 『조선(朝鮮)』제165호(昭和 4년 2월호)에 발표했었는데, 그 한 구절에

　이 책(『이두편람(吏讀便覽)』)의 간행 전에 『이문잡례(吏文襍例)』라고 하는 목판의 소책자가 민간에서 만들어지고 있었다. 그것은 이두를 사용하는 통상의 문기장첩(文記狀牒) 류의 서식용 문례를 모아둔 것이다. 그래서 보통 사용되는 이두는, 그 안에서 볼 수 있다. 실용 면에서는 대강 정리된 책이긴 하고, 간본으로서 민간에서 꽤 귀중하게 여겨졌던 것 같다. 최근 반세기 동안 성행한 방각(坊刻)의 『유서필지(儒胥必知)』는 이 『이문잡례』를 감본(監本)으로 한 것이다. 『유서필지』는 용문례(用文例)를 『이문잡례』에서 그대로 옮겨 싣고, 처음과 끝에 약간의 문례(文例)를 첨부하고, 권 말미에 '이두휘편(吏讀彙編)'이라는 제목을 달아서 이두의 용어를 부록으로 실었다. (중략) 그래서 지금부터 조선조 500년을 되돌아보면, 결국 이두관계의 책으로 간본된 것은 『이문잡례』와 이 책과 『유서필지』 세 부 외에는 없으므로, 이두문자의 문헌으로서의 이 책의 지위는 자연히 알 수 있다.(47~48쪽)

고 서술되어 있다. 소창(小倉) 박사는 『증보조선어학사유서필지(增訂朝鮮語學史儒胥必知)』의 해설 한 구절에

　본서(『유서필지』)는 본서 전에 간행되었던 『이문잡례』라는 책을 감본(監本)으

로 한 것이다.(같은 책, 111쪽)

이라고 되어 있는데, 소창(小倉) 박사는 주를 붙여서, 앞에 서술한 전간(前間)
선생의 논고에서 취한 취지를 이야기하고 있다.

『이문잡례』가 『유서필지』의 감본으로서 이두문헌인 것과 관계없이, 현재
유포되는 양은 적은 것 같다. 동양문고 조선본 분류목록에

　　『이문잡례』 조선刊 1책

이라 되어 있는데(33쪽), 이것은 전간(前間) 선생 기증본의 하나로 『동양문고십
오년사(東洋文庫十五年史)』, 691~724쪽 중 701쪽 참조) 이것이 필자가 주목한,
잡례가 유일하게 공포된 예이다. 수년 전 조선고어연구가 양주동 씨가 평양숭실
전문학교 교수였을 때 주최한 「조선어학도서전람회출품목록(朝鮮語學圖書展
覽會出品目錄)」(고서의 일부) 이문류(吏文類, 昭和 10년 간행) 중에

　　『이문잡례(吏文雜例)』 사본 1책
　　보상(報狀) 소지등제혈(所志等諸頁)로 된 『이문잡례(吏文雜例)』 『이상거관훈범
　　부록(李相居官訓範付錄)』.

이라(19쪽) 되어 있는데, 이것은 양씨가 저자가장본(著者家藏本)에 의한 사본을
출품한 것이다. 덧붙이자면, 목록의 서명에서 '잡(雜)'은 '잡(襍)', 해설에서
『이상거관훈범(李相居官訓範)』은 『이상국거관훈범(李相國居官訓範)』이라고
해야 한다.

『이문잡례』는 각본사주쌍변판(刻本四周雙邊板) 광종(匡縱)22.0cm, 횡(橫)
14.2cm, 반엽(半葉) 10행, 행(行) 당 30자, 판심(版心)에는 정수(丁數)만 기입되어
있다. 내용목차는 보상식(報狀式)·소지식(所志式)·상언식(上言式)·중인동추식
(重囚同推式)·결송입안식(決訟立案式)·매득사출식(買得斜出式)·이관하첩식(移
關下帖式)의 7례 9매에, 『이상국거관훈범』 5매를 부록으로 한 소책자 한 권이다.

이 책에 언문의 대역을 표시한 이두 188어가 있지만, 이것을 내용목차별로
세면,

보상식	84어
소지식	43어
상언식	11어
동추식	29어
입안식	18어
사출식	3어
계	188어

가 된다. 처음에는 많고, 끝에 갈수록 적은 것은 중복된 부분에 읽는 방법을
붙이지 않았기 때문이다. 과학적 분류법은 아니지만, 시험 삼아 언문의 행순으로
분류하자면,

가행	10어
나행	5어(이 중에 아행공통의 것 한 개 단어를 포함)
다행	15어(이 중에 자행에 들어가야 할 단어 한 개를 포함)
라행	2어
마행	6어
바행	10어
사행	5어
아행	78어
자행	18어
차행	38어
계	188어

가 된다. 그 중에 쓰는 방법·읽는 방법이 같은 것은

2회 중복되는 것 2어

3회 중복되는 것 4어

로 보이므로, 중복된 부분 19어를 빼면 169어가 된다. 이것을 소창(小倉) 박사가
조사한

『어록변증설(語錄辨證說)』(현종조의 사람 이규경 저) 수록 이두어휘 19어
『나려이두(羅麗吏讀)』(이의무 저 乾隆 54년) 동 172어
『유서필지』(편자 및 연대불명) 동 230어
『전율통편(典律通補)』(부록)(정조조의 사람 구윤명 저) 동 129어

註1 『향가 및 이두의 연구(鄕歌及吏讀の硏究)』, 295~296쪽에 의한 것이다.
또한 『유서필지』의 어휘 수에 대해서 점패방지진(鮎貝房之進) 선생은
『잡고(襍攷)』 제6집 상권 昭和 9년 1월 간행된 4장에 243개 단어라고
하였다.

에 비교하면, 『이문잡례』의 어휘 수는 『유서필지』, 『나려이두』 다음으로,
『전율통편』・『어록변증설』에 비해 우수한 것을 알 수 있다. 이 책이 이두문헌으
로서 가치가 있는 것은 어휘의 풍부, 그 중에 독특한 것의 유무, 또는 쓰는
방법・읽는 방법의 다른 예의 유무 등에 따른 것이겠지만, 필자는 불행히도
그 방면에는 문외한이어서, 우연히 이 책을 소장하고 있으면서도 아직 어떠한
연구발표도 하지 못한 것은 이러한 까닭이다.(필자는 수년 전 조선어학회 주최의
전람회에 본서를 출품하여, 전문가에게 연구를 권한 적이 있다.) 구안자(具眼者)
의 질정을 바라며, 약간의 예시를 보이겠다.
葉作＝엽질(斜只置演冊名), 紙筒上＝지동자, 上納陳省＝진성(上納□狀之名을
가리키는 것), 反同＝번동이라고 되어 있는 것은, 혹은 본서의 독특한 기재방식이
아닐까 생각되어, 更生＝가싀아(『향가 및 이두의 연구』, 312쪽(14) 참조), 爲白內
等＝하삷알든(동서(同書), 323쪽(43) 참조), 소창(小倉) 박사가 드물게 사용된다고
주장한 無亦＝엄스른견이여(동서(同書), 346쪽(101) 참조)가 본서에 있는 것,
始叱＝비록(동서(同書), 394쪽(222) 참조), 易亦＝안윽혀(동서(同書), 406쪽(253)

참조) 등은, 앞에 쓴 『어록변증설』 외 세 권의 책과 용례를 달리하는 것들로, 是齋=이제와 같이 박사는 『난중잡록(亂中雜錄)』에서 인용했을 뿐이지만 『향가 및 이두의 연구』, 450쪽(356) 참조), 본서에 수록되어 있다. 그 외, 先可=이직(동서 (同書), 392쪽(215) 참조), 向前=아전(조선총독부 중추원 편찬 『이두집성(吏讀集成)』, 63쪽 같은 조 참조) 등은 다른 용례이거나, 아직·안전의 오기일 것이다. 확실한 오인(誤印)으로 생각되는 것으로는 不多=알든은 안들이어야 하는데, 같은 책에서 無不多=업스론안들이라고 읽는 것을 통해서도 알 수 있고, 召吏는 召史라고 해야 하는 것은 말할 것도 없다. 일부러 이두를 예로 들면서 읽는 방법을 붙이지 않은(예 : 節該와 같이) 것은, 편자의 부주의라고 해야 할까?

점패(鮎貝) 선생은, 그 『고저잡고(高著雜攷)』 제6집 상권 「속문고부서연월일례(俗文攷附書年月日例)」에서

이문(吏文)의 읽는 방법, 쓰는 방법 및 주석, 쓰는 법 등에 관한 저서는 심히 수가 적다. 아마 서리(胥吏)의 집에는 오래전부터 내려온 전래본이 있었겠지만, 지금은 최근의 것만 있다. 동경 동양문고(東洋文庫)에 순조조 춘방(純祖朝春坊)의 간행에 관한 『이토편람(吏吐便覽)』이 있다고 하는데 경성(京城)에서는 아직 발견하지 못했다. 지금 시대불명의 『유서필지』라고 하는 한 책짜리 판본이 세간에 유포되어 있다. (이하 생략)

이라고 서술하였다. 이두문헌이 부족하므로, 『이문잡례』와 같은 소책자가 이 소고를 계기로 하여 더욱 세간에 주목받아, 탐색되고 연구된다면 필자와 같이 전문가가 아닌 자가 당돌하고 참월하게도 집필한 죄가 조금은 용서받을 수 있을 것이다.

昭和 17년 8월 4일 함흥 동영문고 서실에서
(『書物同好會會報』 제17호, 1942.9)

3.
연희대학 교수 시절(1945~1950)

『儒胥必知』小考

이두문헌으로서 가장 널리 알리어지고 가장 많이 유포된 것은 아마도 『유서필지(儒胥必知)』일 것이다. 그럼에도 불구하고 그 편자와 간행 연대에 관하여는 아직도 불명으로 되어 있다. 지금까지 발표된 이 책에 대한 해제를 살펴보면

① 조선총독부편 『조선도서해제(朝鮮圖書解題)』서기 1919년(大正 8년) 3월 사이에 통편(通編)을 상언(上言), 격쟁원정(擊錚原情), 소지류(所志類), 단자류(單子類), 고목류(告目類), 문권류(文券類), 통문투(通文套), 이두휘편(吏頭彙編)의 8목(目)에 분(分)하여 그 서식 숙어들을 비재(備載)하였다.(동서(同書), 446쪽. 이 책은 서기 1932년 8월刊 재판과 1944년 11월刊 3판이 있는데 해제 내용은 꼭 같다.)

② 전간공작(前間恭作) 저 「吏讀便覽에 就하여」 잡지 『조선(朝鮮)』 제165호 서기 1929년(昭和 4년) 2월호 소재(所載)의 일절(一節)에 "최근 반세기간에 성행한 방각(坊刻)의 『유서필지』는 『이문잡례(吏文襍例)』를 감본(藍本)으로 한 것이다. 『유서필지』는 용문례(用文例)에는 『이문잡례』를 그대로 이재(移載)하고, 수미(首尾)에 약간 문례(文例)를 첨록(添錄)하였으며, 권말(卷末)에 이두휘편(吏頭彙編)이라고 제(題)하여 이두의 어휘를 부재(附載)하였다. 그 어휘는 이 책(吏讀便覽을 가리킴)의 이두 문자와는 다른 유전본(流轉本)에 기(基)하였는데 그것도 통례(通例)의 속본(俗本)으로 더구나 이재(移載)하는데 문자의 교합(校合)조차 충분치 못하다. 『이문잡례』의 이재(移載)에도 동양으로 문자와 편차에 착오가 있다. 이두(吏讀)라고 할 것을 이도(吏道)라는 글자로 쓴 것을 보아 책의 조잡함이 대개 추지(推知)될 것이다.(동지(同誌) 47~48쪽, 『이문잡

례』에 관하여는『서물동호회회보(書物同好會會報)』제17호 서기 1942년 9월간 소재 졸고「『이문잡례』소고(『吏文襍例』小考)」참조.)

③ 점패방지진(鮎貝房之進) 저『잡고(雜攷)』제6집 상편 속문고부서(俗文攷附書) 년월일 예(例) 서기 1934년(昭和 9년) 1월간 일절(一節)에 이문의 읽는 법 쓰는 법과 주석(註釋) 작례(作例) 등에 관한 저서는 심히 요요(寥寥)하다. 아마도 서리의 집에는 오랜 전래본이 있었을 터이나 지금에는 최근의 것뿐이다. 동경 동양문고에 순조조 춘방(春坊)의 간행인『이토편람(吏吐便覽)』이 있다고 하나 경성에서는 아직 발견되지 않았다. 이제 시대 불명의『유서필지』라고 하는 한 책의 판본이 세간에 유포되어 있다. 내용은 각종 문서의 작례(作例)를 보이는 동시에 이토(吏吐) 일자류(一字類)로부터 칠자류(七字類)까지 243어(語) 를 거두었다. 또 이 밖에 이토를 분류, 그 읽는 법을 기재한 사본 2, 3종을 수장하고 있으나 어느 것이나『유서필지』와 대동소이한 것이다."(동서(同書), 사정(四丁) 내외.)

④ 소창진평(小倉進平) 저『증정조선어학사(增訂朝鮮語學史)』서기 1940년(昭和 15년) 5월 간에 간행 연월 불명인데 권말(卷末)에 '이두휘편'이라고 하여 절(節), 이(以), 병(竝) 등 일자류(一字類) 이하 약 230종의 이두를 들고 언문으로 그 읽는 법을 보이고 있다. 본서는 본서보다 앞서 간반(刊頒)된『이문잡례』라고 하는 책을 남본(藍本)으로 하였다.(동서(同書), 310~311쪽. 동인(同人)의 저 『조선어학사』에는 1920년의 초판본과『조선사강좌(朝鮮史講座)』소재(所載) 의 것이 있는데 거기에 실린『유서필지』의 설명에는 다만 "편자 시대 불명"이라 고 간단하게 쓰여 있을 뿐이다. 이상 ①~④는 모두 일본문으로 쓰인 것을 필자가 직역한 것이다.)

⑤ 최현배 저『한글갈』(正音學) 서기 1942년 4월간에 편자 시대 미상. 권말에 '이두휘편(吏讀彙編)'이라 하여, 한 230가지의 이두를 자수(字數)를 따라 유별하 여, 한글로써 그 읽기를 보였다.(동서(同書), 280쪽)

라고 있음이「유서필지」에 관한 해제로 필자가 우목(寓目)한 그 전부이다. 특히 최현배 선생의『한글갈』에는「유서필지」부록의「이도휘편(吏道彙編)」(선생의 해제에 '이두휘편(吏讀彙編)'이라 함은 의미는 마찬가지이나 원서에는 "도(道)" 로 되어 있다.) 첫 장을 사진판으로 보이고 그 밑에 "철종조 목판"이라고 하여 해제에 "편자 시대 미상"이라 한 것과는 저어(齟齬)되는 듯한 느낌이 없지 않으나, 전강공작(前間恭作)의 "최근 반세기간에 성행한 방각(坊刻)", 점패방지진(鮎貝房之進)의 "시대불명", 소창진평(小倉進平)의 "편자 시대 불명" 또는 "간행 연월 불명"이라고 하였음에 비하여 진보적 단정이라고 보이는 바 다만 거기에 아무 설명도 없음은 유감이다. 필자가 이 졸고를 집필 중에 최현배 선생을 찾아 이에 대한 시교(示敎)를 청하였던 바『한글갈』에 이용한 판본의 감정에는 이병기, 이인영 두 선생의 힘을 받은 것이 많다 하셨다.

　필자는 청년 서고(書賈)로 조선학과 조선어문 연구에 호학의 벽(癖)을 가진 김익환 군 사택에서 간기 있는 두 책의『유서필지』를 보고 생각하는 바 있어 한남서림(翰南書林) 노포(老舖)의 서고를 뒤져 간기는 없으나마 수종의 이본(異本)을 구입하였고 또한 국립도서관에서 간기 있는 별종본(別種本) 기타를 조사하였다. 그리하여『유서필지』는 간혹 사본(寫本)도 있으나 대부분이 목판 인본으로 그 종류는 대개 다음과 같다.

첫째. 간기(刊記) 있는 것
가. 임신(壬申) 중동(仲冬) 완서중간(完西重刊)(김익환군 장본(藏本))
나. 병오(丙午) 하(夏) 4월 완서계신판(完西溪新板)(김익환군 장본)
다. 明治 44년(신해(辛亥)) 8월 전주 서계서표(西溪書舖) 발행(국립도서관 장본)

둘째. 간기 없는 것
라. 목록 판심에 "유서필지목록(儒胥必知目錄)"이라고 있는 것(필자 장본)
마. 동상 별본으로 판광(板匡)이 다른 것(필자 장본)
바. 목록 판심에 다만 "유서필지(儒胥必知)"라고만 있는 것(국립도서관 장본, 필자 장본)

　이 밖에 최현배 선생이『한글갈』에 사진판으로 보이신『유서필지』도 이상의 제판(諸板)과는 다른 것이고 그 밖에도 찾으면 더 많이 있을지 모르겠다.
　『유서필지』는 모든 학자들의 해제에 보인 바와 같이 이두문으로 된 서식집으로 공문서에 관한 일종의 궤상편람(机上便覽)이다. 그러므로 근년에 대서인(代書人)이나 일반인이 이용한 서식대전(書式大典)과 마찬가지로 이두문 서식용례집(書式用例集)이 어느 시대에 성히 사용되었고 사용됨을 따라 그 출판이 있었을 것이니, 전간공작(前間恭作)이 말한 『이두편람』, 『이문잡례』, 『유서필지』의 인본(印本)은 이에 수응하기 위한 당시의 출판물이었다. 특히 『유서필지』는 전기(前記)『이두편람』, 『이문잡례』의 현존본이 적음에 비하여 간본의 종류도 많거니와 현존본도 상당히 있음을 보아 이용 간행된 연대가 비교적 이조말에 속할 것을 누구나 짐작할 수 있다. 『유서필지』의 개수본(改修本)인 光武 5년(서기 1901년)간의 신식 『유서필지』의 소인(小引)에 편자 신촌자(愼村子)(『조선도서해제』에는 황필수의 저(著)라 하고 그의 호는 혜암(惠菴), 창원사찰 도정(都正) 도순의 아들인데 고종 때에 입사하여 관(官)이 군수에 이르고 순종 때에 몰(歿)하였다고 있으나, 과연 신촌자와 황필수는 동일인인지 소창진평(小倉進平), 최현배 양씨의 해제에도 도서해제의 설을 좇지 않았음을 보아 후고에 미룬다.)는 다음과 같이 술(述)하여 『유서필지』의 수요가 어느 시대에 많았는가를 보이고 있다. 곧

儒胥必知之爲書也 類纂公文文字之關於儒胥者 甲午以前 凡爲儒胥者 苟有事於公文 不得不以是爲 則一自更張以後 文字體制亦隨而變 以若前日之龜鑑 便爲此時之弁髦 然則 爲今日之儒胥者 又不可以長於溫古 有不得以非其知新者 於是乎 彙成一編 以備新式 (下略, ○點은 筆者 加註)

이라고 있어 『유서필지』는 적어도 갑오경장(서기 1894년 일청전역(日淸戰役)이 나던 해)까지 서식(書式) 용례의 일용 편람이었고, 경장 이후에 서양 문물이 수입되고 사회 각반(各般)의 개혁이 있자 국한문 혼용체가 쓰이게 됨에 재래의 이두식 밖에 신식 용례의 주지의 필요를 느껴 신식 『유서필지』의 간행을 보게 되었다. 그렇다고 경장 이후에 전혀 『유서필지』의 이용과 수요가 없었는가 하면 그렇지는 않았으니 경술합병 후 이두문 서식의 필요가 엷어졌음에 불구하

고 그 이듬해에 전주 서계서포(西溪書鋪)에서 신해판(辛亥板) (다)본을 인출(印出)하였음은 기이한 느낌을 주는 동시에 아직껏 수요자가 있었다 함을 상상할 수 있는 것이다. 혹은 같은 서포에서 간행된 임신(壬申) 중판본 (가)본과 병오(丙午) 신간본 (나)본의 원판이 남아 있어 중인(重印)하였는가 하면 그것도 아니니 3판(三板)이 모두 달라 별종의 복각본(覆刻本)이다. 그러므로 『유서필지』 간본의 연대 고증은 갑오경장을 전후로 하여 추정하는 것이 가장 합리적인 것 같이 생각되므로 먼저 간기(刊記) 있는 (가), (나), (다)본을 살피기로 하면 이미 잠깐 말한 바와 같이 완서중간, 완서계신판, 서계서포 발행은 같은 전주 토판으로 유명한 동일 서포의 출판이다. (다)본이 합병 익년인 신해판(辛亥板)인 것은 출간법에 의하여 明治 44년이라고 있으므로 말할 것이 없겠고 중간본 신판본은 물론 합병 이전의 간행이었을 것이니 임신중간(壬申重刊) (가)본과 병오신판(丙午新板) (나)본을 경술합병 이전 갑오경장 전후의 간지에 비준하면 곧 해명될 것이다. 그러나 동일한 서포의 간행인 것과 판에 중간 신간이라 있음을 보아 신판 (나)본을 초판, 중간 (가)본을 재판, 신해판 (다)본을 삼판으로 결정하면 가장 순리일 듯이 생각되나 임신중간(壬申重刊)의 (가)본의 자양(字樣)이 중후한 점, 정연한 것으로 보아 오랜 것임을 알 수 있고 병오신판(丙午新板)의 (나)본이 (가)본의 복각임을 인정하지 않을 수 없다.

(가) 임신중간(壬申重刊)은 고종 9년 서기 1872년으로
(나) 병오신판(丙午新板)은 고종 光武 10년 서기 1906년으로

비정하고 싶다. 혹은 신식 『유서필지』 편자의 소인(小引)에 나타난 것을 참작하여 갑오경장 이전으로 고정하여 임신중간(壬申重刊) (가)본을 순조 12년(서기 1812년) 병오신판(丙午新板)을 헌종 12년(서기 1846년)으로 할 수도 있겠으나 동일 서포(書鋪)의 간행으로 (나)본과 (다)본 사이에 너무도 기간이 있는 것과 「유서필지」 이전에 간행된 춘방판(春坊板) 이두편람이 순조조였음을 참고하여 전기와 같이 모두 고종조의 인행(印行)이라 봄이 타당하겠고 (가)본인 임신판이

중간본이라고 명기되었은즉 그 이전에도 서계서포 발행이 있어 혹은 고종 초년경 혹은 더 올라가 철종조였을는지 모르겠으나, 이것은 동 서포의 초간본이 입수되기를 기다려 고증할 수밖에 없다.

다음에 무간기(無刊記) 제본(諸本)의 간행 연대는 어떻게 비정할 것인가. 무엇보다도 간기 있는 것과 대교(對校)함이 첩경이겠다. 그런데 한 가지 기이한 느낌을 주는 것은 서계판(西溪板) 병오신판(丙午新板) (나)본과 필자의 소장인 목록판심(目錄版心)에 "유서필지목록"이라고 있는 무간기의 (마)본이 전연(全然) 동일판인 것이다. 동일판이면서 32장 외면(外面)에 하나는 다음과 같은

丙午夏 四月　｜完 西｜
完西溪 新板　｜溪 印｜

　　　　　　　　　　　○原著는 縱書이다.

간기가 있고, 다른 하나에는 백지 그대로인데 표지의 지질, 색도 같을뿐더러 제본용 노끈의 색도 같은 붉은 것이고 굵기도 같다. 여기에는 여러 가지 억측도 있겠으나 한 가지의 의문에 붙여 두기로 하고 그 다음에 필자 소장의 판심(版心)에 "유서필지목록"이라 있는 (라)본의 표지에는 묵서로 "유서필지 범례합(儒胥必知 凡例合)"이라 제첨(題簽)하고 한 편에 "庚子 九月 日"이라 부서(附書)한 바 있는데 아마도 이 책이 원장자(原藏者)의 수중에 들어온 연월일 것이다. 판이 서계판 병오신판(丙午新板) (나)본보다는 오래된 것 같고, 원장자 수기의 경자(庚子)를 고종 光武 4년(서기 1900년)으로 보아 서계판 임신중간(壬申重刊) (가)본과 동년대(同年代) 혹은 그 이후의 것으로 생각한다. 다음에 남은 목록판심에 그저 「유서필지」라고만 있는 (바)본인 바 필자 장본(藏本)은 국립도서관본(조 31 7-2)과 동본(同本)으로 표지에 두껍고 질긴 조선 백지에 박인 목각의 제첨(題簽)이 붙은 책이다. 이 책은 간기유무(刊記有無) 독본(讀本) 중 가장 오랜 판으로 보이는 바 필자의 장본은 중쇄본(重刷本)으로 초쇄본의 깨끗한 맛은 없으나 서계판 임신중간(壬申重刊)의 (가)본보다 좀 더 오랜 것임을 일견 인정할 수

있다. 그러나 이것도 복각본임은 그 자양(字樣)과 체재로 보아 그러하다.

이상에 열거한 제본(諸本)의 판광(板匡)과 자양은 거의 비슷비슷하고 행수와 일행의 자수(字數)는 꼭 같음을 보아 어느 모판(母板)이 있어 자주 복각되었음을 알 수 있다. 판광(板匡)이 동일 서책에서도 다소 맞지 않음은 제판자(製板者)의 솜씨가 고르지 못한 데 있었을지 모르나 얇은 조선 지질의 신축에 관계되었을지도 모르겠다. 그러면 필자는 여기에 이러한 가정의 단안을 내리고자 한다. 곧 현재 우목(寓目)한 『유서필지』의 간행 연대는 대개로 고종조에 속하고 이 모든 판이 복각본이며 서계초판(西溪初版)에 있을 것을 미루어 혹은 철종조에까지 소급하리라는 것이다.

마지막으로 『유서필지』의 편자의 불명에 관하여 우고(愚考)를 더하고자 한다. 필자는 일찍이 선배 이병도 경성대학 교수로부터 "종언(從信)하기는 어려우나 사계(沙溪) 김장생(서기 1548~1631)이 『유서필지』의 편자라는 항설(巷說)이 있다"고 들었다. 사계(沙溪)와 『유서필지』 간행연대에 상당한 연대적 차가 있는 것, 내용의 불충분한 점으로 보아 믿기 어렵다. 필자는 다음과 같은 한 가지 억설을 들고 싶다. 『유서필지』의 편자는 아마도 서리계급의 1인이었거나 수인이었을 것이다. 전간공작(前間恭作)이 지적한 바와 같이 『유서필지』는 그보다 앞서 간반(刊頒)된 『이문잡례』를 남본(藍本)으로 하며 용문례(用文例)는 그대로 이재(移載)하고 수미(首尾)에 약간 문례(文例)를 첨록(添錄)하였으며 권말에 이두어휘를 부재(附載)한 바 문자와 편차에 착오가 있고 책이 조잡하다고 평한 만큼 이두문헌으로서 그리 훌륭한 것이 못되는 것만은 사실이다. 그리하여 『유서필지』가 어느 한 유인(儒人)의 편저라 하면 서책 내용의 시원하지 않은 점으로 혹은 그보다도 편자 자신이 서리 계급의 출신으로 실제 정권에는 일종의 세력을 가졌으나 사회제도상 중인계급의 하층에 속하여 양반계급의 문인, 학자처럼 이름을 들기 어려운 처지에 있었음으로서가 아닐까 생각한다. 이것이 수인(數人)의 편집이라도 동양(同樣)일 것이다. 『이문잡례』의 편자가 불명이고 신식 『유서필지』가 신촌자(愼村子)라는 익명 혹은 호로써 실명을 들지 않았음에 비추어서도 그렇게 생각되는 것이다. 일종의 억설이며 『유서필지』의 간행 연대 고증과 아울러 대방의 질정을 바라며 이 졸고를 초함에 있어 국립도서관장 이재욱 씨와 한남서림(翰南書林) 주인 이순황 씨와 청년 서고(書賈)로 필자에게 아낌없이 자료를 제공하여 준 김익환 군에게 깊이 사의를 표한다.

1946년 5월 6일 조(朝) 평동(平洞) 객사(客舍)에서

부 기

『유서필지』 부록의 『이두휘편』에 실린 이두어휘의 수효에 관하여

鮎貝房之進	243어
小倉進平	약 230어
崔鉉培先生	한 230가지

라고 있어 분명하지 않기로 필자가 상고하여 본즉

일자류(一字類)	3어
이자류(二字類)	96어
삼자류(三字類)	52어
사자류(四字類)	48어
오자류(五字類)	25어
육자류(六字類)	5어
칠자류(七字類)	4어
합계	233어

이며 그 밖에 드물게 쓰이는 것으로 11어를 따로이 들었으므로 이것을 마저 합하면 244어가 되나 그 중에는 보통으로 쓰는 것과 동일한 것도 약간 있다.

(『한글』 11권 3호(제96호), 1946)

『華語類抄』 小考

머리말

우리 나라의 외교를 흔히 사대교린이라 하여 중국에 대한 사대와 일본에 대한 교린이 다른 나라에 비하여 많은 자리를 잡았었고, 따라서 이 두 나라에 상관된 문서 왕복 서류도 많이 전하여 온다. 이 두 나라 가운데서도 중국에 대한 외교가 더욱 많아서, 일찍부터 중국말에 상관된 사전이나 독본은 그 수효가 일본이나 그 밖의 다른 나라에 비하여 훨씬 많음을 누구나 잘 아는 바이다.

이제 중국말 사전류의 하나인 『화어류초(華語類抄)』에 대하여 조그마한 생각을 더하고자 함은, 이미 이에 대한 해제나 설명이 없는바 아니나 좀 더 깊은 고찰을 시험하여 그 혼동된 것과 분명하지 못함을 밝히어 보는 것이다.

이미 발표된 해제

조선총독부편 『조선도서해제(朝鮮圖書解題)』에는

『화어류초(華語類抄)』 1책 인본(印本). 지나 항용(恒用)의 물명(物名)을 분류 열기(列記)하고 이에 언문(諺文)으로써 지나음(支那音)과 조선음을 붙인 것이다.(원문 일본어 초판 438쪽, 재판 342쪽)

라고 너무도 간단히 쓰여 있다.

그리고 최현배 선생 저 『한글갈』(正音學)에

> 『화어류초』(1권) 활자본. 이 책은 저자와 연대가 다 불명하다. 그 내용으로
> 보아 『화음계몽(華語啓蒙)』과 무슨 깊은 관계가 있다고 소창(小倉) 박사는
> 말한다. 그 내용은 천문(天文), 시령(時令), 기후(氣候), 지리(地理), 궁궐(宮闕)
> 등의 부문(部門)으로 갈라 낱말을 배열하고, 각 낱말에는 먼저 한자마다 밑에
> 한글로 지나어음(支那語音)을 달고 그 아래에 조선말을 달았다. (동서(同書),
> 289쪽)

라고 한데서 비교적 자세한 설명을 읽을 수 있다. 선생이 소창(小倉) 박사의
말한 바를 끌어 『화어류초』와 『화음계몽(華音啓蒙)』과의 관계에 대하여 '무슨
깊은 관계'라는 어떠한 것일까 하는 호기심으로 선생이 동서에 사진본으로
보여준 『화어류초』 고종조 활자판(필자는 이것을 잠시 갑본이라 부르고자
한다)과 『화음계몽』과를 비교하여 보았으나 나는 불행히 그 관계를 찾을 수
없었다. 그러면 소창(小倉) 박사는 어떠한 해제를 하였는가?

소창진평(小倉進平) 저 『증정조선어학사(增訂朝鮮語學史)』에

> 『화어류초』(1권). 저자 연대 아울러 불명이나 본서 중에 천자문(千字文) 백가성
> (百家性), 천간지지(天干地支), 28숙(二十八宿), 산수(算數) 등에 관한 말의 지나음
> 을 언문으로 기록한 점, 또 「화음정속변이(華音正俗變異)」라고 하여 천자문과
> 백가성 중에서 글자를 추출하여 정속(正俗) 양음(兩音)을 언문으로 기입한
> 점들, 거의 『화음계몽(華音啓蒙)』과 다름이 없고 또 『화음계몽언해(華音啓蒙諺
> 解)』의 일부를 권두에 게출(揭出)한 점들로 볼 때는 본서는 『화음계몽』과
> 깊은 관계가 있는 것 같아 간행 연대도 『화음계몽』과 같은 때이거나 또는
> 그 이후이었으리라고 생각된다.

라고 한 것을 최선생이 끌어 쓴 것인데 여기에 한 가지 주의할 것은 소창(小倉)
박사가 동서에 실은 『화어류초』의 사진판은 최선생이 보여준 것과는 다른

판본(필자는 이것을 잠시 을본이라 부르고자 한다) 인 것이다. 소창(小倉) 박사의 해제는 좀 더 계속한다.

> 본서의 내용은 이것을 천문, 시령, 기후, 지리, 궁궐 등 기타의 부분으로 나누어 각각 이에 속한 말을 배열하고 각 말에는 처음에 지나어를 붙이고 그 아래에 조선어를 붙이어 있는데 전술한 천자문 백가성 「화음정속변이(華音正俗變異)」 등은 서차적(序次的)인 부록이다.(하략, 원문 일본어 동서(同書), 553~554쪽)

라고 있다.

『화음계몽(華音啓蒙)』과 『화음계몽언해(華音啓蒙諺解)』

나는 최현배 선생이 『한글갈』에서 보여준 『화어류초』(갑본)과 『화음계몽』과의 사이에는 무슨 관계가 있지 않음을 말하였는데, 소창(小倉) 박사의 해제에는 그 두 책 사이의 관계에 대하여 자세히 설명되어 있을뿐더러 그가 보여준 『화어류초』는 다른 판(을본)인 것을 알았다. 그러면 『화어류초』의 갑을본에 대한 고찰을 하기 전에 먼저 을본과 깊은 관계가 있는 듯한 『화음계몽』과 『화음계몽언해』는 어떤 것인가 살피어 볼 필요를 느낀다.

『조선도서해제』에

> 『화음계몽』 2권 1책, 이응헌 저 인본. 조선에 지나어 통역의 서(書)는 수다(數多)하나 고금의 음성이 변하여 실용에 적합하지 않으므로 이태왕(李太王)때 역관 이응헌이 본서를 저(著)하여 상행(常行) 실용의 지나어(支那語)를 모으고 권미(卷尾)에 따로 천자문, 백가성, 10간 12지, 28숙의 문자를 붙이어 이에 지나음으로 주(註)하여 20년 계미에 개간(開刊)하였다.(동서(同書), 초판 438쪽, 재판 342쪽)

라고 있다. 소창(小倉) 박사는 그의 『증정조선어학사』에

　　화음계몽(2권) 이응헌 光緖 9년 계미(癸未, 서기 1883) 윤태준의 서문의 일절에
　　(전략) "舊有老乞大朴通事譯語類解等書 而華語之各省或異古今亦殊使驛着者 轉相
　　訛語 恐不無鼠璞之混燭盤之謬矣 今李知樞應憲 取常行實用之語 略加編輯 名之曰和
　　音啓蒙 若干字文百家姓並用燕京話 譯之以東諺 開卷瞭然 如置莊嶽 而求齊語 仍復
　　鳩財刊布 其爲初學指南 詳且備矣云云"이라고 있다. 본서는 상하 2권으로 되었고,
　　체재는 '노걸대(老乞大)' 동양(同樣) 문답체(問答體)로 되었으나 내용은 매우
　　근대적으로 변하여 있다. 부록으로 천자문의 지나음, 백가성으로 조(趙), 전(錢),
　　손(孫), 이(李), 주(周) 등의 글자의 지나음, 산수로서 1, 2, 3, 5 등 수자의
　　지나음을 언문으로 붙이고 또 「화음정속변이」라고 하여 천자문과 백가성의
　　어느 말에 대하여 정속(正俗) 양음(兩音)을 부기(附記)하여 있다.(동서(同書),
　　579~580쪽)

라고 있고, 『화음계몽언해』에 대하여 『도서해제』에는

　　『화음계몽언해』 2권 1책, 이응헌 저 인본 언문으로 『화음계몽』에 해제를
　　가한 것이다.(동서(同書), 초판 438쪽, 재판 342쪽)

라고 간단히 설명하였을 뿐, 다만, 여기 주의할 것은 언해에 서(序)나 발(跋)이나
간기(刊記)가 도무지 보이지 않는데 해제자(解題者)는 계몽과 언해가 동일한
저서라고 한 것이다. 다음에 소창(小倉) 박사는 『어학사』에

　　『화음계몽언해』(2권). 서, 발이 없고 조자와 연대도 불명이라 전조(前條) 『화음
　　계몽』 출판 후 얼마 안 되어 저작되었을 것이다. 전조(前條, 『계몽』을 가르침)
　　중에 술(述)한 부록과 부분은 생략하고 본문만 언해한 것이다.(동서(同書),
　　580쪽)

하였으며 최현배 선생은 그의 『한글갈』에

『화음계몽언해』(2권) 활판본, 고종조. 고종 20년에 이응헌의 지은 한어(漢語) 회화서「화음계몽」을 언해한 것. 역자(譯者)와 간년(刊年)이 미상(未詳)하나 혹은 이응헌 그 사람의 번역이라 한다.(동서(同書), 294쪽)

라고 있다. 요컨대『화음계몽』은 중국어학 회화서의 하나로 그 서문에 밝혀 보인 바와 같이 계미년에 이응헌이 지은 것이다. 그 서문을 쓴 윤태준은 헌종 기해(己亥, 서기 1839)에 나서 고종 때 갑신정변(1884)에 좌영(左營) 감독으로 죽은 이고(『도서해제』초판 134쪽, 재판 112쪽『형향록(馨香錄)』조 참고), 저자 이응헌은 헌종 무술(서기 1838)에 난 사람이매(『도서해제』초판 438쪽, 재판 342쪽『화음계몽』조 참고)『도서해제』편자의 말한 대로 계미년은 고종 20년(서기 1883)이 틀림없다.『계몽언해』의 저자도 이응헌이었을 것은 그 책들의 성질로 보아 같은 사람이 언해하였을 것이고 결코 다른 사람의 손을 빌 필요가 없었겠으므로『도서해제』의 의견이 옳다고 본다.

『화어류초』의 이판(異版)과 그 다름

나는 위에서『화어류초』가 갑본, 을본이라고 잠칭(暫稱)한 두 가지 다른 책이 있음을 말하였다. 거기 대한 비교를 하여보면 다음과 같다.

판의 종류		갑본(甲本) 목활자본	을본(乙本) 목각본
판광(板匡)	縱	23.3cm	19.7cm
	橫	16.5cm	15.5cm
반엽행수(半葉行數)		10행	14행
일행자수(一行字數)		2단에 나누어 1단 12자	24자

그리고 중국어의 간음(間音), 중음(重音), 고금음(古今音)의 이동(異同)에 대한 설명이 갑본에는 딴 종이에 인쇄되어 표의(表衣) 안쪽에 붙이어 있고, 을본에는

조금 내용을 달리하여 권두 부록 마지막에 「언자해음(諺字解音)」이라 하여 붙어 있는 것이 다르며, 갑본에 없는 권두 부록이 을본에만 보이고 있어 이것이 『화음계몽』과 깊은 관계를 가지고 있다고 하기에 이른 것이니 천자문, 백가성, 천간지지, 28숙, 산수 합하여 다섯 장, '「화음정속변이」 천자문 백가성' 한장 넉줄이 있고 그 다음에 「화음계몽언해상」이라고 한 것 넉장 반이 있으나 실은 언해 상의 첫머리 대부분과 하의 일부를 연쇄(連鎖)한 것으로 명제에 「언해상」이라고 함은 잘못이겠다. 그리고 그 다음에 「언자해음(諺字解音)」이라고 한 것 넉줄이 붙이어 있는데, 이것이 전술과 같이 갑본에는 좀 내용을 달리하여 표의 안쪽에 별지 인쇄로 붙인 설명에 해당하는 것이다.

『화어류초』 본문은 갑본에는 처음 人장부터, 을본은 이상에 말한 권두 부록 열두 장이 끝난 후에 시작되는데 두 책이 같은 목차로 되어 있어 '천문' '시령' '기후' '지리'를 64목(目)으로 되었으나 설명 형식에 조금 다른 것이 간혹 있다. 예를 들면 다음과 같다.

甲 本	乙 本
篲쥬星싱○ 혜셩 尾이把바星싱	篲쥬星싱○ 혜셩 尾이把바星싱○ 혜셩
陰인冷릉○--ᄒ다	陰인冷릉○ 음닝 ᄒ다

맺는 말

이상에 적은 것으로 보아 『화어류초』라는 중국어록사전에 목활자본(갑본)과 목각본(을본)이 있어, 이것은 흔히 보는 초판 재판정도의 것이 아니고 일본(一本)은 타본에 볼 수 없는 권두 부록을 가지고 있어 이것이 『화음계몽』의 권미 부록, 『화음계몽언해』의 일부를 초략(抄略)하여 옮기어 온 것임을 알 수 있다. 따라서 한가지 더 고찰하지 않으면 안될 것은 활자본과 목각본 인행(印行)

연대에 대한 것이다. 편집된 내용으로 보아 그 어느 것이 먼저 되고 나중 되었다고 단정하기 어려우나 갑본『화어류초』와『화음계몽』,『화음계몽언해』가 똑같은 자체(字體) 똑같은 크기의 목활자인 것 인쇄 용지나 책의 크기가 같은 점으로 보아, 더욱 이 세 책의 표지에 목각으로 새기어 붙인 제첨(題簽)의 글씨가 같은 한 사람의 붓임을 보아『화음계몽』,『동(同) 언해』『화어류초』 갑본은 고종 20년 계미(서기 1883) 간본이라고 믿으매 목각본『화어류초』는 그 부록을 전기(前記)『화음계몽』,『동(同) 언해』에서 가져온 점으로 미루어 좀 더 뒤졌으리라고 생각된다.

　최현배 선생이 목활자본 사진을 보이실 때 소창(小倉) 박사의 보인 목각본(木刻本)에 주의하시고도 이본의 있음을 말씀하시지 않았는지 모르거니와 우리는 일찍이 조선어학회가 훈민정음반포 제488년(서기 1934)에 차린 조선어학 도서 전람회에 출진된 이희승 선생의 두 가지 종류의『화어류초』에 주의할 것이다. 동(同) 전람회 목록 역어류 127, 128에는 간단한 해제가 실리어있었다.(동서(同書), 28쪽) 아마 소창(小倉) 박사는 목각본만을 보고서『화음계몽』과의 관계를 구명하였음에 불구하고 그 이본(異本)있음을 알지 못하여 간행 연대에 대하여 확실한 단안을 내리지 못하지 않았는가 생각된다. 그리고 해제에 나타난 것만으로 미루어보면 최선생도 소창(小倉) 박사의 설을 끌었으되 미처 목각본(木刻本)에 주의하지 못하여 목활자본을 보이면서 분명한 해설을 하지 못한 것이 아니었던가 생각된다. 나의 조그만 이 보조적 소고(小考)가 한글 관계 문헌 해제에 약간 도움이 되었다면 다행이라고 기뻐한다. 이 소고에 사용한 원문은 연전도서 관 성공회문고본과 나의 가장본에 의하였다. 희본에 속하는 것은 아니나 차람을 승낙하여 대조 비교 고구(考究)에 편리를 준 연전 도서관장의 학적 후의에 감사의 뜻을 드린다.

1946년 6월 13일 밤 평동(平洞) 가우(假寓)에서
(『한글』 제97호, 1946)

『儒胥必知』 小考(續)

지난번 졸고에서 『유서필지(儒胥必知)』의 간행 연대를 중심으로 하고 아울러 그 편자에 대한 소고를 발표하였다. 여기에는 그 내용에 관하여 생각하려 한다.

1. 『유서필지』의 내용

『유서필지』는 상언(上言)·격쟁원정(擊錚原情)·소지류(所志類)·단자류(單子類)·고목류(告目類)·문권류(文券類)·통문투(通文套)의 7목(目)으로 나누어 서식의 용례를 보이고 「이두휘편(吏頭彙編)」을 부록으로 붙여 이두 어휘에 한글로 그 읽는 법을 보였다. 그런데 이 책의 중점은 상언(上言) 이하 7목에 있으니 권두 목록에도 통문투까지만 들어 있음을 보아 짐작할 수 있다. 그러나 현재 우리가 이 책을 귀하게 여김은 그 부록인 「이두휘편」에 있으니, 이두 문법으로 보아 가장 많은 어휘를 실었음이다. 그럼에도 불구하고 이 책의 편찬에 있어 그 소루함을 말 아니할 수 없음은 문권류가 끝나자 『유서필지』 권상(卷上)이라 하고 통문투와 부록인 「이두휘편」이 계속하였으나 『유서필지』 권하(卷下)라고 있음을 찾을 수 없으며 「이두휘편」은 일자류(一字類)로부터 칠자류(七字類)까지를 들고 용례(用例)와 한용(罕用) 어휘 약간을 보였는데, 한용 어휘 중에는 이미 「휘편」에 보인 것과 보이지 않은 것이 있어 일정하지 않다. 그리고 이어서 보장식(報狀式)을 들고서 그 끝에 『유서필지』 종(終)이라 하였다. 그러면 여기에 『유서필지』는 완결되었는가 하면 그렇지도 않으니 또다시 중수동추식(重囚同推式)·결송입안식(決訟立案式)·매득사출식(買得斜出式)·이관하첩식(移關下帖式)이 실려 있다.

2. 『유서필지』와 『이문잡례』와의 관계

이두 문헌의 하나로 방각본(坊刻本)인 『이문잡례』란 작은 책이 있어 이에 대하여서는 전간공작(前間恭作)의 「이두편람(吏讀便覽)에 취(就)하여」(잡지 『조선(朝鮮)』 제165호, 1929년 2월호)라는 논고와 졸고 「『이문잡례』 소고」(「『吏文襍例』 小考」, 잡지 『서물동호회회보(書物同好會會報)』 제17호, 1942년 9월)에 소개되었거니와 『유서필지』의 부록인 이두휘편 뒤 끝에 실은 보장식 이하는 『이문잡례』의 일부를 그대로 옮겨온 것이다.

『이문잡례』의 내용은 보장식·소지식·상언식·중수동추식·결송입안식·매득사출식·이관하첩식의 7목으로 되었고 「이상국거관훈범(李相國居官訓範)」을 부록으로 하였다. 그러면 『유서필지』 편자는 『이문잡례』 중에서 소지식·상언식의 두 가지를 빼고 보장식 전부, 중수동추식의 거의 전부, 결송입안식·매득사출식·이관하첩식의 전부를 가져온 것이다. 그리고 「이두휘편」의 한용이두(罕用吏讀) 11어(語)도 『이문잡례』에서 옮겨온 것인데, 그대로 가져 왔으므로 이미 글자 수로 분류한 것과 중복된 편찬상 불용의(不用意)가 보이는 것이다. 『유서필지』가 『이문잡례』 남본(藍本)—원거(原據)로 한 책—으로 하였다 함은 여기에 까닭이 있는 것이다.

3. 「이두휘편」에 대하여

『유서필지』의 현대적 가치는 그 「이두휘편」에 실린 이두 한글 대역(對譯)에 있고, 휘편(彙編)은 다른 이두 문헌─이규경의『어록변증설(語錄辯證說)』이나 이의봉의『나려이두(羅麗吏讀)』나 구윤명의『전율통보(典律通補)』─에 실린「이두휘편」에 비하여 그 수가 더 많은 특색이 있다. 그러나 그 편집에 있어 종래의 일자류(一字類)·이자류식(二字類式)을 답습한 것은 할 수 없거니와 한자 용어와 그 대역(對譯)에 잘못된 것이 있는 것,『이문잡례』를 끌어 오면서 그다지 참고하지 않은 듯한 것 같음은 그것이 편자의 소홀이거나 각수(刻手)의 오조(誤彫)임을 묻지 말고라도 우리는 시정하여 학술적으로 가치 있게 이용하여야 할 것이다.

그릇된 것을 그대로 인용한다면 학문상으로는 하등 효과가 없는 것이다. 필자가 사학(斯學)의 전공 학도가 아님에 불구하고 새로이『유서필지』「이두휘편」 색인을 만든 것은 오로지 문헌을 살리고자 함에 있는 것이다.

부록『유서필지』「이두휘편」 색인

범 례

가. 자획순(字畵順)으로 하고 같은 자획 안에서는 한글의 차례로 하였는데 편의상 『이두집성(吏讀集成)』의 차례를 쫓았다.

나. 한자의 오용, 한글 대역의 잘못된 것은 손톱묶음 ( ) 안에 바른 것을 집어넣었고, 빠진 경우에는 꺾쇠묶음 [ ] 안에 넣었으며 반드시 주를 붙여 설명하였다.

다. 휘편 부기(附記)『이문잡례』의 용례는 참고하지 않았다. 이것은 따로『이문잡례』 이두 색인을 만들고자 함이다.

1획		2획	
乙仍予	을지즈로	卜役	딘역
乙量(用)良 註1	을스아	卜定	지졍
乙良	을안		
乙沙	을ㅅ	3획	

上下	츳아	伴記	별긔
下手	하[슈]註2		
		7획	
4획		更良	가싀아
分叱不喩	쑨이닌지	良中	아히
尤于	더옥(욱)註3	良中沙	아히스
仍于	지즈로	矣身	의몸
尺文	즛문	矣身亦	의몸여
戈只	과글니	矣身耳亦	의몸짜녀
不冬	안들	矣身向爲良	의몸향ᄒᆞ여
不得	모질	矣徒	의늬
不喩	아닌지	矣徒等	의늬등
及良	밋쳐	作文	질문
		作紙	칠지
5획		別乎	벼름
以	으로	役只	격기
加于	더욱	況旀	ᄒᆞ물며
必于	바(비)록 註4		
白是	숣이	**8획**	
白活	발괄	幷	갋
白等	살등	幷囚	갋슈
白齊	살제	幷只	다무기
右良	님의아	使內白	바닌읍
他矣	남의	使內白如乎	바리올다온
		使內乎事	바리온일
6획		知不得	알모질
亦中	여희	歧如	가르혀
在亦	견이혀	歧等如使內如乎	가로(드)리ㅂ리다온
向立	앗드러		가로드혀(려)ㅂ리다은(온)註5
向事	안일		
向前	아젼	的只	마기
先可	이즉	的只乎事	마기온일
有乎事	이시온일	始叱	비라
有亦	이신이여	臥乎事	누운일
耳亦	짜녀		

易亦	아ᄂᆞ혀		9
帖字	쳬ᄌᆞ	是白昆	이ᄉᆞ곤
初如	쵸혀	是白臥乎所	이ᄉᆞ누온바
其矣	져의	是白置	이ᄉᆞ두
其等徒	져드니	是白置有亦	이ᄉᆞ두이시니여
物物白活	갓갓발궐	是如	이다
佸音	다짐	是如乎	이다온
舍音	말음	是在果	이견과
典當以	젼당으로	是亦在	이여건(견)註10
		是沙	이ᄉᆞ
9획		是沙餘良	이사이[나]마註11
段置	단두	是良尒	이아금
是乃	이나	是良沙	이아ᄉᆞ
是乎矣	이오되	是良結	이라져
是乎味	이온맛	是良置	이라두
是去乙	이거늘	是喩	인지
是去有等以	이거이신들로	是置	잇두
是去是乎等以	이거이온들로	是遣	이고
是去是良尒	이거이아금	是隱去向人	인가앗드러
是白乎乃	이ᄉᆞ오나	茂火	지븍너
是白乎味	이ᄉᆞ온맛	便亦	ᄉᆞ의혀
是白乎旀	이ᄉᆞ오며		
是白乎等以	이ᄉᆞ온들노	10획	
是白去乙	이ᄉᆞ거늘	追于	좃초
是白去乃	이ᄉᆞ기(거)나	流伊	흘니
是白去乎	이ᄉᆞ거온	流音	흘님
是白如中	이ᄉᆞ다히	退伊	물이
是白有亦	이ᄉᆞ인(이)신이여 註6	除良	더러
是白有齊	이ᄉᆞ빗져	除除良	더더러
是白在亦(如)中註7	이ᄉᆞ견다히	秩秩以	질질로
是白良尒	이ᄉᆞ아며(금)註8		
是白良沙	이ᄉᆞ아ᄉᆞ	11획	
是白良置	이ᄉᆞ아두	教矣	이ᄉᆞ디
是白沙餘良	이ᄉᆞ사나(남)아 註	教味白齊	이산[맛]ᄉᆞᆷ져 註12
		教事	이산일

教是	이시	爲白去乎	ᄒᆞᅀᆞᆸ거온
教是事	이션일	爲白去等	ᄒᆞᅀᆞᆸ거든
教是白去乙	이시ᅀᆞᆸ거늘	爲白在如中	ᄒᆞᅀᆞᆸ견다히
教是白在果	이시ᅀᆞᆸ견과	爲白在而亦	ᄒᆞ잇(ᅀᆞᆸ)견마리여
教是在如中	이시견다히		註14
教是臥乎在亦	이시누온견이여	爲白在果	ᄒᆞᅀᆞᆸ견과
捧上	빗자	爲白有去乙	ᄒᆞᅀᆞᆸ빗거늘
粗也	아야라	爲白有去乎	ᄒᆞᅀᆞᆸ빗거온
惟只	아기	爲白有亦	ᄒᆞᅀᆞᆸ이신이여
望白良㐌	바라올아금	爲白有如乎	ᄒᆞᅀᆞᆸ빗니(다)온 註
望良白乃臥乎事	바라ᅀᆞᆸᄂᆞᆫ누온일		15
望良白去乎	바라올거온	爲白有如乎事	ᄒᆞᅀᆞᆸ빗다온일
專如	젼여	爲白有在果	ᄒᆞᅀᆞᆸ빗견과
絃如	시오러	爲白有昆	ᄒᆞᅀᆞᆸ
這這	갓갓	爲白有置	ᄒᆞᅀᆞᆸ잇두
這這侤音	갓갓다짐	爲白如加	ᄒᆞᅀᆞᆸᄯᅡ가
		爲白如乎	ᄒᆞᅀᆞᆸᄯᅡ온
12획		爲白如教	ᄒᆞ여라다이션
爲巴只	ᄒᆞ두룩	爲白良	ᄒᆞᅀᆞᆸ아
爲去乙	ᄒᆞ거늘	爲白良㐌	ᄒᆞᅀᆞᆸ아금
爲去乃	ᄒᆞ거나	爲白良以	ᄒᆞᅀᆞᆸ양으로
爲去乎	ᄒᆞ거온	爲白良沙	ᄒᆞᅀᆞᆸ아ᅀᅡ
爲去等	ᄒᆞ거든	爲白良結	ᄒᆞᅀᆞᆸ아져
爲去等易亦	ᄒᆞ거든이닉여	爲白良喩	ᄒᆞᅀᆞᆸ안지
爲白乃等	ᄒᆞᅀᆞᆸ옵든		ᄒᆞᅀᆞᆸ알지
爲白乎	ᄒᆞᅀᆞᆸ온	爲白良置	ᄒᆞᅀᆞᆸ아두
爲白乎在亦	ᄒᆞᅀᆞᆸ온견이여	爲白沙餘良	ᄒᆞᅀᆞᆸᄉ나남(아)註
爲白乎矣	ᄒᆞᅀᆞᆸ오되		16
爲白乎事	ᄒᆞᅀᆞᆸ온일	爲白昆	ᄒᆞᅀᆞᆸ곤
爲白乎所	ᄒᆞᅀᆞᆸ온바	爲白臥乎味	ᄒᆞᅀᆞᆸ누온맛
爲白乎㫆	ᄒᆞᅀᆞᆸ오며	爲白臥乎事	ᄒᆞᅀᆞᆸ누온일
爲白乎弟亦中	ᄒᆞᅀᆞᆸ[온]제여히註	爲白等	ᄒᆞᅀᆞᆸ등
	13	爲白置	ᄒᆞᅀᆞᆸ두
爲白乎喩	ᄒᆞᅀᆞᆸ온지	爲白遣	ᄒᆞᅀᆞᆸ고
爲白去乙	ᄒᆞᅀᆞᆸ거늘	爲白齊	ᄒᆞᅀᆞᆸ져

爲乎	ᄒ온		업스론안들
爲乎乙所	ᄒ올쌔	無乎事	ᄒ시(어오)온(른)
爲乎矣	ᄒ오되		일
爲乎良以	ᄒ온양으로		업스온일 註20
爲乎弟如中	ᄒ온제여히	無亦	어오이여 註21
爲乎味	ᄒ온미(맛)註17		업스른(로)견이여
爲乎所	ᄒ온바	最只	안즛기
爲乎㫆	ᄒ오며	惠伊	져즈러
爲只爲	ᄒ기암		
爲如良	ᄒ여라	13획	
爲在	ᄒ견	新反	식로이
爲行如可	ᄒ엿다가	斟酌	짐작
爲有去乙	ᄒ잇거늘	當爲	다(당)ᄒ여 註22
爲有如乎	ᄒ잇짜온		
爲有置	ᄒ잇두	14획	
爲有置有等以	ᄒ잇두이신들로	貌如	갸로혀
爲良結	ᄒ올아져	貌如使乃良如水	즛바리다이산
爲良置	ᄒ아두註18		즛다부리다이사
爲沙	ᄒᄉ		
爲昆	ᄒ곤	15획	
爲所	ᄒᆞᆫ바	節	지위
爲臥乎	ᄒ누온	適音	마참註23
爲臥[乎]等以用良註19	ᄒ누온들로써라		
爲㫆	ᄒ며	16획	
爲是遣	ᄒ잇고	樣以	양으로
爲等良	ᄒ드러	導良	드디여
爲喩	ᄒ지		
爲齊	ᄒ제	17획	
進叱	낫드러	擬只	시기
	나드지		
進賜	나이리	18획	
無不冬	어오로일	題音	제김

주해(註解)

1. 乙良良이라고 있음은 乙用良의 잘못이니 대역(對役)에 "으스이"로 있음을 보아 그러하다. 『정토사조탑기(淨兜寺造塔記)』·『대명률』에 그 예를 많이 볼 수 있다. 소창진평(小倉進平) 저 『향가 및 이두의 연구(鄕歌及吏讀の硏究)』(이하 "소창(小倉) 저"라고 함) 428쪽 참조.

2. 下手 — "햐"라고 있어 한 자(字) 결자로 되어 있다. 마땅히 "햐슈"로 읽어야 할 것은 소창(小倉) 박사도 주의한 바 있었는데 (소창(小倉) 저 460쪽 참조) 졸장(拙藏) "吏文"과 『이문잡례』에도 "햐슈"로 예시 보여 있다.

3. 尤于 — "더옥"은 "더욱"의 잘못이다. 다음의 5회 加于 — 더욱의 例로 보아도 알 것이다. 이에 대하여는 소창(小倉) 박사도 주의한 바 있었다.(소창(小倉) 저 409~410쪽 참조.)

4. 必于 — 바록은 "비록"의 오각(誤刻)일 것이다. 소창(小倉) 박사는 "비록"으로 끌었으나 (소창(小倉) 저 460쪽 참조) 필자가 본 『유서필지』에는 모두 "바록"으로 되어 있다.

5. 『전율통보(典律通補)』에 岐等如 — "가르트러"로 읽었고 『이문잡례』에 其等徒 — 저드내로 읽었다. "等"자가 있는 이상 "가로드리" 혹은 "가로드려"로 읽는 것이 마땅하다.

6. 是白有亦 — "이솝인신이여"는 "이솝이신이여"일 것이니 12획 爲白有亦 — "ᄒ숍이신이여"의 예로 보아서도 그러하다.

7. 是白在亦中 — "이솝견다히"는 是白如中으로 고칠 것이니 12획 爲白如中을 "ᄒ숍견다히"로 읽었음을 참고할 수 있다. 소창(小倉) 박사는 『유서필지』에 是白在亦中이 "이솝견이여"로 읽혀 있다고 하였으나(소창(小倉) 저 364쪽.) 필자는 찾을 수 없었다.

8. 是白良旀 — "이솝아며"는 "이솝아금"일 것이니 "旀"는 "며", "旀"는 "금"으로 읽는 것은 결정적이다.

9. 是白沙餘良 — "이솝사나아"는 "이솝사남아" 또는 "이솝사나마"일 것이니, 12회 爲白沙餘良 — "ᄒ숍ᄉ나아"도 또한 잘못되었다. 是沙餘良을 『이문(吏文)』과 『나려이두』에서는 "이산나마"로, 『전율통보』에서는 "이사나마"로, 『이문잡례』에서는 "이사남아"로 읽었음을 참고할 것이다.

10. 是亦在 — "이여건"은 "이여견"이라 읽을 것이다. 『전율통보』에 望良白乃臥乎事

是亦在를 "ㅂㄹ옴내누온일이여견"이라고 있음을 참고할 것이다. 소창(小倉) 박사가 『유서필지』에 是亦在—"이여견"이라 읽었음은 (소창(小倉) 저 405쪽.) 이판(異板)인지 모르겠으나 필자가 본 제본(諸本)에는 모두 "건"으로 오각(誤刻) 되어 있다.

11. 是事餘良—"이사이마"는 "이사남아" 또는 "이사나마"의 잘못이다. 주8 참조. 소창(小倉) 박사는 그의 저서에 『전율통보』·『나려이두』의 대역(對譯)만을 인용하고 『유서필지』의 것을 끌지 않았음은 "이사이마"의 잘못이 있었기 때문인 듯하다. (소창(小倉) 저 385쪽.)

12. 教味白齊—"이산숣져"는 "이산맛숣져"일 것이다. 『전율통보』에 "이샨맛숣져"로 적혀 있다.

13. 爲白乎弟亦中—"ㅎ숣졔여히"는 "ㅎ숣온졔여히"로로 읽을 것이니 乎는 "온"·"으"로 읽는 것이다.

14. 爲白在而亦—"ㅎ잇견마리여"는 "ㅎ숣견마리여"로 고칠 것이다. "ㅎ잇"은 "爲有"임을 보아 그러하다. 소창(小倉) 박사는 이에 주의하지 못하였다. (소창(小倉) 저 435쪽.)

15. 爲白有如乎—"ㅎ숣빗니온"은 "ㅎ숣빗다온"으로 고쳐도 좋으나 혹본(或本)의 "ㅎ숣잇다온"이라 있음이 바른 것이겠다.

16. 爲白沙餘良—"ㅎ숣ㅅ나아"는 "ㅎ숣ㅅ남아" 또는 "ㅎ숣ㅅ나마"로 읽을 것이다. 주10 참조.

17. 爲乎味—"ㅎ온미"는 "ㅎ온맛"으로 읽을 것이니 是乎味를 "이온맛"으로 읽었음을 보아 알 수 있다. 소창(小倉) 박사는 이에 언급하지 못하였다. (소창(小倉) 저 469쪽)

18. 爲良置—"ㅎ아두"임에 불구하고 소창(小倉) 박사는 『유서필지』에 "ㅎ야두"라고 쓰여 있다고 하였으나 (소창(小倉) 저 334쪽) 필자가 본 제본(諸本)에는 "ㅎ아두"로 있다. "良"이 연용형(連用形)인 경우에 "아" 또는 "야"로 읽히는 것임에 "ㅎ아두"로도 무방할 것이다.

19. 爲臥等以用良—"ㅎ누온들로쎠라"라고 읽은 바 "爲臥乎等以用良"이라고 쓸 것이다. 더군다나 칠자류(七字類)에 들어 있으면서 6자(字)만이 쓰여 있는 것을 보면 '호(乎)'자가 빠진 것을 알 수 있다.

20. 無乎事—"ㅎ시온일"은 "어오ㅎ일"이라고 고칠 것이니, 『전율통보』에도 "어오란일업다"라고 있는데, 『전율통보』의 "업다"는 연문(衍文)이라고 생각된다.

"無"의 고어(古語)가 "어오"로서 "無亦"을 "어오이여"로 읽었음을 보아도 알 것이다.

21. 無亦 – "업스른견이여"는 "업스로이여"라고 읽을 것이니, "견이여"는 "在亦"으로 잘못인 것을 소창(小倉) 박사는 이미 말하였다. (소창(小倉) 저 347쪽)

22. 當爲 – "다ᄒ여"라고 있음은 "당ᄒ여"로 고칠 것이니, 소창(小倉) 박사가 "당하여"로 끌었으나 필자가 본 「유서필지」 제본(諸本)에는 모두 "다ᄒ여"로 쓰여 있다.

23. 適音 – "마쟘"을 소창(小倉) 박사는 "마참"으로 끌었으나 필자가 본 『유서필지』 제본(諸本)에는 모두 "마쟘"으로 있다. 「이문」에도 "마즘"으로 적혀 있음을 참고할 것이다.

참고서

소창진평(小倉進平) 저   『향가 및 이두의 연구(鄕歌及吏讀の硏究)』
중추원 편   『이두집성』

1946년 8월 8일 고료(稿了)
신촌 사택에서
(『한글』 제99호, 1947)

汲古隨錄

고서 탐독이라는 뜻으로 급고(汲古)라는 숙어가 있다. 필자 감히 이 말을 끌어 쓰기에는 너무도 지나치는 느낌이 없지 않으나 평소 가지고 있는 호학(好學)의 버릇만은 고치기 어려워 근년 봄 상경(上京) 이래 조선학 방면의 청강, 전관견학(展觀見學), 독서, 수서(蒐書), 기타로 오랫동안 굶주렸던 나의 가난한 학낭(學囊)을 채우기에 노력하는 중이다. 아직껏 이렇다 할 성과가 없음은 스스로 부끄러워하여 마지않는 바이나 약간의 촌고(寸考), 촌감(寸感), 촌상(寸想)을 체계없이 엮는 것이 이 수록(隨錄)이다. 대방(大方) 제현(諸賢)의 질정, 교시를 받아 사학(斯學)에 좀 더 나아감이 있기를 꾀한다. 수록을 초함에 앞서 한마디 변언(辯言)으로 하여 둔다.

1. 백련초해(百聯抄解)의 간년고와 그 묵서(墨書)

칠언고시(七言古詩) 중 연구(聯句) 백가지를 뽑아 한글로 그 읽는 법을 보이고 그 뜻을 해석한 것이 『백련초해(百聯抄解)』라고 적은 책이다. 이 책에 대한 고설(考說), 해설로는 아래 기록한 수종(數種)을 들 수 있다.

① 견오백리(覓五百里), 「『백련초해』고설(考說)」, 『국어와 국문학』 1929년 1월호
② 조선어학회, 『백련초해』, 『조선어학도서전람회출품목록』 1934년 10월刊

③ 소창진평(小倉進平), 『백련초해』, 『증정조선어학사』 297~298쪽 1940년
5월刊

④ 이병기, 『백련초해』, 『문장』 조선어문학명저해제 1940년 10월호

⑤ 최현배, 『백련초해』, 『한글갈』 174~175쪽 1940년 12월간

이상의 고설(考說)과 해제를 종합하면 가람 이병기 선생의 소장본 후기에
명시한 바에 따라 『백련초해』의 찬집(撰輯)은 명종 때의 하서(河西) 김인후
(1510~1560년)가 한 것이고 그 처음 인행(印行)은 소위(所謂) 가정(嘉靖) 계해(癸
亥 : 명종 18년, 1563년) 경북 선산판(善山版)으로 일본 동경제국대학 장본(藏本)
은 이 계통에 속하는 것이며 이 책이 일찍이 일본 경도(京都)에서 2, 3차 간인(刊印)
되었다가 享保 19년 갑인(甲寅 : 영조 10년, 1734년)에 또 다시 출판되었음이
견오백리(覓五百里)의 고증으로 말미암아 알려진 바 필자의 추측으로는 임진란
에 많은 서적이 일본으로 건너갔을 제 『백련초해』도 그 하나로 그 지역에서
복각(覆刻) 사용되었고 동경제대본은 그 노략품의 하나가 아닌가 생각된다.
그들의 복각본에는 한글이 제외되었음은 물론이다.

동경제대본 이외의 『백련초해』로 우리가 현재 이 땅에서 볼 수 있는 판본은
두 종류에 지나지 않는 것 같으니 조선어학 도서전람회에 출품되었던 권덕규
선생의 장본은 어느 종류에 속하는 것인지 알 수 없거니와 소창진평(小倉進平)은
전기(前記) 동경제대본 이외에 현 경성대학 예과 방종현 교수의 장본을, 최현배
선생은 현 군정청 문교부 편수관 가람(嘉藍) 이병기 선생의 장본을 사진판으로
보았다. 방교수본과 가람본이 다른 판인 것은 두 책의 행수(行數)가 다른 것만을
보아도 곧 알 수 있다. 그런데 소창진평(小倉進平)은 방교수본 표지 일부에
쓰인 묵서(墨書) '擁正 원년 계묘(癸卯)'(경종 3년 1723년)이라고 있음에 의하여
「그 때쯤」 - 경종조 - 판으로 嘉靖 계해(癸亥 : 명종조 선산판)보다 훨씬 후세의
것이라고 고증하였고 또한 조선어와 한글 맞춤법으로 보아 동경제대본에 비하
여 방교수본은 새롭다고 하였다. 그리고 최현배 선생은 비록 가람본에 김하서
찬집 운운의 문구가 있으나 그 판식(板式), 한글로 보아 명종조판(嘉靖 계해판)이

라고는 할 수 없고 방교수본의 묵서로 미뤄 역시 가람본도 경종조판이리라고
하였다.

　판본 간행 년대 고정(考定)에 간기(刊記)가 있다면 인쇄된 모양을 보아 초쇄이
면 간기 그대로 이겠고 후쇄이면 지질의 감정 기타의 방법으로 달리 고정할
것이나 간기가 없는 경우에는 실로 막연한 때가 없지 않다. 그러할 적에 책을
새로이 구장(購藏)한 이가 세심한 사람으로 구입 년월일을 묵서(墨書)하였다면
이것을 한 자료로 그 책의 인행(印行)은 그 묵서한 년월이거나 혹은 앞섰으리라고
추측할 수 있는 점이다. 근일에 청년 호학 서고(書賈) 김군은 그의 애장중
방교수본과 동일판이면서 다른 묵서있는 것을 고정 자료로서 필자에게 제공하
였다. 겉표지 안짝에

　　桐林山 龍子庵
　　康熙四十九年 庚寅二月二十一日
　　價米六升給買得主朴□□
　　同月同日始學時年十二歲

라고 쓰여 있는 것이다. 같은 판이면서 방교수본보다는 13년이나 앞서 康熙
49년(숙종 36년, 1710년)에 구입한즉 방교수본은 소창진평(小倉進平)이 고정한
것보다 적어도 경종 전대의 숙종조판으로 볼 수 있는 것이다. 그리고 가람본은
방교수본과는 이판(異版)이매 방교수본의 묵서로 미루어 고정할 바는 아닐
것이고 다른 방법을 취하여야 할 것이다. 필자는 김군의 강희묵서본(康熙墨書本)
을 빌어 가람 이선생에게 보이고 가람본과의 간년(刊年) 선후에 대하여 교시를
청하였던 바 서지학에 밝은 선생은 사장(私藏)－가람본이 후의 것이라고 단정하
였다. 그리고 마침 동실 집무중이시던 황의돈 선생과도 함께 강희묵서본의
그 묵서가 매우 재미있음을 서로 말하였었다. 그러면 우리가 아는 범위에서
『백련초해』 판본에는 3종이 있는데 동경제대본이 가장 오랜 嘉靖 계해(癸亥)의
경북 선산판이고, 방교수본과 강희묵서본이 숙종조판이거나 그보다 앞선 판이

겠고 가람본이 경종조보다 좀 뒤진 영조조판이 아닐까 생각된다.

강희묵서본을 그후 필자가 수삼 차 교섭에 교섭을 거듭하여 겨우 가장본(家藏本)으로 진장(珍藏)하게 되었다. 행히 김군에게는 동일판이 또 한 책 있었음이다. 필자가 이 묵서본을 어떠한 방법으로 입수하였는가에 대하여는 한 토막의 삽화가 없지 않으나 공개할 정도는 못된다. 다만 충청도 아산군 동림산 용자암 상좌(上座)로 있던 당시 12세의 소년 박모가 6승(六升)의 쌀을 주고 바꾼 『백련초해』가 그에게 얼마나한 학식을 주었으며 오늘에 있어 같은 책이 필자에게 어떠한 도움이 될지 알 수 없는 것처럼 독자 제현의 상상에 맡기고자 한다.

2. 이두어휘문헌(吏讀語彙文獻)에 대하여

이두의 읽는 법 — 언해(諺解)가 다만 과거의 고문서, 고기록, 금석문의 해독에만 필요한 것이 아니라 근년 울흥(鬱興)한 고어(古語) 연구에도 많은 도움이 되는 것이다. 이두의 어학적 연구에 새로운 개척을 한 이는 우리로서는 심히 부끄러우나 원(元) 경성제국대학 교수 문학박사 소창진평(小倉進平)을 들지 않을 수 없다. 조선총독부 중추원 편찬의 『이두집성(吏讀集成)』(1937년 3월 간)이 이두사전으로 가장 많은 어휘를 집대성한 것이나 독법의 이동(異同), 변천을 보이지 않은 것은 결점이라고 생각되어 약간 두찬(杜撰)이 없지 않은 것 — 애매(曖昧)와 같은 한문숙어를 이두 유사(類似)의 어사(語辭)로 본 것은 어떠할까 일고(一考)를 요하는 바이다.

그러면 이두어휘의 해독 문헌에는 몇 가지 종류가 있는가. 소창진평(小倉進平)이 일찍이 학위논문 「향가및 이두의 연구(鄕歌及び吏讀の研究)」를 발표할 제 그는 이두문헌으로 하기(下記)의

① 『어록변증설(語錄辨證說)』 헌종조 이규경 저 『오주연문장전산고(五洲衍文長箋散稿)』 소수(所收) 사본

②『나려이두(羅麗吏讀)』乾隆 54년 이의봉 저『고금석림(古今釋林)』소수 사본
③『유서필지(儒胥必知)』(간행연대 고정에 관하여는『한글』11권 3호 졸고
  참조) 목판본
④『전율통보(典律通補)』부록 정조조 구윤명 저 사본
⑤『신식유서필지(新式儒胥必知)』광무 5년 신촌자(愼村子) 편 목판본

5종을 들었고(같은 책, 294쪽) 조선어학자 전간공작(前間恭作)은「이두 편람에
대하여(吏讀便覽に就て)」라는 논고(잡지『조선(朝鮮)』제165호, 1929년 2월호)에
이두 문헌의 간본(刊本)으로 하기(下記)

⑥『이문잡례(吏文襍例)』
⑦『이두편람(吏讀便覽)』
  『유서필지(儒胥必知)』

의 3종을 들었던 바 그 후 소창진평(小倉進平)이『증정조선어학사(增訂朝鮮語學
史)』를 지을 제 전간공작(前間恭作)이 제시한『이문잡례』,『이두편람』두 가지를
넣어 7종의 문헌으로 하였으나『이문잡례』의 실물을 보지 못한 관계인지
이에 대하여는 그저 전간(前間)의 논고에서 읽었다고 하였을 뿐이었다.(동서(同
書), 309~310쪽) 1934년 10월에 개최되어 성황을 이루었던 조선어학 도서전람
회 출품목록에

⑧『어록총람(語錄總攬)』

이 실려 있는데 그 중에 이두어휘가 보인다. 大正 년간의 한남서림(翰南書林)
간행의 목판본으로 권위 있는 출판일지는 후일의 연구로 미루고자 한다. 그리고
최현배 선생의『한글갈』에는 소창진평(小倉進平)의 어학사의 보인 ① ② ③
④ ⑤ ⑦을 들고 ⑥인『이문잡례』를 빼고 그 밖에

⑨ 『이문(吏文)』

을 실었다. ⑦ 이두편람에 대하여서는 전간(前間), 소창(小倉)의 해제에 의한 듯 실현되지 못한 뜻이 나타나 있다.(동서(同書), 280쪽) 가람 이병기 선생의 『조선어문학명저해제(朝鮮語文學名著解題)』 가운데 가람 선생의 진장(珍藏)으로

⑩ 『이문대사(吏文大師)』 목판본
⑪ 『이두집(吏讀集)』 사본

이 소개되어 있는 바 이상 11종이 어학자의 연구나 해제에 나타난 것으로 필자의 우목(寓目)한 전부이다.

『이문잡례』는 전간(前間)이 이를 소장하여 『유서필지』의 남본(藍本)임을 발표하였고 그의 소장 조선고서 442부 1761책이 동양문고에 기증될 적에 『이문잡례』도 그의 하나이어서 현재 공적 존재로서의 『이문잡례』는 오직 동양문고본이 있을 뿐이다. 필자 13, 4년 전에 정태진 학우(현 조선어사전편찬위원 연전강사)를 그의 고향 파주로 찾아 농촌의 색다른 맛에 취하여 1, 2일의 한유(閑遊)를 시(試)하였든 바 구가(舊家) 신모(愼某)의 집 벽장 책무더기 속에서 3, 4책 고판본을 찾아 구래(購來)한 것 중에 『이문잡례』 1책이 있었다. 필자는 조선어 전공 학도가 아니므로 그저 가장(架藏)함에 지나지 않으니 조선어학 도서전람회에 견학을 겸하여 출진(出陳)하라는 이윤재 선생의 권유를 받고 빈손으로 무엇하여 당시 함흥에서 일요(日曜)를 이용하여 『이문잡례』『나한소사전(羅韓小字典)』 기타 일점을 가지고 상경하였었다. 방종현 현 서울대학 예과 교수는 그후 『나한소사전』을 역색(力索)하여 소장하게 되자 거기 대한 해제에 필자소장본의 묵서를 인용하였고(『한글』 제3권 4호, 1935년 4월)『이문잡례』는 양주동 현 동국대학 교수의 촉목(囑目)한 바 되어 사본을 작성하였고 그의 명저 『조선고가연구(朝鮮古歌研究)』에도 두어 곳 인용되었다. 필자는 다만 이에 대한 간단한 해제를 초하여 『서물동호회회보(書物同好會會報)』 제17호

(1942년 9월)에 발표한 적이 있으나 빈약하기 짝이 없는 소고였다.

최현배 선생만이 제시한 『이문』에 대하여 선생은 다음과 같은 해제를 붙였다.

『이문』(1권) 편자 년대 미상. 이름은 이문이나 내용은 이두를 들어 그 읽기를 한글로 보인 소책자이다.(『한글갈』 280쪽)

간본(刊本)인지 사본(寫本)인지를 명시치 않았음이 유감이나 선생은 실물을 보신 듯 혹은 소장하시었는지 권두 서문 차람목록(借覽目錄)에는 들어 있지 않다. 필자 우연히 서고(書賈) 이군에게서 이 책을 발견하고 호학이라기 보다도 호기심에 끌려 구장(購藏)케 된 바 가람 선생의 『이문대사』 판본과는 비교할 기회를 얻지 못하여 이에 대한 연구는 후일로 미루거니와 적어도 250년 전경인 판본임을 알게 되었으니 자체(字體)가 전기(前記) 가장(家藏) 강희묵서본인 『백련초해』와 같은 점으로 그러하다.(가람 선생의 장본(藏本)은 가장 『이문』보다 더 오랜 것이라는 선생의 추측인데 선생의 장서는 아직도 고향에 소개(疏開)되어 있다) 전간(前間), 소창(小倉)의 우목(寓目)하지 못한 이두어휘 한글대역(對譯) 문헌 한 책이 최현배 선생으로 소개된 것도 자랑이려니와 다른 문헌과의 대교(對校)로 고어연구에 공헌되는 바 있다. 더욱 다행이겠다.

3. 고전의 골동화(骨董化)

금년 여름 7월 14일 본정(本町) 해월관(海月館)에서 열린 조선고서화골동(朝鮮古書畵骨董) 입찰 즉매회(卽賣會)에서 고려청자포류수금상감병(高麗靑磁蒲柳水禽象嵌瓶) 1개가 5만원에, 『나옹화상어록(懶翁和尙語錄)』 1부 2책이 6,900원에 낙찰되어 각각 진완대가(珍玩大家)의 손에 들어갔다 한다. 고려자기가 송, 원의 영향을 받아 비상한 발달을 보이니 청자, 백자, 녹자, 천목주 등 각종의 우수한 작품을 산(産)하였을 뿐만 아니라 정려휘호(精麗姸好)한 점으로 송, 원이 따를 수 없는 상감자(象嵌瓷)와 같음은 일찍이 고려도공의 독특한 창작으로 일찍이 고려에 사신으로 왔던 송나라 서긍이 『고려도경(高麗圖經)』이란 저서에 "陶器色之靑者 麗人謂之翡色 近年以來 製作工巧 色澤尤佳"라 하였음이 중국의 문화를 자긍하는 그들로서의 칭찬임을 생각할 제 오늘에 와서 상감병(象嵌瓶) 1개에 5만원의 값이 많다고 하기는 어려울런지 모르겠다.

나옹화상(懶翁和尙, 1331~1394)은 고려말의 명승으로 골상이상(骨相異常), 기신영매(機神英邁)하는 바 일찍이 중국에 들어가 서천(西天) 지공(指空)에게 도를 배우고 귀국하여 불법을 널리 펴 드디어 왕사의 지위에 올라갔고 '대조계선교도총섭근수본지중흥조풍복국우세 보제존자(大曹溪 禪敎都摠攝勤修本智重興祖風福國祐世 普濟尊者)'라는 긴 이름을 받았다. 그의 유저 여판본(麗板本) 2종이 점패방지진(鮎貝房之進)의 진장(珍藏)한 바 되어 그 1종이 경성제국대학 도서관에 양여되고 그 나머지 『나옹화상어록』 1부 2책이 해방 후 남의 손에 넘어 갔다가 이번에 입찰된 것이다. 소위 골동적 가치로는 고적(古籍)이 고서화(古書畵)만 못하고 고서화가 고도자(古陶磁)만 못하여 고적이 애완(愛玩)의 대상물이 되는 경향은 적었으나 일부 수집가 중에는 실용에 애완을 겸하여 고가를 주고 고전을 입수하는 경향이 보인다. 고전은 비장함으로 가치가 높아 가는 것이 아니고 연구발표하여 학계에 유익을 줌으로 그 가치가 많아지는 것이니 모름지기 수집가 고전의 골동화를 스스로 경계하여 학도에게 제공 연구하게 하는 아량을 보이어 고전의 사장을 피할 것이라고 필자는 우고(愚考)한다.

1946년 7월 30일 고(稿)
연희 신촌 사택에서

4. 희우시응제사온도(喜雨詩應制賜醞圖)에 대하여

가장(家藏) 중에 『희우시응제사온도(喜雨詩應制賜醞圖)』한 책이 있다. 종(縱) 42.5cm, 횡(橫) 25.5cm. 보통 책자가 아닌 접본(摺本)이다. 그 내용은

도면	3쪽
응제신(應製臣) 명부	1쪽
응제희우시(應製喜雨詩)와 사상전(謝上箋)	9쪽
발문	4쪽

으로 7쪽의 여백을 두었다. 그 유래는 『응제사온도』의 발문을 짓고 쓴 김좌명의 글에 자세하니 그 첫머리에

> 我 聖上 卽位之四季 壬辰春 逾月不雨 麥枯而損畊不以時 上念民事 夙夜憂遑 痛相剋責冀天怒之弛 至三月十六日丁亥 靈貺果應 甘霔霈然 翌朝上親降玉札 命題喜雨詩五七言律 押豊民二韻 ……

이라고 있음을 보아 알겠는바, '성상 즉위지사년 임진'은 김좌명이 인조 효종 현종 3대에 역임한 명관이므로, 효종 3년(서기 1652년)이 동왕의 즉위한 지 4년인 임진(壬辰)에 해당한다. 『효종실록』 권8, 3년 임진(壬辰) 3월 무자(戊子, 17일)의 조에

> 時久旱 得雨 上命以喜雨爲題 令銀臺 玉堂 春坊 翰注在直之官 製進五七言律詩 押豐民二韻 召大提學 科次修撰 金徽居首 賜豹皮 胡椒 司書李尙眞 注書鄭晳 都承旨李應著 承旨李弘淵 金佐明 卞時益 弼善李迥 校理李泰淵 兼春秋徐忭 假注書申圭權倫 承旨鄭攸 各賜物有差

라고 있어 『응제사온도』의 사료로서의 정확함을 말하고 있다.

처음 도면은 비록 3쪽으로 되어 있으나, 1장으로 연속될 것인데 11명의 관원이 관복을 갖추고 방석에 앉아 지필연(紙筆硯)을 앞에 놓고 시 짓는 광경인데 3인의 궁정(宮丁)이 사환하고 있어, 그 중의 1인은 주배(酒盃)를 가지고 오며 1인의 관원은 주배를 손에 들고 있다. 김좌명의 발문에 의하면 대제학 윤순지의 고차(考次)로 성적에 따라 상사(賞賜)가 있었고 다음에 사온(賜醞)이 있었다고

하였는데, 도면의 대부(大部)는 시 짓는 광경으로 사온(賜醞)의 전부는 아니다. 짐작컨대 희우시 응제사온을 기념하기 위한 것이며, 더욱 이것을 성첩(成帖)하여 효종에게 봉진한 것이므로 사온의 장면보다는 시 짓는 광경을 그린 것이겠다.

그 다음 응제신의 명부에는 관등의 순서로 이응시를 비롯하여 정유 이홍연 변시익 김좌명 이태연 김휘 이형 이상진 정석 서변 신규 권론 등의 순서로 그 관직·자·생년간지·과거년·본향(本鄕)이 상기(詳記)되었는데 실록에 기록된 순서와는 다르다. 아마 실록에는 그날 시를 지은 성적순에 따른 것 같다. 그 다음에 응제희우시가 게재된 바 서변의 시만이 공간을 남기고 실리지 않았으며, 계속하여 정석의 「응제신등사상전(應制臣等謝上箋)」이 실렸다. 마지막이 김좌명의 그 유래를 기록한 글인데, 특히 그가 『희우시응제사온도』의 도면 이외의 전부를 혼자서 쓴 것은 좌상(座上)인 이응시(세종 7대손, 선조 27년 갑오(甲午) 서기 1594년 생)의 촉탁도 있었거니와, (김좌명의 발문에 명시되어 있다) 그의 필재를 인(因)함일 것이니 『국조인물고』에 박세당의 찬비명을 끌어

筆法遒勁 屢書寶冊

이라고 평하니만치, 응제시 봉진자(奉進者) 13인중 서가(書家)로 후세에 이름을 남긴 이는 오직 이응시, 김좌명 뿐임을 보아 짐작할 수 있다.(오세창 집(輯) 『근역서화징(槿域書畵徵)』 참조)

그러면 이 『희우시응제사온도』는 사료로서 어떠한 가치가 있는가?

① 사온도는 비록 시짓는 광경을 주로한 도면이지만, 효종 3년(서기 1652년) 거금(距今) 약 3세기 전의 그림으로 복식 풍속연구 회화사 상 일자료가 된다.

② 응제시 인명 중에는 후세의 인명사서 사료로서의 관력 생년간지 과거년 기타를 제공하고 있는 것 — 조선총독부 중추원편 『조선인명사서(朝鮮人名辭書)』에는 이응시, 정유, 정석, 신규의 이름이 없으며, 그 밖에도 미비한 것이 있어 그것을 보충하는 바 있다.

③ 실록의 기록과 대조하여 서로 증참(證參)되는 것,

④ 김좌명의 필법을 잘 보이는 서도사(書道史) 자료인 것,

들이다.

끝으로 희우시의 장원으로 뽑혀 표피(豹皮)와 호초(胡椒)의 상사(賞賜)를 받은 김휘의 봉진시를 소개하면 다음과 같다.

好雨霏霏下	憫旱堯眉久不伸
三春占歲豊	天敎甘澍慰斯民
已知天意格	霏微漸鎖千門柳
咸仰聖心通	滴瀝新沾九陌塵
野抃扶犁手	穡事固知關一雨
衢歌擊壤翁	豊秊何況在三春
微臣功盛際	黃童白叟康莊舞
揮筆言難工	聖德還同發育仁

5. 『이문』과 『이문대사』

수록(隨錄) 2(『향토(鄕土)』 제3호) 「이두어휘문헌에 대하여」에서 『이문』과 『이문대사』에 언급한 바 있었으나 그 연구는 후일에 미뤘었다.

그 후 최현배 선생께서 이 두 책을 새로이 구장(購藏)하셨다는 소식을 들고 필자가 아직도 일람조차 못한 『이문대사』를 공람하여 모사 비량(比量)케 되었다. 마침 가람 이병기 선생도 최선생의 진장을 보시게 되어 양서의 간년 비교에 대한 고견도 듣게 되었으므로, 양서에 대한 간단한 소개를 시하려 한다.

『이문대사』는 목판본 사주(四周) 단변판광(單邊板匡) 종(縱) 16.5cm, 횡(橫) 13.5cm, 18엽 반접(半葉) 8행(行) 1행 18자의 소책자로 판심(版心)에 제1접에 '이문대', 제2접에 '이문대사(吏文大士)', 제3접과 제5접 이하 제8접까지가 모두

'이문', 제4접만은 '이(吏)'로 되어 있어 방각본(坊刻本)의 소박성과 무정제상을 보이고 있으나, 권두 권말에 분명히 '이문대사(吏文大師)'로 쓰여 있다. 그리고 정수(丁數)가 기입되어 있는데, 제1접 정수(丁數) 아래 '철이(哲伊)'라고 새겨져 있음은 아마 각공(刻工)의 이름인 듯 흥미 있는 재료로 보인다. 그러나 그 내용은 이문과 동일한 것으로 다만 이문은 한문과 이두를 불문하고 한글로 역법(譯法)을 보였음에, 『이문대사』는 이두에 한하여 독법을 보인 것이 다를 뿐이다.

『이문』과 『이문대사』가 같은 내용의 이두문헌이라면 그 어느 것이 모판(母板)이었겠는가가 문제인데, 둘다 편자와 간년(刊年)을 보이지 않아 현존한 판본으로 미루어 고정한다면 『이문』이 모판이고 『이문대사』가 책명을 고친 복각본(覆刻本)이라고 하겠다. 한 가지 참고되는 것은 『이문』의 판각이 오래고 흐리어서 난독(難讀)의 개소가 있는데, 『이문대사』가 그것을 보충하는 것이다. 지금껏 제 학자의 이용한 이두 문헌이 정조조에 이룬 『나려이두(羅麗吏讀)』(乾隆 54년, 정조 13년 이의봉 저 『고금석림(古今釋林)』 소수 사본), 『전율통보(典律通補)』 부록(정조조 구윤명 저 사본) 두 종류가 최대에 속하는 것이었는데, 확실한 간년은 알 수 없으나 현종 숙종조(서력 1670~1720)를 불하(不下)하리라고 추정되는 『이문』과 그 복각인 『이문대사』가 학계에 제공됨은 이두학 연구상 훌륭하고 진귀한 귀료의 출현이라고 볼 수 있겠다.

6. 학계 근황 1, 2

지난 5월말경 국사관(國史館)의 알선(斡旋)으로 새로이 국사학연구회가 조직되었는데, 창립총회가 끝난 후 이어서 국사관 부관장 신석호 선생의 '재한국일본공사관문서'에 대한 강연이 있어 동관(同舘) 비장(秘藏)의 일본공사관문서 사진의 전시와 아울러 조선최근세사의 새 자료의 제공으로서 의의 깊은 학적 몯음이 있었다. 6월말에는 국립박물관 부관장 이홍직 선생의 '최근 발굴된 고려 벽화에 대하여', 7월말에는 이인영 선생의 '민족사관 수립에 대하여'라는 연구발표가 있어 앞으로 사학(斯學) 발전에 기여한 바 클 것을 믿어 마지 않는바다. 들건대 구왕궁미술관을 중심으로 조선조형문화연구소가 이미 조직되어 국립박물관장 김재원 선생의 '단군신화의 신연구', 연희대학교 교수 민영규 선생의 '신라항마인불상(新羅降魔印佛像)의 연구', 전기(前記) 이홍직 선생의 발표가 있었다고 한다. 바라건대 국립도서관을 중심으로 한 조선서지학회, 국립박물관을 중심으로 한 조선고고학회, 국립민족박물관을 중심으로 한 조선민속연구회가 조직되어 조선의 문화를 여러 각도로 연구 천명할 수 있으면 학계의 큰 다행이라고 생각한다. 마찬가지로 각 대학에서도 사학(斯學) 전공의 교수 학생들이 연구발표회와 학보 발행을 힘써 도모하여, 그렇지 않아도 수준이 저락(低落)된 느낌이 없지 않은 우리 학계의 질적 향상에 공헌하여 주기를 바라마지 않는다.

7월 30일 연대 연구관에서
(『鄕土』 제3·4호, 1946.12, 1947.10)

書痴愚觀錄

1. 서책(書册)과 가권(家眷)을 38이북에 남겨두고 와서

지난 가을 모교의 Y은사로부터 즉시 부임하라는 기쁘고도 황공한 명령을 받았음에 불구하고 18년 동안이나 오래 살아 내게는 제2 고향이 된 H시를 쉽사리 떠나기는 어려웠다. 우선 지금껏 봉직하고 있던 학교의 재건 공작─더구나 공립학교이었던 만큼 일인(日人) 교원이 많았었고 학교를 병사(兵舍)로 빼앗긴 관계로 말할 수 없는 고심을 체험하였다. 그 다음에는 살림살이의 이사 준비인데 38선이 가로막힌 큰 장벽이 미운 것과 어느덧 심동(深冬)이 닥쳐와 가솔(家率)이 함께 떠날 수 없게 된 것이라던가 말 그대로 빈사(貧士)의 살림이었으나 30만혼(晩婚)에 7인의 '똘망이'가 주럭주럭 생기어 거기에 딸린 허접쓰레기 같은 지저분한 의류(衣類) 가구가 정리하기에 눈살이 아팠고 그 중에도 '빚'(負債)을 져가면서 그네들의 날카로운 주의를 피하면서 사학(斯學)만은 놓지 않는다는 바른 큰 뜻을 세워 그 방면의 약간 서책을 가지고 있던 것이 해방 후에도 또한 '말썽'이 붙어 "사람은 가더라도 책만은 못 가져간다", "H시립도서관에 일금 만원에 양여하라." 등등의 불안 공포를 맛보게 되어 그럭저럭한 것이 겨우 지난 2일 초순 입춘이 지나 길도 과히 춥지 않으려나하고 떠난 것이 웬걸 출발 당야(當夜) 척여강설(尺餘降雪)의 축복을 받았고 두께 없는 화차(貨車)에서 이름 모를 기계를 의지삼아 침습하는 매운바람을 막아볼까 하였으나 기어코 발가락이 얼어 한동안 신고(辛苦)하니만치 인상 깊은 독행(獨行)의 상경을 하였었다.

늦게 부임한 까닭에 그동안 학교에는 책임자가 갈리어 취임이 어찌될까 하는 미안과 염려도 없지 않았으나 지극히 너그러운 포용아래 부족하나마 나의 일생을 모교에 맞추려 각오하고 근무중이다. 그런데 상경할 적에 집편(執鞭)의 학도로서 몇 권의 서책을 가지고 왔는가 하면 여러 가지 '데마'가 있어 도중의 검시(檢視)라던가 교통 불편으로 인한 운반 불능으로 놀라지 말라, 전부 4책 - 그나마 '포켓북' 정도 - 였다. 부득이 친지에게서 빌리자니 전문가 이외의 분에게서는 빌어볼 책이 없고 전문가에게서는 그분에게 소용(所用)되고 좌우에 필요한 것만을 사려고도 생각하였으나 미소공동위원회가 불일(不日) 열리면 곧 교통의 장벽이 즉시로 풀리어 빈장(貧藏)이나마 두고 온 책들을 가져올 수 있겠고 또 살 돈도 없는데 그 사이를 못 참아 두벌 살 필요가 없다고 생각하여 그 일주간의 사흘을 국립도서관에서 교수(敎授) 준비와 연구에 나머지 사흘을 학교에서 역시 준비와 강의에 이용하였다. 특히 국립도서관에서는 관장의 후의로 서고 출납실에 자리를 잡고 공부하는 편의와 차람도서(借覽圖書) 제한 면제의 열외의 은전까지 입었었건만 내 집에서는 두간반방의 빈약한 서당이었으나 자기에게 필요한 최소한도의 서적만을 갖추어 있어 보고 싶은 대로 읽고 싶은 대로 손쉽게 그다지 아쉽지 않았는데 출납수(出納手)의 책 가져오기를 기다리는 그동안의 초조할, 대출 부재의 선고로 대독(代讀)할 서책이 없어 그날의 예정을 바꾸거나 끝막거나 할 때의 원망스러움과 애달픔, 혹은 출납수 어린이를 달래어 재조(再調)를 의뢰하고 만일의 요행을 바라는 안타까움, 2, 3월 추울 때 불기 없는 냉장고 같은 서고를 발이 시리어 동동 걸음을 치며 책을 날러오는 출납수 제군(諸君)에게 대한 감사와 동정. 평소의 적업(積業)이 없음에도 불구하고 다행일까 불행일까 해방의 은덕으로 갑자기 올라선 공뇌(空腦) 교수의 번뇌는 여간이 아니었다.

더구나 나와 같은 학천(學淺)한데다가 준비조차 마음껏 할 수 없는 (연령만으로서의) 선생에게 수업하는 학생 제군에게 대한 충심으로서의 반성과 미안 때문에.

하루의 지리함, 이윽고 귀숙(歸宿)하여 찬방에 고단히 누워 피곤한 몸을 쉬고자 잠을 청하나 오라는 잠은 아니 오고 내습하는 향수! 이 향수 속에는 아직도 늙지 않은 가처(家妻)를 연연해하는 젊은 마음의 한 토막도 없지 않았으리라. 어린 자식들을 보고 싶은 애비로서의 혈연적 줄기도 있었을 것이다. 더구나 젖먹이 때문에 어미를 떨어져 내 자리에서 함께 자던 5세 아이에 대한 애정은 다른 여섯 아이의 총화(總和)보다 더 많은 때가 있었다. 그러나 O촌에 재소개(再疏開)하고 온 □□궤짝의 책을 3백리 가까이 되는 압록강 상류 먼 곳까지 소개하였다가 겨우 돌아온 뒤 가장 귀중하다고 스스로만이 생각하는 □짝의 책을 집에도 가져 오지 않고 직접 어느 지우(知友)의 창고에 넣어 두고 온 것, 전 세계를 통하여 오직 한 벌이 남았을 우리 독립혁명운동사료로서 가장 귀중하다고 스스로만이 인정하는 사본(寫本)과 기타를 어느 친지의 집 금고에 보관시키고 온 것, 미처 궤짝의 준비와 시일이 없어 그대로 남겨두고 온 서적과 약간의 탁본, 고지도, 골동(骨董)들을 하나하나씩 생각할 제는 현재 강의 준비에 불편을 느끼는 아쉬움에서 한 걸음 나아가 그 안부와 앞으로 무사히 가져올 수 있을까를 근심하고 걱정하는 생각으로 번져 남겨두고 온 서책에 대한 애착은 가처에 대한 애욕보다도 자식에 대한 애정보다도 몇 배 아니 몇 십배 몇 백배 강함을 느끼었고 지금도 느끼고 있다. 3월말에 장녀 차녀가, 4월 중순에 장남이, 5월 중순에 차남이 올라와 따로 살림을 비롯하였을 적에는 이미 가처에 대한 생각만은 거의 화석화 하였건만, 그동안 미소공동위원회도 휴회되어 남북통일이 절망시되었으니만치 남겨 두고 온 빈장(貧藏)에 대한 연연한 마음만은 결코 사라지지 않는다. 왜 가처가 나머지 아이들을 데리고 속히 상경치 않는가에 대하여 H시로부터 온 지인의 대답이 이러하였다.

서울 올려 보낸 자식들 때문에 우리 집 주인이 고생은 되겠지만 그러나 나는 여기서 38선이 풀리어 무사히 책짐을 올려 갈 수 있을 때까지 책을 지키고 있어야겠어요 우리 집 주인은 나보다도 자식보다도 책을 더 소중히 여기니까요.

라고 부인께서 말씀하시더군요. 라고. 서치(書痴)의 주인공이 이만큼 가처를 훈련한 보람이 있다면 성공 대성공이다.

여담 두 가닥

가. 9월말 가처는 어린 것들을 데리고 멀미 잘 하는 그가 구사일생으로 선편(船便), 트럭에 휘달리면서 겨우 상경하였다. 그러나 겨우 원기가 회복되자 다시 H시로 갔다. ─ 어느 교회 지하실에 맡긴 책짐에 습기가 들 염려가 있어서 달리 옮기어야겠다고 "인제 나는 그곳의 책들을 단념하였으니 안심하고 그대로 있으라."고 강권하였으나 그는 북선(北鮮) 길을 단념하지 않았다. 달반이 넘어 김장 담글 일이 급하고 끝에 놈은 단 한 벌의 솜저고리에 때가 덕지덕지 앉아 거지새끼 같건만 가처는 아직 돌아오지 않는다.

나. 나는 부득이 좌우(座右)에 필요한 약간 서책을 중복됨에 불구하고 사기 시작하였다. 북선(北鮮)에 두고 온 것 중에는 수택본(手澤本)이라고 할만치 어느 종류에 한하여 보서(補書)·가필(加筆)한 것이어서 지금 산 것에도 또 그렇게 할 필요를 느끼나 아직 그대로 두는 것은 꿈같은 막연한 일이나 두 곳의 것이 한데 모일 적에 중복본(重複本)은 처분하여야겠으니 깨끗한 대로 두어야겠다는 타산적 심리에서 보다도 어째서인지 집을 떠난 지 오랜 여객이 부득이 다른 여자를 가까이하게 되었으나 사이좋은 본처에게 늘 미안한 생각을 금할 수 없는 것 같은(필자는 30의 만혼이었으나 그때까지 정남(貞男)이었고 혼인 후 오늘까지도 정부(貞夫)이므로) 그러한 느낌을 가지는 것이다.

2. 신판희관본 석의(新版稀觀本 釋義)

희관(稀觀)이라 함은 귀중한 도서로서 그 수효가 드물게 현존한 것을 이르는 것이다. 고사본(古寫本) 고판본(古刋本), 명가(名家)의 수택본(手澤本)과 가필본

(加筆本) 중에 학술상 귀중한 자료가 되는 것이 이러한 특칭(特稱)을 받게 된다. 혹은 희서(稀書) 귀중본(貴中本) 진서(珍書) 기서(奇書)라고도 부른다.

우리 조선 학계에서 과거 일본 식민지시대에 보물(자기 나라에서는 국보라 불렀다. 제 나라를 가지지 못하였던지라 차별이 여기에도 있었다.)로 지정된 희관서(稀觀書)는 극히 적었었고 그나마 새책적(塞責的)인 느낌이 없지 않았다.

본래 희관(稀觀)의 의의는 '드물게 보는', '진귀한' 것으로 낭현기(瑯嬛記)에 "當世稀觀之物也"라 있는 것이 출처로 되어있는 것 같다. 서지학자들은 임진 이전의 서적을 조선의 고서라 부른다고 하지만 그야 일본놈들이 임진란에 귀하다고 보이는 서적은 모조리 노략질하여 가져갔으므로 조선의 귀중본은 일본에 있고 이곳에 남은 것은 영본(零本) 파본(破本)으로 완전히 전하는 것이 극히 드물 것은 사실이라. 그리고 고서라는 해석도 구구하여 국립도서관에서는 동양식 장수본(裝幀本)은 근일의 출판일지라도 고서부(古書部)에 편입되어 있고 양장본(洋裝本)이면 몇 십년 전 본이라도 언제나 신서부(新書部)에 편입된다. 아마도 이것만은 전(前) 적산(荻山) 관장의 큰 과오의 하나일 것이다. 또 한 가지 오늘 아침에 신본(新本)을 사서 읽고 저녁에 팔았다면 아무리 산 그대로이지만 고본업자(古本業者)는 끝까지 고본으로 사는 것이다. (팔 때에는 딴 문제이지만.) 그러나 이러한 것들은 모두 예외에 속하는 이야기다. 그런데 희관서 보관과 보급을 위하여 소위 영인(影印, 景印이라고도 한다)이라는 사진인쇄가 있어 그 중에는 장수촌법(裝幀寸法)까지라도 원본을 본떠 만든 것이 있어 학계에 유익을 줌이 매우 크다. 예를 들면 이조실록을 경성제국대학 시대에 약간의 부수를 영인하여 대학 전문학교와 특수도서관에 한하여 나누었던 바 절대로 개인은 분양치 않는다는 것이 작추(昨秋) 해방 이후에 일본인들 사이에 말 그대로 비장(秘藏)하고 있던 사장(私藏)이 굴러 우리 손에 넘어온 희극이 있었고 영인실록을 재영(再影)하여 누구나 이용할 수 있게 된 것이 정음사(正音社)의 학적 공헌이라 보겠다. 그래서 영인된 원본은 희관서라고 볼 수 있게 되었다.

영인본(影印本)은 아니나 조선사료총간(朝鮮史料叢刊)이라는 이름으로 조선 사편수회에서 활인복간(活印復刊)한 것에 제8『미암일기초(眉巖日記草)』5책이 있다. 미암 선생 유희춘(서기 1513~1577)이 쓴 일기로서 선조 초년의 조정을 중심으로 당시 사회 일반의 상황을 여실히 알려주는 귀중한 문헌으로 『선조실록』 수찬의 사료가 된 것이다. 미암 선생의 문집은 많이 상실되어 『국조유생록(國朝儒生錄)』(서울대학 藏), 『역대요록(歷代要錄)』(일본 내각문고 藏)과 그의 수필(手筆) 일기가 종손가에 전할뿐으로 『미암집(眉巖集)』 20권 10책이 간행된 것은 최근대인 고종 6년*(서기 1902년)으로 그나마 일기가 거의 전부를 차지하고 있다. 근일 『미암집』이 업자의 손에 나오게 되매 상리(商利)에 밝은 그들은 "이 一冊은 稀本이외다. 위선 사료총간의 하나인 것만으로도 알겠거니와 총간에 미처 실지 못한 것이 『미암집』에는 약간 있으니까요." 하는 것이다. 업자는 반드시 전문학자가 아닌지라 그 말을 탓할 필요가 없으나 『미암집』 소수의 일기는 약초(略抄)이고 총간본은 선생의 자필본 그대로의 일기초(日記草)인 것을 구별하여야 할 것이다. 같은 사료총간 제21 『통문관지(通文館志)』의 영인 원본은 고종 18년(서기 1881) 간행으로 서울대학 규장각본만도 18부나 있고 그 밖에도 있음을 필자는 우목(寓目)하였다. 영인 간행된 원본이 반드시 희관서라는 관념은 시정하여야 할 것이다. 해방 후 출판물에 영인판-업셋 크로라입판이 어찌나 많은지 모르겠다. 심지어 영문 일간 신문도 있다. 이 모든 것의 원판이 모두 희관에 든다면 우리는 희관서 대홍수에 목욕하는 광영을 가질 것이다.

휴설횡설(休說橫說)하고 우리 조선에는 임진왜란과 과거 36년간 왜정시대로 말미암아 국보적 가치 있는 서책(이것만이 아니지만)은 모조리 빼앗겼고 또 의식적 무의식적으로 갖다 '바친' 일도 있어, 사실 조선의 국보는 일본에 가서야만 볼 수 있을만치 되었다. 요전번 훈민정음 반포 5백주년기념 도서전람회에 국립도서관 출품의 『한청문감(漢淸文鑑)』 — 영조때에 한학검찰관(漢學檢察官) 이담 등이 지은 몽고어 사전을 우리 어문으로 번안한 것이 있었는데 완본 15책은 불란서 파리 동양어학교와 고(故) 소창진평(小倉進平) 박사가 진장(珍藏)

---

* 光武 6년을 뜻한다.(편집자 주)

하고 있는 단 두 벌의 희관서(稀觀書)이다. 그러나 전자가 프랑스 함대의 강화도 침략으로, 후자가 모종(某種) 발표하기 어려운 사정으로 그들의 손에 들어간 것을 생각하면 그 감개가 어떠할까. 국립도서관 소장은 낙질 8책본으로 그나마 적산(荻山) 관장의 원장(原藏)이 있었다고 한다. 공사를 엄별하며 사리를 생각지 않고 도서관의 생장에 정력을 다하였다는 점으로 비교적 그네들 중에 평이 좋았던 적산(荻山) 관장에게도 이 책에만 독점욕이 있었던가 생각된다. 해방 직전에 일본인 학자들이 대단히 쓰리고 싫었겠지만 부득이 그 장서를 넘기지 않을 수 없어 혹은 학술단체에 혹은 개인의 손에 들어온 것이 상당히 있었으나 그러나 금서(今西), 소창(小倉), 등총(藤塚) 세 박사의 수집을 따를만한 것이 없었고 세 박사는 이미 훨씬 이전에 자기 나라로 그 진서(珍書) 전부를 가져갔음이 랴.

사실 정의 그대로의 희관(稀觀)을 운운한다면 우리와 같은 한사(寒士)로서는 일생을 통하여 귀중본이란 것은 만져 보기도 힘들 것이매 서치(書痴) 필자의 장본 중 좌기(左記) 몇 종의 예를 들어 새로운 해석을 시험하고자 한다.

①『조선통치사논고(朝鮮統治史論稿)(秘)』. 조선사편수회 연구휘찬의 하나. 본문 216페이지. 서기 1944년간 경성제대 전보교결(田保橋潔) 교수 저.

조선근대외교사 연구가로 성명(盛名)을 날린 전보교결(田保橋潔)의 '마지막' 저서. 일본이 조선을 강탈한 변명서. 인쇄가 끝나 반포하려고 할 때에 내용에 불만한 점 — 변명의 불철저함과 조선인에게 일부 비밀을 알릴 우려가 있는 것 — 으로 제본된 것을 '영웅적'으로 파기처분. 잔본 극히 희소 국사관, 조선어학회에 각 일부식 비장(秘藏). 그리고 필자와 그 밖에 개인 진장(珍藏)한 분이 두어 분 있을까 말까. 준국보적 가치는 확실.

②『숭정경오사월일기(崇禎庚午四月日記)』 사본 16매. 겸춘추관기사관이조좌랑(兼春秋館記事官吏曹佐郎) 윤계(尹棨)의 자필본. 이조와 춘추관의 일기로 숭정 3년 경오(이조 인조 3년, 서기 1630) 4월 초1일로부터 30일까지의 분.

관용지(官用紙, 줄을 목판 인쇄한)에 쓴 유일의 사본. 필사자는 병자호란에 남양부사로 남한산성의 위급을 도우려다가 불급(不及)하고 포로가 되어 끌리려

하매 "목이 끊어질지언정 무릎을 꿇으랴" 하고 뻣대임으로 드디어 난도(亂刀) 아래 피살되니 몸에 온전한 곳이 없었다고(『인물고(人物考)』 참조)하는 충간공 (忠簡公) 윤계의 자필본. 조선사편수회에 비장되었던 것. 서치우록(書痴愚錄) 주인의 장서인이 찍힌 수택본. 사료로서의 가치 여하는 불문하고 국보급.

③ 『만세소요사건전보문(萬歲騷擾事件電報文)』. 大正 8년 3월 1일로부터 9월 에 이르는 분(分) 합책(合冊) 일부의 사본. 일본 내각 척식국 비장의 극비본.

조선민족의 기미년 3월 1일을 기약하여 독립운동의 봉화를 용감스럽게 들매 조선총독과 정무총감과 경무국장은 허둥지둥 혹은 사실대로 혹은 거짓을 섞어서 지급(至急) 전보로 내각총리대신, 기타 관계대신에게 보고하였던 바 관제상 식민지에 관한 것은 먼저 척식국 장관이 받아가지고 암호인 것을 번역하 여 일부는 국(局)에 보존하고 기타를 관계 대신에게 보냈었는데 국(局)의 분(分)을 일괄 성책(成冊)하여 더 한번 회람 참고에 공(供)한 것. 관계 장관, 차관, 속(屬)들의 날인이 있음은 물론이고 보낸 곳―총리대신, 외무대신, 육군대신―이라고 일일이 명시하였으며 누구에게서 언제 온 것도 일시(日時), 분(分)으로 기록되었 다. 조선민족독립운동사상 일본측 근본사료. 필자 호운(好運)으로 동경(東京) 본향구(本鄕區) 모서점에서 발견(휴지동양(休紙同樣)으로 어떻게 잘못 굴러 나온 듯). 구입 후 34년간 고심, 비장(秘藏)하여온 것. 이 다음 조선이 완전 독립 후 맥아더 사령장관의 후의로 일본정부에서 돌려온 국치적조약정문(國恥的條約 正文)과 한 가지. 이중 삼중 금고에 넣어 영세(永世)에 전할 초국보적 사료. 단 아직은 북선(北鮮)에 엄중 보관 중.

④ 이완용의 대한의원 병중음(病中吟) 절구 한 편. 경술(庚戌) 여름의 서(書).

대한제국 최후의 총리대신 이완용이 隆熙 3년(서기 1909) 12월에 명동 천주교 회에서 거행된 백이의(白耳義) 황제의 추도식에 참석하고 나오는 길에 이재명이 라는 영웅적 청년에게 칼을 맞고 부상하여 대한의원에 입원 가료중 적이 나아갈 적에 음력 정초를 당하여 병실에 혼자 앉았을 때 떠오르는 감회를 못 이기어 우금일절(偶吟一絶) "大韓醫院逢元吉 靜几明窓獨坐時 此死此生何足說 惟有此心後 人知"라 한 것을 그 후 퇴원하여 일로 매진 병합성공일새 자기를 보호하여

주던 모 일인(日人) 순경이 사귀(辭歸)할 적에 기념으로 써준 것. 써 준 때가 병합조약 발표 직전. 경술국치 사상 수급 인물의 자작 자필로 근본적 중요사료의 하나. 조선 민족에게 전하여 거울을 삼을 최고급 희관문서.

그 밖에 신판희관서(新版稀觀書)가 상당히 있을 것이나 독자 제현 중에서도 그만한 것쯤은 얼마든지 있다고 항의가 계실듯 그만둔.

3. 총독부시대(總督府時代)『극비본(極秘本)』고(考)

일제시대 36년간 그들의 손에 간행물은 상당한 수효를 헤일 수 있었다. 그 중에도 관청 측으로는 총독부 문서과의 조사 자료. 조선사편수회의 『조선사』와 『사료총간』기타. 중추원의 법제·관습·민속·기타. 박물관의 『고적도보(古蹟圖譜)』, 『고적조사보고(古蹟調査報告)』, 『진열도감(陳列圖鑑)』, 전매국의 『인삼사(人蔘史)』, 『전매사(專賣史)』. 경성제국대학의 『규장각총서(奎章閣叢書)』등 등이다.

이상 열거한 관청 측 간행의 조선학 관계 서적이 적어도 엄정한 학술적 성질을 띄웠다면 공공연하게 일반 학도의 손에 들어갈 수 있도록 발행되었어야 할 것인데 비매(非賣) 증여(贈與)의 형식으로 간행된 것이 대부분이어서 겨우 일본인 상인을 통하여 일부 비공식 판매를 허락한 것이 있었을 뿐 우리 학도들로서는 구독에 다대한 곤란과 불편을 느낀 기억이 지금껏 새롭다. 예하면『고적도보』는 제10권 이하를 명동 천지무태랑(天池茂太郎) 미술골동상을 통하여 『조선사』와 『사총간(史叢刊)』의 일부, 중추원 간행물의 일부, 『규장각총서』가 조선인쇄주식회사를 통하여 구득할 수 있는 이외에는 전부 고본상(古本商)을 통하여 고가로 살 수밖에 없었으니 고본상은 수증자가 쓸데가 없어 몰래 팔아먹는 것을 발가(發價)로 사서 비싸게 우리에게 팔았던 것이다. 사료총간의 한정판 번호를 드러내고 판 것 같음은 그만두더라도 필자가 입수한 총간 제20『정덕조선통신사등성행렬도(正德朝鮮通信使登城行列圖)』의 해제 부록이 껴들어 오지 않아 점주에게 강경 담판한 결과 겨우 들어온 예가 있으니 수증자가 고본점(古本店)에 팔 적에는 해제를 껴주지 않았다가 필자의 독촉으로 점주의 엄중한 항의를 받고 어느 구석에서 겨우 찾아 내놓은 기간이 일년이나 걸린 것이다.

이와 같은 형식으로 출판한 것 중에 학술적 간행물에 '비(秘)', '극비(極秘)'라는 인(印)을 찍어 우리 조선인에게 보이기를 꺼린 비적(秘籍)이 있었음은 가고(可考)할만한 가관(可觀)이었다. 경무(警務) 방면의 인쇄물에 '비(秘)'자가 많았음은 용혹무괴(容或無怪)이었으나, 예시하면

문서과 조사자료
제2집 『독립소요운동』 大正 12년간 이것이 '비(秘)'이었음은 내용이 내용인만치 그럴듯은 하다.
편수회 사료총간
제6 『난중일기 임진장초(亂中日記 壬辰狀草)』 昭和 10년刊
제7 『사대문궤(事大文軌)』　　　　　　同　　10년刊
제9 『난후잡록(亂後雜錄)』　　　　　　同　　11년刊
제11 『초목징비록(草木懲毖錄)』　　　　同　　11년刊

이상의 것이 '인용불허'라는 별지를 첩부(帖附)하여 일본인에게만 증여한 것인 바 그 이유는 일본을 '왜' 또는 '적'이라고 쓴 까닭이다.

편수회 연구휘찬
『조선통치사논고(朝鮮統治史論稿)』　　　　　　昭和 19년刊
중추원
『근대일선관계의 연구 상·하(近代日鮮關係の硏究上下)』 昭和 10년刊

이상 두 가지는 성대(城大) 교수 전보교결(田保橋潔)의 저(著)인바 일본의 조선침략사 연구로 조선인에게 보여서는 재미적은 구절이 있다는 것이다.

박물관

『조선보물고적조사자료(朝鮮寶物古蹟調査資料)』　　　昭和 17년刊

　이것은 식산국 산림과에서 임야 중에 있는 고적유물을 조사한 것이 학술상 조사 자료로서 필요하다 하며 박물관에서 간행한 바 이 조사가 악용될 우려가 있다하여 '비(秘)'로 한 것이다. 학술적 출판 중에 '비(秘)' 다운 사무적 '비서(秘書)'일 것이다.

　서치(書痴)의 고심, 수집한 장서 중에 이상의 것을 초록하여 과거 식민지시대에 사학(斯學)에 뜻하면서 불완전하나마 그네들의 간행물을 이용할 수밖에 없었던 우리 학도들로서 경험한 고충을 피력함에 지나지 않은 우록(愚錄)이다.

(필자는 연희교수)

　부기(附記) 지난달 국사관(조선사편수회)에서 기간본(旣刊本) 잔본(殘本) 기증의 영예를 입고 과거에 온갖 방법을 다하며 구독한 것을 회상하여 감개무량한 바 많았음을 고하여 둔다.

1946년 11월 17일 심야(深夜) 아이들의 잠든 틈을 타서 멀리 북행(北行)한 가처의 무사귀가를
빌면서 고(稿)
(『新天地』 제2권 1호, 1947.1)

달레 『朝鮮敎會史』의 東洋語 諸譯本에 對하야－李能植, 尹志善氏 譯刊을 읽고서

　조선문화의 학적 연구에 구미인의 공헌이 적지 않음은 누구나 인정하는 바이어니와 그 중에도 불란서인이 다른 구미인의 선구가 되었음은 그들이 포교의 목적으로 이 땅에 먼저 들어왔던 까닭이겠다. 불인(佛人)의 조선학 방면의 연구로 고전적 지위를 차지하는 것에 달레의 『조선교회사(朝鮮敎會史)』와 쿠랑의 『조선서지(朝鮮書誌)』가 있음도 주지의 일인데 해방 후 이 두 책이 비록 전역(全譯)은 아니나 우리 글로 역출(譯出)되어 독서계(讀書界)에 제공되었음은 의의 있는 성사(盛事)로서 그 책들이 우리 학계에 소개된 유래를 고찰하여 보는 것도 무익한 일은 아니라고 생각된다.

　쿠랑의 『조선서지』에 관하여는 이미 탈고되어 『한글』 잡지에 싣기로 하였으므로 이에 약(略)하거니와 달레의 『조선교회사』에 있어서는 쿠랑의 것보다도 더 널리, 더 많이 소개된 느낌이 있다. 그것은 교회사가 불란서 파리에서 서력 1874년에 간행된 지 얼마 안 되어 곧 한역(漢譯), 조역(朝譯), 일역(日譯)되었으므로 알 수 있다. 한역, 조역이 있었음은 1931년 9월 하순경 경성 종현(鍾峴) 천주교당에서 열린 조선천주교 교구설정 백년기념 사료전람(史料展覽)으로 말미암아 비로소 널리 알려졌는데 한역본(漢譯本)은 원본 간행 당시 중국 남경에서 불인(佛人) 신부 푸길 등이 『신록고려주증(新錄高麗主證)』이라는 서명(5책)으로 번역한 것이고 조선본은 1885년(고종 22년) 조선에서 불인 신부 로베르, 뤼뷔유, 포아넬 여러 신부가 분담 번역한 것으로 『조선성교회서적(朝鮮聖敎會事

積)』(8책), 『사해오편(史解五篇)』(1책), 『국사보감(國史寶鑑)』(2책), 『정산일기(定山日記)』(1책), 『흥해일기(興海日記)』(1책), 『조선성교사기(朝鮮聖教史記)』(1책)의 제명(題名)이 붙어 있어 총괄이면 교회사 전역(全譯)이 되는 것이다. 그러나 불행히 조역본 공히 간행되지 못하고 사본(寫本)만이 보존되어 왔음에 비하여 일본에서는 明治 9년(1876년) 7월, 곧 원서가 간행된 지 두해 만에 『조선사정(朝鮮事情)』이라는 서명으로 역간(譯刊)되었음에 놀라지 않을 수 없는 바이다. 그 번역한 동기와 사정에 대하여서는 역자인 당시 로서아공사 가본무양(榎本武楊)의 서문에 분명하니 그 전문은 다음과 같다.

조선국은 외인(外人)이 국내에 들어오는 것을 엄금하였으므로 세인(世人)이 그 국정(國情)을 알 수 없었다. 로서아의 새 영사 남우스리는 두만강을 격(隔)하여 함경도와 마주 바라보는 사이건만 로인(露人)이 강을 건너 일진(一進)함을 불허(不許)하고 또한 그 인민으로 하여금 로인과 (교제함을) 준절(峻絕)한 고로 로인의 (저)서로 조선내지(內地)의 사(정)을 말한 것이 있음을 듣지 못하였다. 그 소장하고 있는 것은 1, 2해안도에 불과할 뿐. 그런데 일본과 지나(支那)와 같음은 그 서로 (교)통함이 이미 오래있으므로 그 (저)서가 없지 않으나 그러나 대개 다 옛날 사승(史乘)에 한하여 그 근황(近況)을 알기에 족한 것이 없다. 그 밖에 영국이던가 미국이던가 (조선에 관한 저서가 있음을) 들은 바 없다. 특히 불국(佛國)에 있어서는 그렇지 않아 그 선교도가 일찍이 조선에 들어가 내지를 역섭(歷涉)하여 그 교(教)를 포(布)한 자 무려 십수인에 불하(不下)하며 그리고 그 년수도 또한 이미 오래다. □者 불국의 정한(征韓)의 거(舉)와 같음도 또한 그 선교도를 위한 원수(怨讐)를 가짐에 있었으므로 현하 조선국정에 통하는 자는 불국(佛國) 선교도와 같은 이가 없다.
근시(近時) 불국신부 샤를르 달레라는 이가 있어 나마(羅馬)교황의 의(意)를 받아 오랫동안 조선에 있다가 2, 3년 전 병으로 귀국하자 그 재한(在韓) 중 견문한 바의 모든 것을 모아서 일서(一書)를 저(著)하여 이를 교황에게 드리니 이름하여 『고려성교사략(高麗聖教史略)』이라 하였다. 그 책은 1874년의 간행에 □하여 서중(書中)에 기(記)한 바가 전(專)혀 성교(聖教)의 기연성쇠(起緣盛衰)에만 상(세)하다 하겠으나 그러나 또한 한편으로 그 풍토, 민정, 정치, 병제(兵制)

등으로부터 근시의 불미(佛米) 양국 정한(征韓)의 거(擧)에까지 언급하였고 호(好) 지도(地圖) 일매(一枚)를 부쳤다. 그 책, 그 지도가 아울러 사람으로 하여금 일견 그 나라의 개략 여하를 알리는데 족한 바 이 실로 타서에서 볼 수 없고 홀로 이 책에서만 볼 수 있는 것이므로 각국 지지사상(地誌史上) 또한 위공(偉功)이라고 할 수 있다.

처음에 화방(花房) 서기관이 이 책이 있음을 듣고 나에게 말하매 편지를 불경(佛京)에 급히 띄워 이 (책)을 구하니 실로 객동(客冬) 12월 하한(下澣)이다. 그 책은 상하 2권으로 나누어 매권 종이의 두께가 촌여(寸餘), 자못 호한(浩瀚)하여 피열(披閱)하기에 불편하다. 또한 우리가 요(구)하는 바는 성교(聖敎)의 사역(史歷)에 있지 않고 국내의 사정에 있으므로 이에 나는 어고(御雇) 화란(和蘭)의사 폼페 군에게 명하여 일약 그 요(要)를 적(摘)게 하고 이를 화란어로 번역케 하였다. 폼페는 위인(爲人)이 민첩하고 그리고 문(재)가 있어 힘써 종사한 지 14일에 업을 마쳤다. 이보다 앞서 일강(一講)을 마칠 때마다 여(予)는 곧 이것을 방어(邦語, 일본어)로 역독하고 화방(花房)군이 옆에서 붓을 들어 기록하였다. 매일 오후 4시간을 정과(定課)로 하여 12월 31일 기초(起草)하여 1월 15일에 이르러 역(譯)이 이루니 제(題)하여 『조선사정』이라 이름하였다. 창졸히 교수(校讐)하여 우체통에 부치니 바야흐로 널리 이를 세상에 펴고자 합니다. 이제 우리가 본방(本邦, 일본)의 근황을 살피건대 정한(征韓)의 일안(一案)은 축일(逐日) 박절하여 장차 양국 간에 사(단)이 있을 것 같다. 그러면 이 책이 비록 일 소책자에 불과하나 그 정한의안(征韓疑案) 상 반드시 적은 도움이 없다고 할 수 없겠다. 하물며 이 책의 부도(附圖)와 같은 피국(彼國) 산하의 위치, 병영의 다소 등 또한 다 일목요연하여 그 개(략)을 알 수 있는 즉 우리 (일본) 해륙(海陸)장교는 이로써 유막(帷幕)의 참고에 공(供)하면 또한 전연 얻는 바 없다 할 수 없겠다. 여(予) 이에 양군(兩君)이 길거(拮据)하여 여(予)의 업을 도운 것도 또한 도로에 속하지 않을 것을 믿는 바이다.

明治 9년 1월 중한(中澣) 재로경(在露京) 성피득보(聖彼得堡) 일본제국 공사관 양천거사(梁川居士) 가본무양(榎本武揚) 찬 (본문 일본문)

이라고 있는 바 요컨대 明治 초년경에 생긴 서향융성(西鄕隆盛) 일파의 정한론(征韓論)의 뒤를 이어 일본의 조선 침략정책의 한 도움을 삼고자 부랴부랴 달레의

『조선교회사』 가운데 군략상 필요한 부분인 서론과 기타만을 역출(譯出)한 것인데 직역이 아니고 한 가지 우스운 것은 중역이다. 지도를 붙인다 하고 싣지 않은 것이다. 하여간 일본인의 조선 연구는 그 목표가 침략적이며 군략적임을 주의할 것이다. 그 후 이 역본은 明治 15년(1882년)에 재판되었었는데 당시 경성에서 일어난 임오군란을 계기로 조일양국간의 외교관계가 미묘한 진전을 보이게 됨에 거기에 응하여 일반에 공급코자 재간된 것일 것이다.

이 역본(譯本)이 일본인 지식층에 준 공적에 대하여는 明治 14년(1881년) 1월에 일역(日譯)된 『조선팔역지(朝鮮八域誌)』 서문의 일절에

근래 불란서 선교사가 잠래(潛來)한 지 수년에 능히 그 정치, 민속을 정지(偵知)한 후 서를 편하여 나마(羅馬) 교황에게 정(呈)하니 곧 가본(榎本)군의 역한 바 조선사정이다. 차거(此擧)가 있음으로 말미암아 천하의 인(人)이 비로소 조선정체의 여하를 알게 되니 그 공은 위대하다고 하겠다. 그러나 가석(可惜)한 것은 그 책이 풍속에 상(詳)하고 지리에 밝지 못한 것이다. (하략)

라고 있음을 보아 알겠다.

이상으로 달레의 명저가 일찍이 어떻게 동양어로 번역되었으며 특히 일역본의 역출(譯出) 동기에 대하여 비교적 상술하였거니와 동양학계에 소개된 해제를 더듬어 보면

문일평, 『달레의 교회사』, 『호암전집(湖巖全集)』 권3, 사외이문(史外異聞), 116~117쪽
앵정의지(櫻井義之), 『조선사정』, 明治년간 조선연구문헌지 『조선사정』 일반, 4~5쪽
유민거사(猶眠居士), 「근역홍모기(槿域紅毛記)」(3), 『서물동호회회보(書物同好會會報)』 제10호, 7~11쪽
이능식, 『역자서언(譯者序言)』, 『조선교회사서설』 1·2·3

이 있고, 그 밖에 조선총독부도서관 발행 『문헌보국(文獻報國)』에 달레의 『조선교회사』가 귀중도서의 하나로서 소개되었으며 필자가 십여 년 전에 조선일보 지상에 『독사만록(讀史漫錄)』이란 졸제(拙題)로 이에 언급한 바 있었던 바 전기(前記) 고(故) 문일평 선생의 소개에 우고(愚稿)를 참고하신 뜻이 적혀있다.

이제 이능식, 윤지선 양씨의 역출(譯出)한 『조선교회사』는 일역본과 마찬가지의 서설만을 번역한 것이나 이 서설은 쿠-랑의 『조선서지』 서설과 호일대(好一對)되는 귀중한 관찰문헌으로서 이미 1세기 이상을 지난 오늘에 있어도 필독의 학적 연구 자료이다. 이씨의 어재(語才)와 윤씨의 사재(史才)가 협력 하에 이만한 역본으로 우리 학계에 소개됨은 해방 이후의 좋은 선물이라고 보는 동시에 역자는 이에 만족하지 말고 그 전역(全譯) 완성에 정진하기를 바라는 바이다. 이미 조선어 완역이 있어 경성 천주교회에 비장(秘藏)되었으나 간행되지 못하여 유감됨이 많더니 일부이지만 그 서설이 우리글로 간행됨을 기뻐하여 서지학적 고찰을 시도하여 서평에 대신하는 바이다.

1947년 3월 15일 신촌 급고초당실(汲古堂草室)에서 고(稿)
(『新天地』 제2권 6호, 1947.7)

汲古斷想

　　필자 본래 책 읽기를 좋아하는 학도요, 그 중에도 옛 책과 및 그 연구한 것을 읽기 좋아하므로 스스로 급고(汲古)의 무리(徒)로 여긴다. '급고'라 함은 고서 탐독—즐기어 읽는 것의 뜻으로 탐독이 그 도가 지나면 서치(書癡)—글미치광이(독서광), 서두(書蠹)—글좀, 서음(書淫)이라는 말을 붙인다. 서치라는 말은 『당서』 두위전(竇威傳)에 "竇氏子弟, 皆喜武, 獨威尚文, 諸兄詆爲書癡"라는 데서 나온 성어(成語)이다. 두씨(竇氏) 자제가 다 무예를 좋아하였는데 형제 중에 두위(竇威)만은 무(武)를 쫓지 않고 글을 대단히 좋아하였으므로 그 형들이 꾸짖어 글미치광이라고 하였다는 것이다. 서두라는 말은 글자대로 책에 좀먹는다는 뜻인 것이 탐독의 의미로 쓰이고 또 한걸음 나아가 읽기는 읽으나 뜻 모르고 읽는 것을 말하는데 쓴다. 서음에 있어서는 무엇이라 새길지 모를 만큼 깊은 뜻을 가져 그 형용이 핍진(乏盡)하다고 보겠다. '음(淫)'자의 방(放 방탕)·난(亂 음란)·일(溢 넘침)·과(過 지나침)의 모든 것을 모은 것이니 여자를 혹애(惑愛)하는데 비하여 그 정도의 어떠함을 표현한 것이다. 그 출처는 『진서(晋書)』 「황보밀(皇甫謐) 전」에

　　謐 耽玩典籍 忘寢與食 時人謂之書淫

이라는 데서 나온 것인데 밀(謐)이라는 이는 즐기어 전적을 완독하기를 좋아하여 자고 먹는 것까지 잊기 잘하므로 그때 사람들이 서음이라 일렀다 한다.

황보밀(皇甫謐)은『제왕세기연력(帝王世紀年曆)』·『고사일사열녀전(高士逸士烈女傳)』·『갑을경(甲乙經)』·『현안춘추(玄晏春秋)』라는 책과 그 밖에 시문의 저술이 많았던 학자로 그의 전기를 찾아보면 다음과 같은 이야기를 읽을 수 있다.

字士安 年二十餘 帶經而農 遂博綜典籍百家之言 沈靜寡欲 始有高尚之志 以著述爲務 自號玄晏先生 後得風痺疾 猶手不輟卷 武帝時堪 累徵不起 自表就帝借書 帝送一車書 與之 所著詩賦誄訟論難甚多.

자(字)는 사인(士安)인데, 나이 스무남은 되어 경서를 가지고 시골로 가서 농사하여 드디어 넓은 전적(典籍)과 백가(百家)의 서를 다 읽었다. 고요한 것을 좋아하고 욕심이 적으며 고상한 뜻이 있어 저술로서 일생의 사업을 삼았다. 스스로 현안(玄晏) 선생이라 호(號)하였다. 후에 중풍을 만났으되 오히려 손에 책을 놓지 않았다. 무제(武帝, 서기 265~290)때에 여러 번 불렀으나 응하지 않았다. 스스로 무제(武帝)에게 상서하여 책빌리기를 청하니 임금이 한 수레의 책을 보내 주었다. 지은 바 시부(詩賦)·뇌송(誄訟)·논란(論難)이 심히 많다.

라고 있다. 수족이 떨리는 풍비증(風痺症)에 걸렸음에 불구하고 손에 책이 떠나지 않았다니 서음(書淫)이라 불리었음이 그럴듯하다. 그리고『남사(南史)』유준(劉峻)의 전에는

峻 苦所見不博 聞有異書 必往祈借 靖河崔慰祖 謂之書淫

유준(劉峻)이란 이는 소견의 넓지 못함을 괴로워하여 이서(異書)가 있음을 들으면 반드시 가서 빌리기를 청하니 정하(靖河) 최위조(崔慰祖)가 이르되 서음(書淫)이라 하였다.

라고 있어 독서인의 일벽을 가르쳐 서음이라 하였다. 일본인 중에는 덕부소봉(德富蘇峯)이 자칭 '소봉서음(蘇峯書淫)'이라 하였고 독서에 관한 수필도 많다.

필자 스스로 호학의 도(徒)라 하고 급고의 무리라 하나 그저 한 벽(癖)을 이루었을 뿐 아직도 이렇다 할 학적 연구도 없고 또한 진전성도 보이지 않는데

딱한 것은 독서욕보다도 수집벽이 있고 더욱 고칠 수 없는 고질은 책을 비록 20페이지 미만의 잡지, 팜프렛 종류일지라도 낙정(落丁) 유무를 살피지 않고는 사지 않는 것이다. 총서(叢書) 전서(全書)를 사들이는 날, 그 밤에는 밤샘쯤은 당연한 즐거움이다. 수집 ─ 금력이 상반(相伴)하는 것이면 도리어 몰취(沒趣) 무의미한 것이라고 나 스스로 생각한다. 없는 주머니에서 동취서대(東取西貸)하여 사는 멋이란 남에게 말할 수 없는 법열(法悅)과 유쾌를 느끼는 것이다. 갚아야 할 때에 갚지 못하고 속을 썩일 때에 자기 서실(書室)에 들어가 독서, 독서라기보다 멀찍이서 정제하게 책장에 세워둔 애서(愛書) ─ 를 바라다보는 것만으로 모든 근심이 사라지는 경지에 이르는 서치·서두·서음의 생활이야말로 초속(超俗)한 생활이라 아니 할 수 없다. 필자 수서(蒐書)에 너무도 분에 지나친 부채를 져서 부득이 애장(愛藏)의 일부를 처분하여 숙채(宿債)를 갚기는 갚았으나 점두(店頭)에서 가끔 석별한 고우(故友)를 만날 적의 그 마음만은 무엇이라 표현하기 어렵다. 더욱 졸장(拙藏) 전부를 이북에 두고 온 애라는 정곡(情曲)은 이미 다른 잡지에 쓴 바 있기로 여기에는 거듭하지 않는다.

1947년 5월 2일 신촌 급고노(汲古蘆)에서
(필자는 연희대학 교수)
(『白民』 제3권 4호, 1947.7)

解放以後 刊行된 朝鮮學 關係出版에 對한 考察

　논자에 따라 조선학이라는 용어에 다소 논의가 없지 않으나 잠시 그대로
빌려 쓰기로 하고 해방이후 간행된 조선학 관계의 단행본에 대한 개관을 시(試)하
여 우리 학계의 현상을 고찰하려는 것이 본고의 의도하는 바다. 조선학에도
광의와 협의의 규정이 있고 또한 학적(學的) 어느 정도의 표준문제도 있을
것이며 필자가 그 전부를 빠짐없이 우목(寓目)하였는가하면 그도 그렇지 않아서
필자가 홀로 어느 범위와 표준을 세워 힘이 미치는 데까지 구독한 것 속목(屬目)한
것에 국한하였으므로 논자에 따라 시비가 없지 않을 것이며 원저자로서 항의도
있을 것이나 마침 평소 신세를 입고 있는 국립도서관『문원(文苑)』편집자의
부탁이 있어 붓을 들기로 한바, 필자의 일 사견(私見)임을 특히 변언(辯言)하여
오해가 없기를 바라는 바다. 필자가 우목(寓目)한 조선학관계 출판물을 위선
서명(가나다순) 별로 열거하면

『근대조선경제사연구 제1권』	최호진 저
『동학과 동학난』	김상기 저
『병자록(丙子錄)』	나만갑 저, 윤영 역
『삼국유사』	사서연역회 역
『성웅 이순신』	이윤재 저
『송도고적』	고유섭 저
『신정삼국유사』	최남선 해설
『여요전주(麗謠箋註)』	양주동 저

『역사일감상(歷史日鑑上)』 　　최남선 저
『역증삼국사기 제1,2,3책』 　　이병도 역주
『우리말본』 　　최현배 저
『이조실록 이충무공일대기』 　　이은상 저
『정음발달사 상하』 　　홍기문 저
『조선고가연구』 　　양주동 저
『조선선교회사』 　　달레 저
　　　　　　　　　　　이능식 윤지선 저
『조선과학사』 　　홍이섭 저
『조선문학급어학사』 　　김윤경 저
『조선문학연구초』 　　이희승 저
『조선문화사서설』 　　쿠-랑 저
　　　　　　　　　　　김수경 역
『조선문화총화』 　　홍기문 저
『조선미술사연구』 　　윤희순 저
『조선민족설화의 연구』 　　손진태 저
『조선복식고』 　　이여성 저
『조선사론 제1집』 　　신채호 저
『조선사연구 상권』 　　정인보 저
『조선사연구초』 　　신채호 저
『조선순교복자전』 　　안응렬 역
『조선시가사강』 　　조윤제 저
『조선의 비극 상』 　　맥캔지 저, 황중엽 역
『조선지정학개관』 　　표해운 저
『조선최근세사』 　　이선근 저
『해주(解註)용비어천가』 　　이상춘 저
『한국당사한글갈』 　　최현배 저
『호암전집 상중하』 　　문일평 저
『훈민정음(訓民正音)』

등등이다.

　이상의 것을 1. 해방이전 출판으로서 재판된 것 - 갑류(甲類) 2 해방이전에 신문이나 잡지에 한번 발표되었던 것으로 해방이후에 비로소 출판된 것 - 을류 (乙類) 3. 해방이후에 처음으로 출판된 것 - 병류(丙類)로 나누어 보면, 갑류에 속하는 것으로

　　『성웅이순신』
　　『신정삼국유사』
　　『역증삼국사기 제1, 2』
　　『우리말본』
　　『조선고가연구』
　　『조선선교회사』
　　『조선문학급어학사』
　　『조선사연구초』
　　『조선시가사강』
　　『조선최근세사』
　　『한국통사』
　　『한글갈』
　　『호암전집』

을 들 수 있는데 『한국통사』와 같음은 외지(外地)에서 초간되어 그것이 국내에 들어오기 어려워 비밀전사본(秘密傳寫本)으로 읽을 수 있는 이만치 해방후의 재판은 역본과 아울러 수종의 인행(印行)이 있었다. 이밖에 재판본은 거의 남아 있는 지형을 그대로 박은 것이어서 일제시대의 잔재 연호(年號)·내지(內地) 의 기타 내용에 있어서가 상당히 눈에 거슬려 보인다. 해방이전에는 일문(日文) 으로 출판되었다가 해방후 조선문으로 번역된 것에 홍이섭 씨의 『조선과학사』 가 있고 내용의 비교는 못하였으나 동일한 저자의 손에 이룬 『근대조선경제사연 구』(일본본은 『근대조선경제사(近代朝鮮經濟史)』)가 있다. 그리고 일본문으로

출판하려다가 해방 후 조선문으로 번역하여 발표한 것에 『조선복식고』가
있다.

다음에 을류에 속하는 것으로는

『동학과 동학난』
『송도고적』
『여요전주』
『역사일감 상』
『조선문학연구초』
『조선문화총화』
『조선미술사연구』
『조선민족설화의 연구』
『조선사연구』

가 있다. 갑류의 것 중에도 한번 신문에 발표되었다가 출판된 것이 있으니
단재의 『조선사연구초』, 이선근 씨의 『조선최근세사』, 문일평 씨의 『호암전집』
이 그러하다.

해방이후 비로소 출판된 병류로는

『병자록』
『삼국유사 역본』
『역주삼국사기 제3책』
『이조실록 이충무공일대기』
『정음발달사 상하』
『조선교회사』
『조선문화사서설』
『조선복식고』
『조선사론 제1집』
『조선순교복자전』

『조선의 비극 상』
『해주 용비어천가』
『훈민정음』

을 들 수 있는데 이조실록과 훈민정음은 학술연구상 귀중한 문헌의 경인(景印)으로 가장 의의 있는 출판이며(실록은 경인의 경인본이므로 갑류에 속할지도 모른다)『삼국유사』와 『병자록』은 둘다 역본(譯本)이고 『삼국사기』, 『용비어천가』는 속간 또는 초간의 역주본이며, 『교회사』, 『조선문화사서설』, 『조선순교복자전』, 『조선의 비극』은 모두 구미인 저서의 번역인데 『복자전(福者傳)』을 제(除)하고는 일부역인 전역(全譯) 아님이 유감이다. 이와 같이 분류하며 고찰하면 결국은 해방 후의 출판 단행본으로 참말 새로이 인행(印行)된 연구출판은 그 수효가 많지 않다는 결론을 가져오게 된다.

　방향을 돌려 인쇄, 제본, 장철(裝綴)로 통관(通觀)하면 지묵(紙墨)의 자료 곤란, 인쇄기술의 저하로 내용이 고급임에 불구하고 영구 보존은커녕 당장 읽기에 시력을 지나치게 손모(損耗)하는 불쾌스러운 상태이다. 그중 장철(裝綴)로 우수한 것은 『여요전주』(을유문화사 刊), 『조선복식고』(백양당 刊)이 해방 후 출판으로 어느 정도 전쟁 전 간행물의 수준을 따를 수 있겠다고 보겠으나 지질(紙質), 제본기술에 전혀 만점이라고는 볼 수 없다. 『조선문화사서설』에 포의특장본(布衣特裝本)이 있었으나 전기(前記) 2책에 비할 수는 없다. 그리고 조선사개설 방면에 상당한 수효의 출판이 있었으나 재래의 통감식이 아니면 일인 임태보(林泰輔)의 통사 범주를 벗어나지 못한 정도이다. 조선학 방면의 역작이 인쇄기술의 향상과 인쇄자료의 해결과 아울러 일보일보 진전되기를 빌어마지 않는다.

1947년 6월 4일 밤
(『文苑』(國立圖書館館報) 제18호, 4280(1947). 6)

戰敗國 日本의 歷史敎育의 新動向 :
近刊文部省編纂 『日本歷史』를 읽고서

자기 나라의 역사를 신비화하여 천황을 신격화하고 조국(肇國)의 굉원(宏遠) 황운무궁(皇運無窮)을 일컬어 만방무비(萬邦無比)의 국체(國體)라 하였고 팔굉일우(八紘一宇) 대동아 신질서의 건설이 시대의 국책이며 황국(皇國)의 세계사적 사명이라고 떠들던 전패국(戰敗國) 일본. 그 후의 역사교육이 어떠할까에 대하여는 누구나 호기심을 가지고 있을 것이다. 우리는 일본진주 연합국 총사령관의 명령으로 일시 역사교육을 중지시켰다고 들었다.

해방 후의 우리 조선 교육 역사과의 사명은 지극히 무겁고 크건만 한 나라로서의 완전한 기초가 서지 못한 까닭인지 사관(史觀)에 너무나 현수(顯殊)한 바 있고, 연구의 과학적 독자성을 잃은 바 있어 맹목적 국수주의에 흘려 학생들에게 지나친 과대망상적 관념을 주는가 하면 무비판적 의타성의 어느 이데올로기에만 집어넣으려는 경향도 보여 학계의 현상이 정계의 혼돈상태를 반영하는 듯한 난조다.

필자는 우연히 전패국 일본 역사교육의 일단을 짐작할 수 있는 자료로 근간 일본 문부성 편찬 『일본역사(日本歷史)』 상하 두 권을 입수하여 일독한 바, 호기심으로 읽기 비롯한 필자의 얼굴은 경이·수긍·경계의 표정으로 변하지 않을 수 없었다. 연합국군 진주의 엄중한 감독 하에 있는 그들로서, 신비화한 국체가 깨어진 그들로서, 소위 대동아세력권의 제패를 꿈꾸던 그들로서 어느 정도의 자기변명·자각·국민적 분기를 보였는가.

필자는 그들이 새로 만든 중등학교 역사교과서에서 ① 국체관념에 대한 태도와 사관의 변천 ② 조선사에 관한 모든 문제 ③ 태평양전쟁까지의 고백을 검토하여 아직도 정돈되지 못한 우리 역사교육계에 한 참고적 자료로 소개하고자 하는 것이 집필하는 작은 뜻이다.

『일본역사』상권은 昭和 21년(서기 1946년) 11월, 하권은 동 22년 1월에 초간되었고 'approved by Ministry of Education', '문부성검사제(文部省 檢查濟)'라고 권말에 부기되어 있는데 그 일자는 영문(연합국군 총사령관 문교국)의 검열이 압서 되었다. 분량은 상권 203, 하권 210페이지로 1 페이지 17행, 1행 15자다. 비교용 구교과서로는 일본 문부성 편찬『사범국사(師範國史)』상, 중, 하 세 권을 택하였다. 같은 문부성의 편찬인 것, 구서(舊書)가 그들의 소위 지나사변으로 대동아전쟁 중에 만들어진 것, 또 같은 정도의 것이므로 대조 비교하기에 가장 적절함으로써다.

1. 국체 관념에 대한 태도와 사관(史觀)의 변천

재래 일본역사는 지리적 고도(孤島)로서의 독특한 존재로서 출발한 그 역사를 더욱 신화화, 전설화하여 가공적 관념을 일반 국민－특히 어린 학도들에게－주입하여 세계를 지배할 수 있는 신탁을 받은 가장 우월한 단일성 민족이라고 가르쳐 온 것이다. 그리하여 재래의 구교과서에는 반드시

제1장 조국(肇國)
　一. 조국(肇國)의 굉모(宏謀)
　① 국체(國體)와 국사(國史)
　② 조국의 굉원
　③ 조국의 정신
　二. 천업회홍(天業恢弘)
　① 신무천황(神武天皇)의 창업

② 국체의 존엄

제2장 씨족제도

一. 황실 중심의 씨족제도

① 국가와 씨족

② 씨족의 생활－황실(皇室)과 부민(部民)

③ 씨족제도와 그 연혁－황실 중심의 씨족제도

二. 씨족제도의 정신과 문화

① 씨족제도의 정신－경신숭조(敬神崇祖)와 제정일치, 보본반시(報本反始), 충효일치, 화의 정신(和の精神) ……

② 국유문화(國有文化) …… 경신숭조와 신사(神社)건축 황대신궁(皇大神宮) 과 출운대사(出雲大社) 고문화의 고유성상(固有性上)

의 순서로 그 권두를 빌려 아직 과학하려는 싹이 틀까 말까 하는 어린 학도들에게 신비적 우월감과 신성 불가침의의 주관성을 넣어 주어 과학하려는 머리를 봉쇄하였던 것이다. 그리하여 역사적 사실로 꼭 가르쳐야 할 고대 고유문화에 있어서도 유물유적에 나타난 문화적 자질로 석기, 토기, 동기, 고분과 유물을 열거하면서 설명하기를－우리나라(日本)는 한문화(漢文化)가 깊이 침투한 조선과 일의대수(一衣帶水)의 위치에 있고 고래 피아(彼我)의 교섭도 얕(淺)지 않았으므로 우리나라에 대륙 문물의 유(流)(輸가 아닌)입이 있었던 것은 부정할 수 없다. 예컨대 경(鏡)과 같음은 일면 확실히 대륙의 영향을 입었다. 그러나 그것은 우리 문화의 고유성을 상(傷)케 한 것은 아니고 문물의 자연적 유입으로서 다짜고짜 상고 문화는 외래한 것이라고 속단하는 것은 경솔하기 짝 없다. 차라리 상고인(上古人)이 대륙 문물의 양식에 가한 고심한 자취야말로 독자적 창조와 아울러 일본 문화의 고유성을 발휘하고 있는 것이다.－라고 교묘히 말하였다. 그러면 신교과서의 이에 대한 태도는 어떠한가. 위선 "우리는 예전의 국수주의로부터 완전히 이탈되었습니다."라는 뜻인지 교과서 이름 『국사』가 『일본사』로 바뀐 것이 주목되며, 신교과서는

의 목차로 시작되었는데 구교과서가 권두를 장식하던 천양무궁(天壤無窮)의 신칙(神勅)도 없어지고 더구나 천조대신(天照大神)이니 3종의 신기(神器)니 하던 것이 그림자조차 보이지 않고 개권(開卷) 벽두(劈頭)가 지리적 환경을 말하는 「국토와 민족」에 이미 선사고고학적인 「문화의 여명」, 그 다음은 중국 사승(史乘)에 보이는 자료에 의하여 「소국가의 분립(分立)」을 실었고 통일국가의 성립에 있어 대화조정(大和朝廷)이라는 소제(小題)를 걸고-무릇 서력 3, 4세기경에 이르러 그다지도 웅대한 판도를 자랑하던 한민족(漢民族)도 북방 유목민족에게 압박되어 지나 주변의 모든 민족은 각각 국가통일에로 전향하였다. 그 풍조에 상응하는 것처럼 우리나라에서도 종래 진행하여 오던 국가통일의 기운이 일단 나아갔다. 미생식(彌生式) 문화에는 북구주(北九州)와 대화(大和)지방의 2대 중심지가 있었으나 이 국가통일의 대사업을 수행한 것은 대화(大和)를 근거로 한 세력이었다. 이것이 대화조정의 기원으로 이 사업에 착수한 분이 신무천황이라고 전하고 있다.─라고 설명하였다. 신무천황의 어동정(御東征), 강원어전도(橿原御奠都)니 하여 금치(金鵄)의 출현, 기원절(紀元節)의 유래 운운하던 것이 기원(紀元)도 황기(皇紀)가 아닌 서기(西紀)로 통일됨에 우리는 경이감을 느끼는 것이다. 대륙문화의 전래에 있어서도─이들 귀화인은 우리나라의 초빙에 의하여 온 것과 자발적으로 귀화하여 온 것이 있다. 그 중에도 한인(漢人)의 자손이라고 일컫는 자가 많았음에 주목할 것이다. 원래 조선반도에는 일찍이 한인(漢人)의 이주가 있었는데 한(漢)의 4군 설치시대에는 특별히 뛰어난 한문화가 들어왔다. 그런데 그 후 고구려의 세력이 발전되고 백제, 신라가 발흥되어 반도의 정세가 동요된 무렵에 대화(大和)조정의 세력이 신장되었으므로 그들 한인(漢人)과 반도 남부의 한인(韓人)들이 안주의 땅을 구하여 우리나라에 이주하기 비롯한 것이다.─라고 하였다. 성덕태자(聖德太子)의 자주적 외교의 확립이라고 하여 "일출처천자(日出處天子) 치서일몰처천자(致書日沒處天子)" 운운의 구(句)도 신 교과서에는 보이지 않고 구독본(舊讀本)에서─성덕태자 수사(修史)의 사업 즉 천황기(天皇記)와 국기(國記), 신(臣), 련(連), 반조(伴造), 국조(國造), 180부(部) 및 공민(公民) 등 본기(本記)의 편찬도 우리 국사의 요추(要樞)를 기록하여 장래에 남기고자 하옵신 국가적 문화 사업이어서 여기에 태자의 치열한 국가정신을 배(拜)할 수 있다.─라고 있던 것이 신독본(新讀本)에는─태자는 그 만년에 『서명략(書名略)』 국사 편수의 선종(先蹤)을 열었다. 이는 소아씨(蘇我氏) 멸망의 제(際)에 소실되어 금일 그 내용을 알 수가 없으나 태자의 국사편수의 정신은 천무천황(天武天皇)에 의하여 소술(紹述)되고 나라(奈良)시대에 들어가 『고사기(古事記)』, 『일본서기(日本書紀)』의 찬술이 되었다. 원래 우리나라 고대의 기년은 심히 정확을 결하여 그 실을 실(失)한 바 적지 않은데 추고천황(推古天皇)의 대(代)에 백제승 관륵(觀勒)이 와서 역본(曆本)과 천문지리의 서(書)를 헌(獻)하여 학생들로 하여금 이를 학습케 하여 천황의 12년(필자주 서기 604년) 정월 비로소 전국에 역법(曆法)을 반(頒)하였다. 이로부터 우리나라의 기년(紀年)도 비로소 정확하게 되었다. − 라고 있다.

재래에 취(取)한 그들의 비조문화(飛鳥文化)의 역사적 의의에 있어 − 비조문화는 삼백년에 긍(亘)한 대륙문화 섭취(攝取)의 역사에 일단락을 지어 외래문화에 대한 우리나라 문화의 자주적 태도를 찬연한 작품에 의하여 구체적으로 보인 것이고 거기에 중요한 역사적 의의가 존(存)한다. 또한 이러한 견실한 일본문화 발전의 방향이 성덕태자의 지도에 의하여 정해진 것은 우리 국민이 깊이 명기(銘記)치 않으면 안 될 바다. − 라고 있었음에, 신교과서는 비조시대(飛鳥時代)의 모든 문화상을 고고학적으로 논술하고서 항목을 바꾸어 '문화의 세계적 요소'라고 이 시대의 문화 유물에 나타난 고구려, 신라, 육조(六朝)로 거슬러 올라가 후한(後漢), 그리고 멀리 희랍과 중아(中亞)에 그 연원을 찾고서 결론으로 − 실로 애급(埃及) 앗시리아에 그 원(源)을 발하여 희랍을 지나 구아(歐亞)의 광대한 지역에 분포되었다가 최후에 극동 일본에 도달한 문화의 세계적 교류를 말하는 가장 좋은 예다. 이러한 사례는 달리도 얼마든지 볼 수 있어 이 시대 문화의 광범한 세계적 배경은 다시 나량(奈良)시대에 계승 확대되어 미증유의 예술문화를 현출하기에 이르렀다. − 라고 하였다. 나량시대(奈良時代) 찬수에 대하여 − 『고사기』는 고사(古事)의 표현에 고심한 바가 나타나 국문체로 기록되었고 『일본서기』는 기록의 집성에 주력되어 한문체(漢文體)를 채용하였는데 함께 우리 조국(肇國)의 굉원(宏遠), 국가발전의 유래를 중외에 선양코자 하는 국가정신의 현현(顯現)이다. − 라고 있었음에 − 『고사기』는 3권으로 되어 상권은 신화가 실리고 중권에는 일본무존(日本武尊), 신공황후(神功皇后)들이 주제가 되었고 하권은 인덕천황으로부터 추고천황까지의 설화가 실렸다. 그 기술 방법은 한자를 썼으나 그러나 한문의 체를 이루지 않은 독특한 문체로서 국어를 표현하였다. …… 『일본서기』는 30권, 계도(系圖) 1권이 편찬된 바, 문체는 전권(全卷) 한문으로 기록되었고 또한 이설(異說)은 그대로 "一書 曰"이라고 하여 실었다. 내용은 제1, 제2권이 신화로 가득하여 『고사기』 상권과 거의 같은 순서로 편찬되었고, 제3권 이하는 편년체로 신무천황(神武天皇)으로부터 지통천황(持統天皇)까지를 포함하여 정치, 외교, 경제, 각 방면의 기사를 망라하였다. 상고의 기사는『고사기』와 같이 전설적 설화가 많으나 시대가 내려감을 따라 확실성을 띠어 흠명천황(欽明天皇)경부터는 특히 그 경향이 강하다.—라고 하였다.

나량기(奈良期) 말엽에 불교 난숙의 폐로서 승 도경(道鏡)의 참상(僭上) 사건이 있었는데 재래의—도경과 같은 자는 위권(威權)이 조야를 눌러 칭덕천황(稱德天皇)대에 교만을 극하여 드디어 비망(非望)을 품기에 이르렀다. …… 라고 하였음에—도경은 스스로 천황의 위(位)에 나아가려고 하는 소망을 품게 되었으나 …… —라고 신교과서는 좀 더 구체적으로 설명하였다. 이 밖에 몽고군의 일본내습 실패를 태풍기의 폭풍우 때문이라고 한 것, 남북조 문제에 있어 구교과서가 족리의만(足利義滿, 제3대)으로부터 기산(起算)하여 13대 182년이라고 하던 것이 신서(新書)에는 존씨(尊氏, 제1대)가 비로소 막부를 일컬은 후로 15대 235년이라고 사실대로 말한 것, 북조(北朝)의 광명설(光明說)을 위황(僞皇) 운운(云云)하던 것이 광명천황(光明天皇)이라고 고쳐진 것, 존황(尊皇) 정신의 권화(權化)라고 대서특필하던 북전친방(北畠親房)과 남정성(楠正成)에 대하여「신황정통기(神皇正統記)」는 다만 고업(古業) 부흥의 일서(一書)로 그리고 "남정성(楠正成)은 주(湊)에서 자인(自刃)하였다"라고만 서술된 것, 전국시대의 황실 식미(皇室式微)와 그 인자(仁慈)라든가 국민의 근황(勤皇)이란 것이 전연 자취를 감추었고, 직전신장(織田信長)·풍신수길(豊臣秀吉)의 황거수리(皇居修理)·료소(料所)·공어(供御)의 복구를 한 재정상 문제를 도리어 신분제도의 확립으로 볼 것, 덕천광국(德川光圀)의 대일본사 편수에 대하여서도 서명(書名)도 쓰지 않고 다만『사서(史書) 연구』의 제하(題下)에 그의 수사사업을 소개하였을 뿐이다.

그러면 이와 같이 종래 철저하게도 국체관념을 부식하기에 열중하던 일본 문부성은 신교과서에서 어떠한 사관을 세웠는가. 소위 문화사적 사관을 세웠다고 보겠다. 이미 소개한 바와 같이 개권 벽두에 국토와 민족을 말하여 지리적 환경의 중요성을 보였고 고고학적 연구를 빌어 일본 고대 주민의 생활상을 말하였으며 문화 수입의 유래와 경제문제에 많은 서술이 있음과 개인－천황, 공신 등－중심의 서술을 볼 수 없음으로 해서다. 연표 기타가 서기로 통일되고 일본 기원(紀元)이 없어진 것, 황실의 계보가 실리지 않은 것은 국체관념 지상주의로부터 정상화하려는 과학적 일본역사로 전환하는 태도를 보이는 것이다.

2. 조선사에 관한 모든 문제

신교과서에서 조선과 관계된 사관을 어떻게 말하였는가. 제2장 대화(大和)시대 제1절 국가의 성립에 '대화조정의 성립과 아울러 조선반도의 경영'이라는 일항(一項)이 있어－이윽고 대화(大和)조정 국가통일의 여파는 북구주(北九州) 세력의 배경이 되어 있던 조선반도에 미쳤다.『위지(魏志)』왜인전(倭人傳)에 의하면 3세기경에는 이미 반도 남단에 왜의 일소국이 있었음을 기록하였고 또 5세기 초에 세워진 고구려 호태왕릉비에는 4세기 말로부터 5세기 초에 걸쳐 우리나라 군사가 바다를 건너 백제·신라·가라를 정복하고 다시 나아가 고구려병과 지금의 경기·황해 양도 부근에서 교전한 것을 기록하였다. 이리하여 우리나라는 신라 남(南)에 있는 임나(任那)에 일본부(日本府)를 두어 우리 사신이 국재(國宰)가 되어 거기에 주재하였다. (중략) 그런데 웅략천황(雄略天皇) 경으로부터 반도에서의 대화조정의 세력 유지가 곤란케 되었다. 이즈음 반도에서는 고구려와 신라의 세력이 점차 강성하여 우리나라와 친선관계가 깊은 백제와 임나를 자주 침습하였다. 우리나라에서는 그 때마다 군병을 파견하여 백제와 임나를 원조하였으나 파견된 장군들은 조국을 위하는 생각이 적어 혹은 내홍을 일으켜 반목하고 혹은 신라에 내통하는 자가 있는 중에 국내에서도 대화(大和)조정을 도와 반도 경영의 형(衝)에 당하고 있던 씨족이 서로 자가(自家) 세력만을 신장코자 의견을 대립시켜 방침이 일정치 않았다. 이리하여 일본부(日本府)의 세위는 석일(昔日)의 면영(面影)을 잃었음에 반하여 신라의 형세는 더욱

강해져 흠명천황(欽明天皇) 23년(서력 562)에 신라는 임나를 멸하였으므로 일본
부는 드디어 폐쇄(閉鎖)치 않을 수 없게 되었다.-라고 있는 것이 조선 관계로
처음 보이는 제목이다. 종래 교과서에서 보던 소잔명존(素盞嗚尊)의 도한(渡韓),
신공황후(神功皇后)의 신라정벌 운운의 기사가 없어진 것, 조선반도에서의 일본
과의 관계를 중국 사승(史乘)과 반도 최고 금석문헌의 하나인 광개토왕릉비에서
끌어 실증하려는 태도, 임나 문제에서의 일본 관리의 부덕 등을 든 것은 진보적이
라고 볼 수 있으나, 그 제목-조선반도의 경영-에 있어서 우리는 그 타당치
않음을 지적치 않을 수 없으니『위지』왜인전의 사료 비판은 일본학계에서
아직도 귀결을 얻지 못한 것이고(청원정웅(淸原貞雄) 저,『일본고대사론』,
168~188쪽 참조) 광개토왕릉비의 "倭 以辛卯年 來渡海破百殘, □□□, 羅 以爲臣
民."의 해석에 있어서 위당 정인보 선생의 미래어설(未來語說)-신민을 삼으
려 한다(「조선문학원류초본(朝鮮文學源流草本)」, 연전 문과 연구집『조선어문
연구(朝鮮語文硏究)』소수 참조)-라 발표한 것이 정설이 못되었다고 하더라도
경영이란 제목을 붙이기에는 대담하다고 아니할 수 없다.

그 다음 왜구에 대해서는 제6장 겸창시대(鎌倉時代) 제3절 사회와 경제의
무역이란 항목 안에-우리 국민 중에는 무력으로 지나(支那) 연안을 어지럽힌
왜구가 있어 실정시대(室町時代)에 들어와 그 도량(跳梁)이 더욱 심하였다.-라
고 쓰여 있고 제7장 실정시대(室町時代) 제3절 경제의 발전, 그 무역 중에-왜구
의 도량은 더욱 격렬하여 항상 일명(日明)·일선(日鮮) 외교의 주요한 문제가
되었었다.-라고 있다. 그리고 임진·정유왜란에 관한 기사는 어떠한가.-이와
같은 수길(秀吉)의 정책은(필자주=무역정책을 말한 것) 드디어 대병(大兵)을
움직여 문록(文祿)·경장(慶長)의 역(役)을 야기하기에 이르렀다. 이미 신장(信長)
은 명·조선과의 통상무역을 기도하였으나 이루지 못하였고 수길(秀吉)이 정권
을 잡자 사(使)를 조선에 보내 통상을 구(求)하는 동시에 명나라에의 중개를
교섭하였으나 조선이 거절한 바 되었다. 그러므로 太正 19년 수길(秀吉)은
관백(關白)직을 양자 수차(秀次)에게 넘기고 스스로 태합(太閤)이라 일컬어 전심
(專心) 외정(外征) 준비에 착수하였다. 이리하여 文祿 원년(서력 1592) 수길(秀吉)

은 조선 출사의 명령을 내리고 친히 선발군과 함께 명고옥(名古屋)에 출진키로 결정하였다. 이때 조선에 출병한 병수(兵數)는 범(凡) 15만 8천인, 즉시 조선 전토의 태반을 거두었다. 일방(一方) 점령지역의 확대와 아울러 수비병의 증원이 필요하였는데 양식의 결핍과 수군의 부진으로 증병이 뜻 같지 않아 이로 말미암아 재선(在鮮) 제군(諸軍)은 진퇴에 궁(窮)하여 그 활동은 현저히 정체되었다. 그 후 명군은 구원키 위하여 대군을 보내어 왔으나 패퇴하였다. 이에 명나라와 우리나라 사이에 화의(和議)가 강(講)하여졌었으나 깨어져서 경장(慶長) 2년 다시 싸움이 시작되었다. 이번에는 소조천수추(小早川秀秋)를 총수(總帥)로 하여 약 14만의 병(兵)을 출진(出陣)시켰으나 기근과 역려(疫癘)로 인하여 남선(南鮮) 일대를 점하는데 지나지 못했다. 익(翌) 3년 8월 수길(秀吉)이 죽으며 재선(在鮮)의 장사(將士)는 철퇴하니 전후 7년에 뻗친 외정(外征)도 드디어 실패로 돌아갔다. 이 전역의 결과 풍신(豊臣) 씨는 그 세력을 소비하고 인망을 잃어 멸망의 기(期)를 재촉하였으며 홀로 우리나라뿐만 아니라 조선의 국토를 피폐케 하고 명나라의 재정 곤란을 일층 심하게 하여 그 멸망의 일인(一因)을 지었다. 그러나 타면(他面) 이 전역에 피지(彼地)로부터 혹은 전적(典籍)을 가져오고 혹은 활자(活字)를 수입하고 혹은 제도기술(製陶技術)을 전래한 것 등 문화상에 미친 영향은 현저하다. 또한 이 전역(戰役)의 결과로 선박(船舶) 기술이 향상되어 후방수송(後方輸送)으로 수운업자를 윤택케 하며 그들의 강호시대(江戶時代) 번성의 일(一)을 지었다.—라고 있어 기병(起兵)의 원인을 오로지 외국무역에만 돌린 것 같음은 제3세 국민에게 힘써 평화주의적 색채를 표시하려는 의도이겠지만 눈 감고 아웅하는 수작인 것이다.

끝으로 明治 연간의 조선 문제를 살펴보면 소위 정한론(征韓論)에 대하여—조선 문제는 당시 최대 국책(國策)의 하나였는데 조선국 측 태도에 인(因)을 발(發)하여 무력으로 조선국과의 국교재개를 요망하는 논자와 내치(內治)를 현하(現下)의 급무로 하는 자중논자로 나뉘었었다.—라 하였고, 강화도 사건에 대하여—정부는 조선 내부에 구세력이 반거(蟠居)함을 보고 무력으로 이를 위혁(威嚇)하려고 군함을 파견하여 교섭의 촉진을 기(企)하였다. 우리 군함은 강화도에서 공격되어 드디어 외교교섭은 개시되어-라고 있어 정한론에서는 그 주원인을 우리에로 돌리고 강화도 사건에서는 그들의 음모정책이 있음을 솔직히 고백하였다. 그들은 병자수호조약의 결과를-일본의 강경외교는 조선의 조야를 자극하여 반일의 공기(空氣)가 넘쳤었다.-라고 보고서, 임오군란에의 연관을-조선 내의 반일 세력은 극히 뿌리 깊은 바 있었다. 즉 변리공사(辨理公使) 화방의질(花房義質)의 부임 후 조선개혁론자가 일본의 지도를 받아 먼저 군제개혁에 착수한 즉 타파의 거두 대원군은 반일 세력을 규합하여 15년 7월 폭도로 하여금 왕궁에 침입케 하여 정권을 잡았다.-라고 말하고, 갑신정변의 결론으로-우리 출선당국(出先當局)(경성 주재 일본공사를 말한 것)이 조선 내 정정에 통(通)치 못하여 척족 살해의 책(策)에 동의한 것은 조선국 정부로 하여금 사변의 주책임을 일본 정부에 지워야 한다는 강경태도를 취하게 하여 사변 후의 조약 체결에 다대한 장해를 생(生)케 하였다.-라고 하고서 다음의 천진조약(청일 간의 정치적 협정) 체결의 필요를 설명하였고, 그 결과로는-이리하여 어느 정도로 조선 내 일청관계의 조정은 성공한 것처럼 보였으나 양국 대립의 형세는 더욱 분명해져 조선 국내의 복잡한 정정(政情)과 아울러 파국에 가까웠다.-라고 하였다. 그리고 청일전역(淸日戰役)에 있어-(明治) 27년 동학당의 반란이 커지자 그 목표가 되어 있는 척족 민씨는 그 진압을 위하여 출병을 청국의 조선주재총리 원세개(袁世凱)에게 하였다. 그는 곧 이홍장(李鴻章)에게 타전하였으므로 이는 직예제독(直隷提督) 휘하 부대에게 출동을 명하는 동시에 천진조약에 기(基)하여 일본 정부에도 출병을 통고하였다. 일찍이 동학당의 동향에 주의 중이던 우리 정부는 이에 청국과의 세력 균형을 도(圖)하고자 제물포협약에 쫓아 군대를 출동키로 결심하였다. 그런데 급거 귀임한 대조(大鳥) 공사가 경성에 도착하자 당비(黨匪)는 이미 정부군과 타협하여 사태는 정온(靜穩)해졌으므로 일본군 주둔의 필요가 없음을 보자 청국 측과 협의하여 공동철병을 본국 정부에 청훈(請訓)하였으나 정부와 군부는 이 기회를 이용하여 조선 정부의 개조를 계획하고 일본 세력을 확립하자는 주장이 강하여 청국 정부에 공동으로 조선 내정개혁을 제의하여 거절되자 이것을 구실로 단독행동을 취하기로 하였다. (중략) 단호한 일본 정부의 태도에 청국측은 일면 충돌을 회피하여 일방(一方)으로 북경 외교단의 유력자 러시아 공사, 영국 공사에게 중재를 의뢰하여 평화적 해결을 희망하였으나 7월 25일 일본군의 풍도(豊島) 근해에서의 청국군함 격양(擊攘), 29일 성환(成歡) 육전(陸戰)에 의하여 전단(戰端)은 드디어 열려 8월 1일 明治천황(明治天皇)의 대청선전에서 환발(渙發)을 보게 되었다.-라고 있어 그 침략성을 숨기지 않았다. 아일전쟁(俄日戰爭)에 있어-영국의 전쟁 중 일본에 여(與)한 원조는 적지 않다. 그것은 일본 해군의 증강을 돕고 러시아 해군의 팽창을 억압하였다. 또한 아메리카는 일본 측에 가담하여 특히 대통령 루스벨트가 보인 유형무형의 원조는 특필하지 않으면 안 된다.-라고 있는바 사실과 아첨이 상반(相半)함을 독자는 수긍할 것이다. 최후로 한국 종언사(終焉史)에 있어-그러나 본 협약(보호조약)은 실질상 한국 독립의 의의를 상실케 하는 것이므로 조선 조야의 분격을 야기하여 민심은 자못 동요하였다. (중략) 이등(伊藤) 통감은 주둔군을 배경으로 반군정(半軍政)을 포(布)하여 이로 인(因)하여 서정은 일신되었다. 이와 같은 통감정치에 대한 반대운동은 40년 해아회의(海牙會議)에 한국 황제가 밀사를 파견한 것으로 나타났는데 열국의 승인을 얻지 못했다. 그러나 도리어 이 사건은 우리 정부로 통감정치를 강화케 하여 황제는 양위치 않을 수 없게 되어 황태자의 즉위를 보게 되었고, 일한의정서는 다시 확대되어 통감의 권한이 강화되었으므로 한국 정부는 시정개선에 대하여 통감의 지배를 받으며 법령제정, 중요한 행정상 처분, 고등관리 임면에 있어서도 통감의 동의를 얻게 되었으며 군대는 해산되었다. 이어 한국 정정(政情)은 일변하여 정부의 실권은 전혀 통감에게 옮겨져 벌써 병합은 시기문제화 하였다. 우연히 거의 때를 같이한 일한 양국 원훈(元勳)의 조난(遭難)은 병합 촉진의 기회를 만들었다. 곧 전 통감 이등박문(伊藤博文)은 42년 10월 할빈에서-한인(韓人)에게 저격되어 몰하고 한국 수상 이완용도 12월 습격을 받아 부상하였다. 일부 한국인 유지의 일한병합건백서(日韓倂合建白書)는 병합의 기회를 엿보던 우리 정부의 동의한바 되어 신중 고려한 결과 드디어 43년(서력 1910) 8월 사내정의(寺內正毅)가 신통감으로 착임(着任)한 것을 기회로 조약안을 제시하여 이달 22일 사내(寺內) 통감과 이수상과의 사이에 병합조약은 조인되었다.—라고 서술한바 우리로서는 너무도 미온적이라고 비평할 수밖에 없는데, 그 전 교과서에 비해서는 진보적이라고 볼 수 있을까. 좀 더 그들의 솔직한 서술을 우리는 요구하고 싶다.

3. 태평양전쟁까지의 고백

이제는 大正·昭和시대 일본의 군국주의의 발전과 그 국제적 지위에 대하여 어떻게 서술하였는가를 검토하고 태평양전쟁을 일으킨 원인과 패전 후 어떠한 새로운 길을 가려는가에 대한 고백과 각오를 살펴보자. 이에 대하여는 다음과 같은 목차로 서술하였다.

제18장 大正·昭和시대
 제1절 협조외교와 일미관계
    구라파대전과 일본의 참전
    베르사이유 회의와 국제연맹
    워싱턴 회의
    해군 군축제한 문제
    대지(對支)문제의 신전개
    9국 조약
 제2절 정당정치의 전개와 국내 정세
    정당정치의 확립
    보통선거법의 채용
    정당내각의 해소
    경제계의 진전
    사회운동의 발생
 제3절 군부의 정치지배와 태평양전쟁
    사회운동의 격화

군부의 정치관여와 만주사변
지나사변과 방공협정
군부의 정치지배강화
아메리카의 조정과 구주(歐洲)대전의 재발
동조(東條)내각의 성립
태평양전쟁의 발발
전국의 전환
패전
민주주의국가의 건설

이 순서로 끝막았는데 그 요점만을 들어 보건대 일본의 구주대전(歐洲大戰)의 참가와 대전 이후의 해군 군비 제한 문제로 인하여―이리하여 10년래의 군축안은 이에 위선(爲先) 종합적으로 성립하였으나 이 협정에 대한 불만은 우리 해군 부내와 민간 일부에도 일어나 비준은 반년 후인 10월에 겨우 행해졌고 이 공기가 우리나라의 정정(政情)에 미친 영향은 극히 심각하였다. (중략) 세계대전 후 우리 정부의 대외정책은 이를 불만히 여기는 군부와 민간 일부의 비난하는 바 되어 지나 문제의 분규와 한 가지 이에 일전(一轉)하여 저들의 창도하는 소위 자주적 외교라고 칭하는 비협조적 태도를 보이는 기운을 생하자 이것이 드디어 고립을 초(招)하여 우리나라를 파국으로 인도하였다. ― 라고 술하고, 대지문제의 신전개에 있어―이것(대지(對支) 21개조 요구사건)은 중국의 주권을 위협하는 것이었으므로 중국 정부는 극력 이에 반대하며 우리나라의 태도를 비난하여 교섭은 정돈되었으나 우리나라는 드디어 최후통첩을 발하여 강경하게 그 승인을 박(迫)하여 5월말 겨우 2항 13조의 개정안은 성립되었다. ― 라고 말하였다.

다음에 정당정치의 확립과 보통선거법의 채용을 설명하고 정당정치의 부패로 인하여 군벌정치에로의 이행을 경제계의 진전과 재벌의 정치좌우 경향 및 사회운동의 발생·격화에 관련시켜 서술하였으니 자본주의 발달의 유래와 사회운동의 발생을 통계적 수자로 보인 것 같음은 교과서로서 격세의 감이 없지 않다.－일방(一方) 이러한 좌익운동에 대한 반대운동은 일면 중국의 배일운동 격화와 이에 대한 정부의 미온적 외교를 불만히 여기는 견지에서 대지강경운동(對支强硬運動) 곧 국가주의적 운동이 되었고 이것이 또한 국가개조를 몰래 획책하는 소위 우익운동으로 서서히 발전되었다. 더구나 이것이 청년 특히 군부 청년장교 사이에 일찍부터 포회(抱懷)된 '대륙론'과 합치함에 미쳐 그 세력은 급속히 증대하였다.－라고 군부의 정치관여 과정을 설명하였다. 소위 만주사변에 대하여는－일청(日淸), 일로(日露)의 양 전역(戰役)이 만주 땅에서 행해진 결과 만몽(滿蒙)의 땅에는 점차 일본의 세력이 침윤되었으므로 군부 중심의 일부 제국주의자는 이것을 지나 본토에서 분리하여 어떠한 특수권익의 땅으로 하자는 야망을 품어 이를 우리나라 자본주의경제의 진전과 증가하는 인구문제의 해결책에 연결시켜 우리 국민 일반에게 삼투(滲透)시키려고 노력하였다. (중략) 그래서 이러한 사상의 중심은 육군이었고 특히 만주에 주둔하는 관동군이 그 중추였었다.－라고 그 서설을 삼고 해군축소문제에 대한 불평으로 생긴 해군부내의 불평분자의 존재를 말하고서－이리하여 관동군을 중심으로 한 육군의 강경파와 해군의 일부 급진파는 민간의 우익파 곧 광열적 애국자와 합작하여 이에 그들이 호칭하는 '소화유신(昭和維新)'이라고 하던 무력혁명(武力革命)을 기획하게 되었다.－라고 하여 서설의 뒤를 이은 후－그들은 무력행위로 서서히 개혁을 단행하여 이미 벌써 昭和 3년에는 장작림(張作林) 폭사사건을 일으켰으며 (중략) 昭和 5년에는 애국사(愛國社)라고 칭하는 민간단체의 2인에 의하여 빈구(濱口) 수상의 암살미수사건이 있었고 익년(翌年) 3월에는 3월혁명이라고 일컫는 조직적 폭동이 계획되어 드디어 9월에는 만주 봉천 부근에서 돌연히 관동군의 지나군(支那軍) 공격이란 대사건으로 표면화하였다. (중략) 그들의 손에 의하여 만주인의 총의(總意)라고 하고서 만주국을 건설하여 중국 주권으로부터의 이탈을 강행하였다. (중략) 만주사변 획책자가 계속 중앙부에 복귀하자 …… 만주의 군사행동에 반대한 견양(犬養) 수상은 암살되어 이에 정당 내각은 자취를 지우고 중간(中間) 내각이 현출하였다. …… 만주국 발전에 득세한 군부는 다시 그 칼날을 접경지대에 향하여 열하(熱河)

를 점령하며 만주국에 붙이고 (昭和 8년 3월) 남하, 북지(北支)에 향하여 당고정전협정(塘沽停戰協定)의 성립, 매진(梅津)·하응흠협정(何應欽協定)을 보았고 찰합이성(察哈爾省)에 관한 협정(昭和 10년 6월)으로 드디어 송철원(宋哲元) 정권과의 사이에 완충지대 설치 명목으로 기찰(冀察) 정권 수립에 성공하였다(동년(同年) 12월).—라고 하며 만주사변의 추이와 그 진상을 드러내었다. 그 다음 소위 지나사변에 들어가—북지(北支)에서의 일지마찰(日支摩擦)은 드디어 지나사변(支那事變)을 권기(捲起)하였다(昭和 12년 7월 7일). 그러나 전화(戰火)는 다시 상해 지구에 미쳐 점점 전면적 일지(日支) 전쟁화 하였다. 싸움은 대개 일본의 우세로 진행되었으나 전국(戰局)은 더욱 복잡화하여 중국 측의 항전은 남경에서의 일본군 잔학행위를 계기로 더욱 격화되어 중국 정부는 중경(重慶)에 옮겨서 장기전의 조(兆)를 보이기에 이르렀다.—하고 방공협장(防共協定)에 대하여 구주현상을 말하고서—사상적 공통점을 가진 우리 군부는 이 형세에 자극되어 더욱 주의 관철에 맹진하였다. 昭和 12년 11월 먼저 일독(日獨) 양국 간에 방공협정이 맺어졌었는데 익년(翌年) 11월에는 이태리가 이에 참가하여 그 성격을 명확히 하고 아울러 외교장의 고립에서 벗어나려고 하였다.—라고 설명하였다. 이 형세는 군부의 정치지배 강화와 미국의 조정으로 진전됨을 말하고 일본의 이에 대한 태도에 대하여—국무장관 헐은 일(日)·지(支) 양 대사에게 개별적으로 회담하여 양국 분쟁에 관한 조정의 의사가 있음을 말하였으나 우리나라는 이에 반답(返答)치 않고 적극적으로 지나(支那) 파견군을 증강하였다. 1937년 11월 아메리카 기타 18개국은 브뤼셀에 회의를 열어 일지분쟁(日支分爭)의 평화적 해결을 도모하였으나 우리나라의 거부한 바 되었다. 이리하여 일본은 구미외교계에서는 독(獨)·이(伊) 이외의 나라와 전혀 격절(隔絶)하기에 이르렀다.—라고 고백하였다. 그리고 구주대전(歐洲大戰)의 재발과 삼국방공협정에서 삼국군사동맹 결성으로의 필요성은 그 대상이 미국이었음을 말하고—더욱 구주전선(歐洲戰線)에서의 독일의 승리, 불란서의 대독항복(對獨降伏)은 삼국동맹의 주창자로 더욱 자기 힘을 과신케 하며 그 창도하는 신질서의 성공을 꿈꾸게 하였다.—라고 하였다.

근위(近衛) 내각의 '대동아공영권' 성명과 이에 대한 영불란미(英佛蘭美)의 일본 재외자산동결, 통상조약 폐기로 말미암은 타개책－대미 화평교섭－의 군부 급진파의 방해로 드디어 동조(東條) 내각의 조직을 보게 된 바 이에 대하여－ 그 지도자인 동조(東條) 육상(陸相)은 근위(近衛) 내각을 해체시키고 이어 신내각을 조직하여 각원(閣員)을 강경파로서 다지고 수상 스스로 현역으로 복귀하여 육상(陸相)·내상(內相)·군부상(軍部相)을 겸하여 거의 독재적 내각을 조직하였다. 昭和 13년 이후의 군부 정치지배는 이에 전혀 그 극(極)에 달하였다.－라고 말하였다.

태평양전쟁의 발발에 있어－파국에 빈(瀕)한 일미회담을 계속하기 위하여 내서(來栖) 특파대사가 워싱턴에 파견되어 야촌(野村) 주미대사와 함께 신 제안을 하였으나 쌍방의 타협은 이루지 못하고 드디어 군사행동을 취하게 되어 12월 8일 선전포고에 앞서 우리나라 해군은 돌연 하와이 진주만을 공격하였고 이어 남방의 미·영기지에 무력행위를 개시하였다. (중략) 개전 당초의 선제공격에 의하여 전국은 자못 유리하게 전개되어 (중략) 이에 '대동아공영권'은 성공한 것처럼 보였다.－라고 말하고 전국의 전환에 있어 독재정치의 강화, 의회정치의 형식화, 언론·경제통제를 위한 제 법령의 공포를 들고－또 정부는 그 점령지 행정의 일동향으로 가독립허용(假獨立許容)의 책(策)을 강(講)하며 그들 주민의 갈변(喝采)을 박(博)하려고 시(試)하였다.－라고 말하였다. 패전에 있어 그 경과를 술(述)하고－이에 태평양전쟁은 3년 유반(有半)을 지나 아주 종결되어 9월 2일 횡빈(橫濱) 근해 미주리함상에서 우리나라 대표는 항복문서에 조인하여 우리나라는 전면적 패배를 끽(喫)하였다.－라고 말하였다.

이 교과서의 마지막 항은 "민주주의국가의 건설"인데 연합국의 진주상황(進駐狀況)과 그 목적을 말하고 이로부터 일본의 갈 길을 명시하며 아울러 교과서로서의 결론을 삼은 바 필자의 본의는 결코 아니나 원문 그대로 옮기어 지금까지 필자가 할 수 있는 대로 직역법(直譯法)을 써서 그들의 표현을 독자에게 이해시키려고 애쓴 것에 참고를 삼고자 한다.

天皇は昭和二十一年の年頭に當り詔書を發せられ，明治初年の五個條の御誓文を引用し，その趣旨に則り，舊來の陋習を去り，民意を暢達し，官民を擧げて平和主義に徹し，教養豊かに文化を築き，民生の向上をはかり，新日本を建設すべしと述べられ，かつみづからその神格を否定され，人民との間の紐帶は相互の信賴と敬愛とによって結ばれるものであって，單なる神話とにより生じたものではなく，また日本國民も他の民族に優越する民族で世界を支配すべき運命を有するといふが如き架空な觀念に基づくものでないと示された．わが國の今後の進路は民主主義による新國家の建設にある．人民またこれに積極的に協力してゐる．

천황은 昭和 21년의 연두를 맞아 조서를 발표하였다. 明治 초년의 5개조 서문을
인용하여 그 취지에 따라 구래의 누습을 없애고 민의를 창달하며, 관민 모두가
평화주의에 철저하고, 교양이 풍부한 문화를 만들고, 민생의 향상에 노력하며,
새로운 일본을 건설하자고 말하였다. 또한 스스로 그 신격을 부정하고 인민과
의 사이의 유대는 상호의 신뢰와 경애에 의해 연결되는 것이지 단지 신화에
의해 생기는 것이 아니며, 또 일본국민도 다른 민족보다 우월한 민족으로
세계를 지배할 운명을 가지고 있는 것과 같은 가공의 관념에 서 있어서는
안 된다고 지적하였다. 우리 나라의 금후의 진로는 민주주의에 의한 신국가의
건설에 있다. 인민 또한 여기에 적극적으로 협력해 나가자.

라고 끝막았다.

결어

우리는 통감군정시대 이래 40여 년간 제 나라 역사에 대한 정당한 지식을
얻기가 어려웠고 우상화, 가식화한 일본 역사를 배웠다. 전패국 일본 그 후의
역사교육이 어떠한 새 길을 밟고 있는가에 대하여 큰 호기심을 가지고 있으므로
일본 문부성 편찬의 새 교과서에 의하여 이상과 같은 검토를 시(試)한 것이다.
우리는 그들이 완전히 우상화, 가식화로부터 탈퇴되었는가를 아직도 의심한
다. 그것은 과학적 상도로서의 연구적 양심도 있겠지만 아직도 연합국의 지도

감시 하에 있는 점과 그들 국민성의 하나인 국민성이 지면에 나타남으로 해서다. 또한 교과서 내용이 변하였다 하더라도 교수자의 방법에 따라 자유자재로 가르칠 수 있음이랴. 들리기에는 교원의 질을 검토하여 국수주의자, 전범자를 교단에서 추방하였다고도 하지만 그들이 가져온 황실중심주의, 우월성은 패전 후 지금도 남아 있다 함을 우리는 익히 아는 것이다. 더욱 조선사와의 관계에 있어 이미 말한 바와 같이 그 부당성을 지적하였고 미온적임을 말하였는데 특히 '조선반도의 경영' 운운에 있어서는 그들의 식민지로서 온갖 고초를 겪은 우리로서 크게 경계하지 않을 수 없는 점이다.

돌이켜 해방 후 우리 조선사 방면을 일고하면 아직껏 일반 대중은 물론이거니와 학도들에게 안심하고 읽으라고 추천할 만한 개설이나 교과서가 없음을 유감으로 여긴다. 지나친 국수주의는 사실(史實)을 떠나기 쉽고 남만을 모방하려는 어느 이데올로기에 붙좇는 경향은 자아의 독자성을 잊기 쉽다. 과학적 연구법에 의한 엄정한 사실에 따라 문화사적 관찰로 그 전체를 파악할 수 있는 우리의 진정한 역사가 발표되기를 바라마지않는 때에 타산의 돌(石)로 이 일편을 엮어 참고에 공(供)하는 바다.

1947년 8월 29일 고료(稿了), 연대 연구관 급고재(汲古齋)에서
(『新天地』 제2권 9호, 1947.10)

『朝鮮古今笑叢』

　　민속학이란 학문은 아직도 성장 과정에 있는 것으로, 그 윤곽과 그 내용조차 학자에 따라, 지역에 따라 다르다. 우리 조선에서 민속학이 학적으로 연구된 것은 손진태 씨와 송석하 씨가 각각 학창(學窓)에 있을 때에 비롯한 것이니, 불과 25년 전 내외이겠고, 일본인으로는 금촌병(今村鞆)이 『조선풍속집(朝鮮風俗集)』을 간행하여 사학(斯學)의 개척자가 되었으니, 지금으로부터 삼여십년(三餘十年) 전이다. 그 후 전기(前記) 송, 손 양씨를 중심으로 한 조선민속학회가 창립되어, 기관지 『조선민속(朝鮮民俗)』이 발행되었고(3호까지 나왔다) 적송지성(赤松智城)과 추엽륭(秋葉隆)이 조선 민속 연구에 뜻하여 민속참고품실(民俗參考品室)을 두었고, 『조선무속연구(朝鮮巫俗硏究)』 상하 두 권을 발표하여 사학(斯學)이 독립한 학문으로 학계의 한 자리를 잡게 되었었다. 해방 후 송석하 씨의 열심은 드디어 국립 조선민족박물관의 개설을 보았고, 서울대학교 문리과대학에는 민속학 강좌를 두게 되었다.

　　조선민속학의 향상을 위하여는 무엇보다도 자료 수집이 급무인 바, 이 방면의 조형물과 문헌은 다른 학문의 것에 비하여 경시되어 왔고, 천히 여기어 온 느낌이 없지 않아 있다. 민속조형물은 미술적이 아니며, 골동적이 아님에 경시되어 온 것이고, 또한 이 방면의 문헌은 저속(低俗)·야비(野卑)한 기록이었으므로 천히 여기어 온 것이다. 국립 조선민족박물관의 사명이야말로 다른 고고나 미술박물관에 비하여 크고도 어렵다 보겠다.

　　조선민속학 방면의 문헌으로는 민간의 전승되는 신화·전설·민담·가요·속담·방언을 채취 활자화하여 새로이 문헌을 작성하는 일면(一面)과, 재래 숨어 있던 비장서(秘藏書)의 채색(採索)과 그 간행의 일면이 있다고 본다. 손진태 씨의 『조선민담집(朝鮮民譚集)』, 『조선신가유편(朝鮮神歌遺篇)』, 김소운 씨의 『조선구전민요집(朝鮮口傳民謠集)』, 박영만 씨의 『조선전래동화집』, 적송지성 (赤松智城)·추엽륭(秋葉隆)의 『조선무속연구』 상권의 무가(巫歌)는 전자에 속하는 것으로, 때가 지나면 다시 채집키 어려운 것도 있어 새로이 귀중한 민속문헌으로 활자화한 것들이다. 후자에 속하는 것으로는 전기(前記) 『조선민속연구』 하권의 무경(巫經), 동경서 활자화된 현종조 홍만종 편 『명엽지해(蓂葉志諧)』가 있을 뿐인데, 해방 후 정음사로부터 조선고이소총(朝鮮古以笑叢) 제1회 배본으로 『어수록(禦睡錄)』, 제2회 배본으로 『촌담해신(村談解頤)』, 『어면순(禦眠楯)』, 『속어면순(續禦眠楯)』이 인행(印行)되었음은 세간에 어떠한 평이 있는지 모르나 조선민속학상 귀중한 자료의 공급으로 본다.

『고이소총』 편자, 송신용 옹은 서고(書賈)로 반생을 지낸 분이나, 본래 호학의 사(士)로 특히 민속자료 수집에 뜻을 두어 가사(歌詞)를 모은 것만도 일서(一書)를 이룰만한데, 스스로 교정하고 스스로 구점(句點)을 찍어, 먼저 『고이소총』 간행의 장지(壯志)를 실현하니, 그가 아니면 채색(採索)할 수 없는 이 방면의 진기한 비장(秘藏)을 원문 그대로 간행함은 엽기적이 아니라 학적인 태도이다. 바라건대 제1, 2회에 그치지 말고 예정한 10부까지 완공되기를 비는 바이며, 계속하여 그의 고심 채집한 가사집도 간행되기를 바란다. 『소총(笑叢)』이 순전한 조선 고유 정조를 나타내기 위하여 선지(鮮紙)에 박고, 선장(鮮裝)으로 장본(裝本)되고, 혜원(蕙園)의 풍속화로 장식됨은 매우 좋은 점이나, 책의 크기가 일치치 않음은 총서로서 유감이다. 그 점도 통일하였으면 좋겠다.

바야흐로 독립하여 연구되는 조선민속학계에 있어 자료로서 『소총(笑叢)』이 간행되었기에 한마디 무사(蕪辭)로서 소개의 붓을 든 것이다.

(『鄕土』 제8호, 1948.3.15.)

「四山禁標圖」

『영조실록』권11, 동왕(同王) 3년 5월 경진(庚辰, 25일)조에

命 改定都城禁標 從都民等上言也 初 京城禁標 限以十里 而東西南三道 則皆以水川爲
限 北則以山脊 爲限 自猪噬嶺 至延曙 石串峴 兩川合流處 定其界 至是 都民等 請以瓮巖
之西 沙川爲界 蓋爲其繼葬也 上令廟堂稟處 大臣 諸臣 皆言其不可 上曰 近來 生齒蕃盛
郊外無一片空閑之地 今 從民願則 朝家恩澤 當及於白骨 許令沙川爲限

명하여 도성의 금표(禁表)를 개정케 하니 도민(서울에 사는 백성)들의 상언에
좇음이다. 처음에 경성금표는 한(限)하기를 10리로써 하여 동서남 3도는 다
수천(水川)으로 한(限)을 삼고 북은 산척(山脊)으로 한(限)을 삼아 저서령(猪噬嶺)
으로부터 연서(延曙)·석곶현(石串峴)의 두 내(川)가 합류하는 곳까지 그 계(界)를
정하였으니 이에 이르러 도민들이 옹암(瓮巖)의 서에 있는 사천(沙川)으로
계(界)를 삼자고 청하니 대개 그 계장(繼葬)(조상의 묘지에 자손도 묻히는
것)을 위함이다. 상(왕)이 명령하여 묘당으로 품처(稟處)케 하시니 대신·제신이
다 그 불가함을 말하는지라. 상이 가라사대 "근래 생치(生齒)(인민)가 번성하여
교외에 일편의 공한(空閑)한 땅이 없으니 이제 백성의 원(願)을 좇으면 조가(朝
家)(왕실)의 은택이 응당 백골에 미칠 것이다"라고. 사천(沙川)으로 한(限)을
삼게 허락하다.

라고 있다. 『영조실록』에 보인 금표는 금장(禁葬)인 것이 문면에 나타나 있어
면계를 조금 축소하여 인민의 편리를 도모한 것이다.

같은 의미의 법령이 영조 20년 갑자(서기 1744년)에 편찬되고 동22년 병인에

간행된 『속대전(續大典)』 권5, 형전 금속(禁俗)의 조에 실리었으니

> 京城十里內 ○東 自大菩洞·水踰峴·牛耳川·上下伐里·長位·松溪橋 至中梁浦 以川
> 爲限 ○南 自中梁浦·箭串橋·新村·豆毛浦 至龍山 以江爲限 ○北 自大菩洞·普
> 賢峯·猪噬峴·峨嵋山·延曙舊館基·大亇里 至石串峴西南合流處 以山脊爲限
> ○西 自石串峴·時威洞 沙川渡·城山·望遠亭 至麻浦 以川江爲限
> 入葬者 依盜園陵木律者論

이라고 있어 경성 10리내에 입장(入葬)하는 자는 원릉(園陵)－왕가의 묘지－의
수목을 도적한 법률에 의하여 논한다는 것이다. 경성 10리내의 한계는 동서남이
내(川)나 강으로 한계를 삼고 북쪽만이 산척(山脊)으로 한계를 삼은 바 서쪽
한계의 일부에 사천도(沙川渡)가 들었음을 보아 영조 3년 5월에 도민들의 소원을
허용하며 개정한 새 규정임을 알 수 있다. 그리고『속대전』에는 전기(前記)
법령에 계속하여

> 京城十里內 松木犯斫者 依律定罪

라고 있어 송목(松木)을 찍는 자에 대하여 상세한 벌칙이 그 아래 규정되었고

> 四山標內 木根·莎根採取者 土石堀取者 並依生松例 論

이라고 있어 목근(木根) 약초인 사근(莎根)과 토석을 굴취(堀取)하는 자에 대한
벌칙도 그 아래 규정되었으며

> 冒耕者 以强占官民山場律 論

이라고 있어 모경(冒耕)까지 금(禁)하야 경성 사주(四周) 산야의 보호에 주도한
용의와 제재가 있었음을 잘 알 수 있다.

그러면 「사산금표도(四山禁標圖)」는 어떠한 것인가. 종(縱) 880m, 횡(橫) 550m (印刷面上)의 목각(木刻) 일장(一張)의 인쇄물로서 상부가 문면(文面), 하부가 지도(地圖)로 되었다. 상부의 문면은

四山禁標圖
　　東道
大菩洞水 過水踰峴之北 入牛耳川 □□□過上下伐里·長位·松溪橋 至中梁浦 以川 爲限
　　南道
中梁浦川流 歷箭串橋·新村 至豆毛浦 以川爲限 自豆毛浦 西至龍山 以江爲限
　　北道
大菩洞之西 歷普賢峯 至猪噬峯 一支卯落 爲猪噬峴 西起爲峨嵋山逶迤 而西爲延曙 舊館基 歷代棗里 至石串峴西南 兩川合流處 以山脊爲限
　　西道
自石串峴兩川合流處西南 至時威洞 以川爲限 自時威洞 南至沙川渡 有谷路 以路爲限 自沙川渡南流 過城山之東 又 西折 而至望遠亭 以川爲限 自望遠亭 至麻浦 以江爲限 此乃四山禁標界限 而禁松則 東北 至楊州界 西 至高陽界 南與禁葬同
　　乙酉 八月 日 開刊

이라고 하는 것이 그 전문이다. 그 중의 일지묘락(一支卯落)＝한 가닥이 뚝 떨어져서 위이(逶迤)＝비스듬히 가는 것을 말하는 것으로 특히 서도(西道)에 있어 도민의 청원을 허용한 사천(沙川)이 포함되었음을 보아 이 「사산금표도」는 영조 3년 이후의 개간임을 짐작할 수 있으므로 을유는 영조 41년(서기 1765년)에 해당한다고 생각한다.

　지도는 상부에 실린 문면을 설명하기 위한 도면으로 성외의 동서남북 4도에 나타난 지명을 골고루 표시하는데 치중하였다. 따라 성내에는 궁궐과 사직·성균관이 보이고 있는 정도이고 성문·이름이 기입된 간단한 것으로 광해군 8년(서기 1616년) 이후 숙종 37년(1711년) 이전의 제작이라 추정되며 조선

현존 경성지도 중 최고라고 일컫는 구왕궁 소장의 경도도(京都圖)가 「사산금표도」의 모도(母圖)인 것 같으니 1934년(昭和 9년) 경성부 편찬 「경성부사(京城府史)」 제1권 권두 사진 「경도도(京都圖)」와의 비교와 그 설명으로 알 수 없다. 이 「사산금표도」의 개간(開刊) 년대 고정에 한두 가지 의의(疑義)가 없지 않음은 서소문의 소의문(昭義門)과 현 서울대학교 자리에 있던 경희궁이 구명(舊名) 소덕문(昭德門)·경덕궁(慶德宮)으로 실리어 있음이다. 『영조실록』 권60, 동왕(同王) 20년 8월 무신(戊申, 4일)조에

　　昭德門 俗呼西小門 舊無譙樓 命禁衛營營之 至是告成 改命以昭義
　　소덕문은 속칭 서소문이라 부르는데 본래 초루(성루)가 없든 것을 금위영에
　　명령하여 영작(營作)케 하였다. 이제 이르러 준공됨을 고하는지라 명하여
　　소의로 써 고치게 하다.

라고 있고, 『영조실록』 권95, 동왕(同王) 36년 2월 계묘(癸卯, 28일)조에

　　上 以敦義門內闕號 與章陵謚號 同音故 命大臣館閣堂上 會賓廳 議入改以慶熙
　　왕이 돈의문(서소문)안 대궐의 이름(경덕)이 장릉(章陵)(인조의 생부 원종이라
　　추존한 분)의 익호(경덕)와 동음인 고로 대신·관각당상에게 명령하여 빈청에
　　모여서 의론케 하니 경희궁이라고 고치다.

라고 있어

　서소문인 소덕문이 소의(昭義)로 된 것은 영조 20년 갑자(甲子, 서기 1744년)이고, 경덕궁이 경희궁으로 고치어진 것은 동왕(同王) 36년 경진(庚辰, 1760)이므로 구명(舊名)대로 실은 「사산금표도」를 영조 41년 을유(乙酉)로 고증하기에는 난점이 없지 않으나 그렇다고 해서 숙종 31년(1705년), 인조 23년(1645)의 을유로 거슬러 올라가기에는 영조 3년 5월의 도민(都民) 청원 허용의 기사와 『속대전』의 법령과 전후가 연락되지 않아 『경성부사(京城府史)』 편자가

『속대전』편찬 후 21년 영조 41년 을유(乙酉)의 제판(製版)이라고 단(정)할
수 있는 경성 고지도에는『속대전』에 기(록)한 것과 동문(同文)의 해설을
가하여 점선으로 이를 명시하였다.(동서(同書), 제1권 130쪽 원문 일문(日文))

라고 한 것처럼 단언키는 어려우나 모판(母板)이라고 추정되는 경도도(京都圖)
그대로 판각하였다고 너그럽게 보아 두고 후고를 기다리려한다. 또한『경성부
사(京城府史)』편자에 쫓으면 고지도(古地圖)(「사산표금표도」)의 표(標)는 지도
에는 점선으로 표시되고 실지(實地)에는 석표(石標)로 명시되었었는데 현재
정릉리 청수동(淸水洞)에는 "城底五里 定界標"라고 새긴 석표가 있어 도중(圖中)
의 내측 점선 중의 일 지점에 위치하여 있는바 지금껏 알려진 석표는 전기(前記)의
것 한 개 뿐이라 한다.(동서(同書), 제1권 131~2쪽 참조) 여기에 한마디 붙여
두는 것은 성저오리(城底五里)에 대하여 인바 "성벽에서 5리 거리 되는 곳"이란
뜻이니『세종실록』권148 지리지 경기도 한양 조하(條下)에

城底十里 東至楊州松溪院及大峴, 西至楊花渡及高陽德水院, 南至漢江及露渡

라고 있어 한양 성벽에서 10리 되는 지점을 보여주는데 이것이 영조 3년
기사 중의 "初 京城禁標 限以十里"에 해당하는 것으로「사산금표도」구역과
연관이 있어 보이는 것은 흥미있는 연구 자료다.

　『백민(白民)』지 주간의 애장(愛藏)「사산금표도」를 양수(讓受)함에 그 후의를
사(謝)코자 붓을 들었더니 고증에 고증을 더하지 않으면 필자의 학적 양심이
이를 허락하지 않아 수필을 뜻한 것이 난삽한 글이 되고 말았다.
　우작년(雨昨年) 8·15 해방 이후 반갑지 않은 해방도 있어 벌거벗은 반도의
산악은 다시 벌거벗은 자태로 변하여 뜻있는 이의 한숨만을 쉬게 한다. 한
나라 서울의 위용과 미관을 보전하기에 역대의 위정자들이 얼마나 애썼는가를
살피는 자료로 이「사산금표도」는 우리에게 많은 가르침을 준다고 필자는

생각하여 온고지신에 이바지하는 바다. 「사산금표도」를 사진으로 독자에게
보여드리고 싶으나 인쇄관계로 뜻 같지 못함을 유감으로 생각한다. 다만 그
판본이 남아 있어 근년 그 후쇄가 널리 항간에 퍼져 있음을 고하여 둔다.
필자가 양수한 것도 구쇄(舊刷)는 아님으로 자획의 불명한 곳이 있다.

1947년 8월 5일 연대 연구실에서

(『白民』제4권 2호, 1948.3)

朝鮮書誌學發達史小考

　조선서지학이 독립한 학문으로 출발하기는 아마도 불란서 학자 모리스 쿠-랑이 지은 "Bililigraphie Coreenne"(『조선서지학(朝鮮書誌學)』)으로부터 아닐까 생각한다.

　이 책의 간행이 1894~6년이었으니 이미 반세기가 지났다. 그러나 이웃 나라 중국에서는 서지학에 해당하는『예문지(藝文志)』(서기 1세기경에 반고가 편찬한『한서(漢書)』의 일편),『경적지(經籍志)』(7세기 전반경에 위징의 무리가 지은『隋書』의 일편)가 서목학(書目學)으로 발달되어 왔는데 이 학풍이 우리 조선에도 수입되었을 것은 물론이다. 고려시대에는 선종(1083~1094)때 의천이 지은『신편제종교장총록(新編諸宗敎藏總錄)』, 고종(1213~1259)때 판각된『대장목록(大藏目錄)』이 있었고 이조에 들어와 명종 9년(1554)에 어숙권이 지은『고사촬요(攷事撮要)』 가운데 실린『팔도책판목록(八道冊版目錄)』, 인조(1623~1649)때 김휴가 지은『해동문헌총록(海東文獻總錄)』, 정조(1777~1800)때 서유구가 지은『누판고(鏤板考)』, 고종 명찬으로 융희 2년(1908)에 간행된『증보문헌비고(增補文獻備考)』가운데『예문고(藝文考)』가 실렸는데 중국의 서목학을 본뜬 조선서지학의 선구적 문헌에 속하는 것들이다.

　전기(前記) 쿠-랑의『조선서지학』3책과 보유(1901간) 1책은 실로 사학(斯學)의 과학적 연구 업적으로서 첫 번째 것이며 보배로운 기록이다. 그 권두에 실린 서설은 조선문화를 적록한 소개 문헌으로 일찍이 일본인 천견윤태랑(淺見倫太郎) 박사로 말미암아 번역되어 비로소 널리 알려졌거니와 천견(淺見) 박사의

『조선고서목록(朝鮮古書目錄)』(1911)은 쿠-랑의 영향을 받은 일본인의 업적이다.

　일본인으로서 조선서지학을 가장 과학적으로 연구한 이는 전간공작(前間恭作)의 『조선의 판본(朝鮮の板本)』(1937), 『고선책보(古鮮冊譜)』(1944), 흑전량(黑田亮)의 『조선구서고(朝鮮舊書考)』(1940), 『서물동호회보(書物同好會報)』(제1~20호, 1939~44) 지상(誌上)의 모든 집필자군이겠고 조선 불교 서지학 방면에 대옥덕성(大屋德城), 강전준웅(江田俊雄), 일본인이 쓴 조선관계 문헌 전공가에 앵정의지(櫻正義之)가 있었다. 그 동안에 현 연희대학교 설립자이며 교수인 미국인 원한경 박사가 "A Partial Biliography of Occidental Literature on Korea(1931)"―『조선에 관한 서양인 문헌의 소(小)서목』―과 Gomperty의 『동서보유(同書補遺)』(1935)가 간행되어 3,251종의 문헌을 우리에게 제시하였는데 태평양전쟁중 제2 보유(補遺)가 인쇄 도중 일본인 탄압으로 압수되었던바 전기 Gomperty씨(전 경신학교장 미국인 군예빈(君芮彬) 박사의 서랑(婿郎))의 손으로 다시 개편된 신서가 불일간 간행되리라 하니 사학(斯學)을 위하여 성사라 하겠다.

　돌이켜 조선서지학의 조선인 측 연구상황은 어떠한가. 발표된 업적을 근거로 하고서 고찰하면 『대동여지도(大東輿地圖)』 저자 김정호에 관한 연구와 기타 고전해제를 다수 발표한 위당(爲堂) 정인보 선생(현 국학대학장)과 『조선어문학 명저해제(朝鮮語文學名著解題)』와 기타를 발표한 가람(嘉藍) 이병기 선생(현 문리과대학 교수)이 개창적 공을 가진 것이고 현 국립도서관 부관장 이재욱, 박봉석 양씨가 20여년간 총독부도서관시대로부터 사서로서의 직에 있어 해(該) 도서관 관계의 『문헌보국(文獻報國)』, 『조선지도서관(朝鮮之圖書館)』, 『독서(讀書)』 기타에 축적을 기울였으며 조선활자인쇄 기타에 추종할 수 없는 독특한 연구를 학산 이인영(현 연희대학교 강사) 씨가 『학총(學叢)』, 『서물동호회회보』 기타에 발표하였으며, 조선민속학계의 중진이면서 서지학 방면의 수집과 연구에 몰두하는 석남(石南) 송석하 씨(현 국립민족박물관장)의 발표가 『서물동호회회보』 기타에 있었다. 조선사료총간, 조선사료수집의 해제, 해설에 정확한 붓을 든 신석호 씨(국립국사관 부관장)의 노력과 국어, 문학 방면의 서지학

연구로 가장 발표가 많은 방종현(현 문리과대학 교수)의 성력을 우리는 잘
아는 바이다.

　대체로 해방이전 일정(日政)의 압박이 심하였음에 불구하고 꾸준한 연구로
사학(斯學)의 발전을 도모한 몇 분 학자의 업적을 열거한바 이분들을 중심으로
해방 후 조선서지학회가 탄생되어 앞날의 큰 기대를 갖게 됨은 일반 조선학계를
위하여 경하스러운 일이라고 생각한다.

1945년 5월 28일 연대 연구실에서

(『白民』 제4권 4호, 1948.7)

朝鮮書誌 關係 圖書展覽會를 열고서

조선서지학회가 몇몇 동지의 열성으로 결성된 것은 작년(1947) 8월 25일이었다. 그 사업의 하나로 연구발표회를 매달 열어 지난 6월까지 계속하였고(7, 8 두 달은 더위로 쉬기로 하였다) 그밖에 조선서지 관계 도서전람회를 열어 일찍이 일제시대에도 없었던 독특한 전관(展觀)을 감행하였다. 전람회 목록 후기에도 기록한 바와 같이 충분한 수집, 전시가 되지 못한 것, 서목(書目) 배열에 다소 이의가 있을 수 있는 것, 해설을 붙이지 못한 것-은 유감이라 아니할 수 없으나 처음의 시험이며 물질적 후원이 없었고 담당 위원들이 각각 바쁜 직장에 있다는 점을 용허한다면 어느 정도 성공한 전관(展觀)이라고도 볼 수 있겠으니, 첫째로 국립도서관의 장소와 시설과 그 도서관원들의 봉사적 협조가 무엇보다도 큰 도움이며 절대의 힘이었다. 장소의 중앙인 것과 진열설비의 완미(完美)는 달리 찾을 수 없는 호조건이며 관원들의 친절과 성의는 오직 머리를 숙이어 감사를 표할 따름이다. 6월 21일 상오 9시에 회를 열어 26일 하오 5시에 마감하기까지에 남자 1,025명, 여자 192명, 계 1,227명의 관람자가 있었다는 것은 전관(展觀)의 성질로 보아 결코 적은 숫자가 아니라고 본다. 선전에 협력하여 준 방송국과 각 신문사에 경의를 드려 마지않는다. 다음으로 문회불출(門外不出)의 희구비적(稀覯秘籍)을 빌려 준 국립서울대학교 중앙도서관, 국사관, 연희대학교 부속도서관, 송석하 씨, 이병기 씨, 이인영 씨, 김영완 씨에게 특히 감사를 드린다. 출진(出陳) 접수에 있어 국립도서관이 5할약(五割弱)을 차지한 것은 이 방면 소장이 풍부하였다는 점도 있겠거니와 장소관계로 국립도서관에 우선권을 주어 수집, 전시에 편리를 꾀하였던 까닭이고 거기에 없는 것을 다른 곳에서 수집, 진열하였던 것이다.

좀 더 시간적 여유가 있고 물질적 후원이 있었다면 전람 자료를 더욱 널리 구하였겠고 해제를 붙이고 사진을 넣은 이상적 목록을 꾸미었을 것이다. 서지학계의 원로격인 황의돈 선생을 비롯하여 위당(爲堂) 정인보, 육당(六堂) 최남선 씨의 문전(門前)을 찾지 못한 것, 구왕궁 내전 비적(舊王宮內殿秘籍)을 교섭하지 못한 것, 위창(葦滄) 오세창 선생의 문을 두드리었으나 한사(寒士)의 눈물겨운 살림에 잦은 반이(搬移)로 책 둔 곳을 알 수 없어, 찾지 못한 것, 진열 후에 "아! 이런 것도 출진(出陳)하였더면 ……" 하던 위원 제공(諸公)의 탄식이 하나둘이 아니었던 것. 위원의 성의 부족으로 보겠다. 그나마 목록을 인쇄하여 실비 이하로 제공한 것은 국립도서관의 큰 후의이었으니 서지학회가 그 사무소를 거기에 두어 장소를 무료로 쓰고 염치없이 관원의 수고를 빌면서 물질적 희생까지 내인 것은 사계(斯界)의 미담이라면 미담이려니와 앞으로 특지가(特志家)의 분발을 바라 마지않는 바이다.

조선서지학회가 발족한 지 1년도 못되어 이러한 첫 시험에 이만한 성과를 거두어 회원에게는 많은 새 연구 자료를 제공하였고 일반 학계에는 새로운 인식과 자극을 주었다고 믿는다. 앞으로 꾸준한 발전이 있기를 스스로 빌면서 전람회의 책임자로서 변언(辯言)과 감사의 뜻을 표하기 위하여 이 글을 엮는 바이다.

1948년 8월 8일 연대 연구실에서
(『文苑』(國立圖書館館報) 30호, 4281(1948).8)

해방이후(解放以後)의 고전복각(古典覆刻)
―영인본(影印本)을 중심으로

40년 가까이 왜정의 침략과 압박을 받아 오던 우리 땅에 해방의 기쁨이 찾아와 우리는 마음대로 쓰지 못하던 언어를 자유로 쓰게 되었고 남의 손에 더럽혀진 역사를 바로잡게 되었다. 이에 따라 우리의 언어 문자와 역사의 근거가 되고 원전이 되는 옛 문헌이 우리 앞에 여러 모양으로 다시 나타나게 되었으니 곧 고전의 복각이다. 그 중에도 예전 책 그대로를 사진판으로 바꾸어 낸 것도 있으며 혹은 주(註)를 달고 해석을 붙인 것도 있으며 한문으로 쓴 것을 번역하여 누구나 다 쉽게 읽도록 한 것도 있다. 여기에는 사진판 곧 영인본으로 된 것에 한하여 2, 3권 소개하려 한다.

『훈민정음(訓民正音)』

세종대왕께옵서 우리나라에 글자가 없어 사람의 의사와 감정을 나타내기에 불편이 막심함을 염려하시어 만들어 내신 것이 곧 훈민정음인데 그 원본의 일부분만이 대왕의 역사를 기록한 『세종실록』과 『석보상절(釋譜詳節)』 첫 권 부록에 전할 뿐이며 따로 언해본은 전하되 원본만은 온전한 것이 전하지 않아 일반이 애달프게 여기더니 다행이 1940년 여름 경상북도 의성군 어떤 집에서 그 원본이 발견되어 지금 보성중학교 교주로 계신 전형필 씨의 귀하게 간직한바 되어 있다. 재작년 가을 훈민정음 반포 오백주년 기념사업의 하나로 원본의 영인본이 나와 누구나 받들어 읽고 연구할 수 있게 되었다. 이로 말미암아 한글의 기원이 한문 글자의 전자체(篆字體)에 있다던가 몽고 글자에 있다던가 오랜 인도 글자에 있다던가 등 여러 말이 있어 오던 것이 다 없어지고 다만 조선 사람의 독창적임이 확실히 드러났다.

영인본 훈민정음은 조선어학회에서 출판하여 누구나 사서 읽을 수 있게 되었고 값도 저렴하여 인쇄도 분명하나 다만 원본 그대로를 사진판에 옮기지 않은 것이 유감이며 따로 끼워 있는 해제에 설명이 있다 하더라도 원본 책 안 뚜껑에 원본 가진 이의 이름과 그 크기를 적는 것이 옳은 것인데 이것이 없음은 섭섭한 점이다. 서울대학교 교수 방종현 선생의 친절한 해제가 이 책을 더욱 빛나게 하고 있다.

『훈몽자회(訓蒙字會)』

훈몽자회는 한어(漢語)와 이문(吏文)에 능한 최세진이 지은 것으로 그는 지금으로부터 450년 전(1543)에 세상을 떠난 분이다. 그가 처음 이 책을 지을 적에는 어린 아이들에게 한문글자를 이론과 실제에 맞추어 가르치려는데 있어 새로운 방식으로 글자를 배열한데 특색이 있는 것이다. 그러나 오늘에 와서 이 책은 무엇보다도 4백여 년 전 그때의 말을 연구하는데 오직 하나의 재료가 되는 귀한 문헌인 것이다. 그리하여 일찍이 한글연구의 개척자인 주시경 선생이 광문회총서(光文會叢書)의 하나로 훈몽자회를 석판(石版) 인쇄하여 신문관(新文館)에서 발행한 것이 있으나 그 원본이 훈몽자회의 마지막 판인 좋지 못한 것으로 틀린 것이 많아 좀더 오래고 좋은 판을 골라 새로이 출판되기를 이 방면에 뜻하는 이는 모두 희망하고 있었다. 다행히 금년 가을에 동국서림(東國書林)과 문창서림(文昌書林)이 힘을 아울러 만력 41년(1613)판 중에 가장 똑똑한 것을 가리고 방종현 선생의 해제를 붙이어 학계에 제공하니 매우 기쁜 일이다. 조선색(朝鮮色)을 내이기 위하여 조선종이를 쓰고 책 모양을 조선식 제본으로 한 것은 좋으나 먹빛이 고르지 못하고 좀 흐린 곳이 약간 있음은 유감이다.

(『경향신문』1948.12.2.)

『耳談續纂』小考

　　다산(茶山) 정약용(서기 1751~1836)은 이조 실학(實學)의 최고조를 보인 거유 (巨儒)로 그의 저서로는 『여유당전서(與猶堂全書)』 461권이 있어 "편질(篇帙) 호태(浩太) 나려(羅麗) 이래 일찍이 볼 수 없었다"(『사암연보(俟菴年報)』), "식(識) 은 고금에 박(博)하고 지(志)는 민국(民國)에 존(存)하여 평생 저서 수백 권, 백가기예(百家技藝)에 정통하고 문장경학(文章經學)에는 절세의 위재(偉才)로 고래에 드문 석유(碩儒)로 일컫는다"(『조선도서해제(朝鮮圖書解題)』)라 있음을 우리는 잘 아는 바이다. 그의 저서가 실학적이고 동인(東人) 초유의 거질임에 불구하고 처음으로 인반(印頒)된 것은 필자의 과문인지 모르겠거니와 오직 『이담속찬(耳談續纂)』 한 권이 있었을 뿐 우리 도서 집장(集藏)의 거부(巨府)인 규장각 장본(藏本)의 『역학제언(易學諸言)』 13권 4책, 『상서고훈(尙書古訓)』 6권 2책, 『상서지원록(尙書知遠錄)』 7권 3책, 『매씨상서평(梅氏尙書平)』 9권 3책, 『시경강의(詩經講義)』 15권 5책, 『대학강의(大學講義)』 1책, 『대학공의(大學 公議)』 3권 1책, 『경세유표(經世遺表)』 33권 16책, 『목민심서(牧民心書)』 48권 16책, 『흠흠신서(欽欽新書)』 13권 10책, 『조선수경(朝鮮水經)』 15권 4책, 『편주광 효론(編註廣孝論)』 1책, 『심경밀험(心經密驗)』 1책, 『아언각비(雅言覺非)』 3권 1책 모두 사본(寫本)이다. 『경세유표』, 『목민심서』, 『흠흠신서』, 『아언각비』, 장지연이 증보한 『대한강역고(본명 강역고)』의 근대식 활인본(活印本)이 나온 것은 겨우 경술실국(庚戌失國) 전후이며 『여유당전서』가 신조선사판으로 모두 활인(活印)된 것이 최근임은 주지의 사실이다.

『이담속찬(耳談續纂)』은 그 서문에 보임과 같이 명나라 왕동궤(王同軌)의 찬한『이담(耳談)』에『시차고(詩次故)』의 저서로, 이름 높은 석천(石泉) 신작(서기 1760~1828)이 그 탈적(脫籍)을 약간 보충하고 다산의 중형 약종(若鍾)의 수집한 조선 속담 수십 어를 합하여 만든 것이다. 嘉慶 경진(庚辰, 순조 20년, 1820년) 편찬으로 되어 있다.

『이담속찬』의 간본은 다음과 같다.

① 목판본 호고당판(好古堂板) 순선장본(純鮮裝本). 刊年 불명. 광곽(匡郭) 종(縱)17cm, 횡(橫)13.5cm, 반엽(半葉) 11행(行), 1행(行) 20자(字) 18엽(葉)
② 활인본(活印本) 광학서포(廣學書舖) 발행 隆熙 2년(서기 1908) 8월 5일 재판 국판 40쪽(그 초판의 간년 월은 언제인지를 조사하여야겠거니와 혹은 목판본에 대한 재판이 아닌가도 생각된다)
③ 활인(活印)『여유당전서』제1집 제24권「잡찬집(雜纂集)」소수본(所收本) 서기 1938년 10월 25일 발행, 지의(紙衣), 선장(鮮裝), 16엽반(葉半).
④ 활인(活印)『속담대사전(俗談大辭典)』부록 소수. 조광사(朝光社) 발행, 46판 양장본(洋裝本) 서기 1940년 8월 5일 刊, 28쪽.

다음에 그 내용의 어떠함을 해설코자하는 바 이상에 열거한 간행 연대순을 쫓지 않고 편의상 아래와 같은 순서로 하려한다.

여유당전서본

다산의 문집은 그 일부가 사본 혹은 간본으로 유포되었었으나 그 전부의 인행(印行)이 최근이었음은 이미 말한 바이다. 그의 종손집에 유고(遺稿)가 전하여 외현손(外玄孫)되시는 김성진 씨가 편차하고 정인보, 안재홍 두 선생이 교정하여 출판하였다. 그러면 전서판의 인행이 최근이지만 직접 유고에 의한 결정판이매 원판(原版)이라 인정하지 않을 수 없는 것이다. 맨 처음에 서문을 붙이었는데

王氏耳談者 古今鄙諺之萃也 經史所著 願有脫漏 今復收錄 石泉申乘旨綽亦以十餘語
採以助之 因念星翁百諺 卽吾東鄙諺而皆不叶韻之因又收其脫漏 先仲氏在玆山海中
亦以數十語寄之 今會通爲編名之 曰耳談續纂 嘉慶庚辰春 鐵馬山樵書

라고 있다. 다음에 중국 속담 177을 들고 이어서 "이하동언(已下東諺)"이라
하고 조선 속담 214조를 들었다. 전문 한문으로 된 바 중국 속담에는 쌍행(雙行)
세자(細字)로 출처를 보이고 간혹 그 뜻을 주해한 것도 있다. 조선 속담은
거의 그 전부를 여덟 자(字) 두 구(句)로 만들어 넷째 글자와 여덟째 글자에
흔히 압운하고 그 다음에 쌍행으로 그 뜻을 주해하였다. 그 일례를 보이면
다음과 같다.

| (中國) | 陳力就列 不能者止 | 論語季氏 ○衆共校力
呈示其力 其優劣自見 |
| (朝鮮) | 三勢之習 至于八十 | 言幼眇時事 終篤
惡習 老而不改 |

호고당 목판본

단행본으로 가장 오랜 책이다. 맨 처음 장(張) 첫 줄에 "이담속찬"이라 쓰고
그 밑에 세자(細字)로 "여유당서종(與猶堂書種)"이라고 붙인 것이 전서본과
다르다. 중국 속담의 훈자(訓字)는 전서본과 매우 다른 바 있고 다음의

蒼□點璧 馬氂切玉
城門失火 殃及池魚
打鋏作門限 鬼見拍水笑
非其地樹之不生 非其意敎之不成
○註解가 붙이어 있으나 여기에는 일부러 생략한다.

넷이 보이지 않아 173조로 되었다.

조선 속담의 순서는 두 가지만 다르고 그 이외의 것은 같으나 다음의

狗尾三朞 不成貂皮
○註解 省略

한 가지가 보이지 않아 213조로 되어 있고 글자에 약간 다른 것이 있다. 예를 들면

(匪爾牛角 我牆何崩 - 전서본
匪爾牛角 我墻何崩 - 목판본)

(蛙惟踴矣 乃能躍矣 - 전서본
龜惟踴矣 乃能躍矣 - 목판본)

(雉之未捕 雞可備數 - 전서본
雉之未捕 鷄可代數 - 목판본)

(雖有忙心 線不繫鍼 - 전서본
雖有忙心 線不繫鍼 - 목판본)

(貧家之賙 天下不憂 - 전서본
貧家之賑 天下不憂 - 목판본)

(黏手之飯 鮮不自噍 - 전서본
黏手之飯 鮮不自噍 - 목판본)

과 같은 것들이다.(○는 같은 글자 ◎는 뜻이 같은 글자이거나 비슷한 것.) 이러한 것은 중국 속담에도 있으나 예를 들지 않는다. 다만 여기에 주의할 것은 중국 조선 속담 사이에 "이하동언(已下東諺)"이라 하고서

(全書本) 或不叶韻
亦古法也

라 있음에 비하여

(木版本) 或不叶韻 亦古法也 ○凡二百
一十章 內巽庵所輯 六十章

이라 있음이 다른 것이다. 그러나 손암소집(巽庵所輯) 60장이 어느 것인지는

분명히 보이지 않았다. 그리고 목판본에는 마지막 동언(東諺) 4조는 "부(附)"아래 둔 것이 전서본과 다르다. 간행 연대는 간기가 없어 미상인바 혹은 다산의 생전이 아니면 몰후 얼마 안 되는 순조조나 헌종조가 아니었을까. 늦어도 철종조까지의 지금으로부터 100년 내지 120년 전의 출판이 있으리라고 생각하고 싶다. 출판소 호고당에 대하여서도 대분(大分)의 교시를 기다린다.

광학서포본

활인(活印)된 단행본으로 지의(紙衣) 가철본(假綴本)이어서 보기에 외형상 빈약한 느낌이 없지 않으나 다음과 같은 특색을 가지고 있다. ① 조선 속담을 한역(漢譯)에서 우리말로 환원한 것, ② 손암소집(巽庵所輯)을 따로 보인 것 ③ 조선 속담을 먼저 들고 그 다음에 중국 속담을 실은 것, 그리고 ④ 유송전의 선(選)한 31조의 조선 속담을 부록으로 하였는데, 한문(漢文) 8자로 한 것, 그 밑에 주해를 붙인 것은 다산 선생의 방법을 따르고 다음에 우리말로 환원하였다.

광학서포본은 무엇보다도 우리말로 조선 속담을 보여준 처음의 인본(印本)으로 교역자(校繹者) 양재건 씨의 공은 크다고 생각된다. 조선 속담의 수효는 210조로 그 중 마지막 60조가 손암소집인 바 호고당판 끝에 "부(附)"라 하고 보인 4조가 광학본(廣學本)에는 빠졌다. 호고당판에 "부"라고 한 것의 까닭을 짐작할 수 있다.

속담대사전 부록본

김사엽, 방종현 두 분이 엮은 이 책은 조선 속담을 집대성한 것으로 가장 학술적인 것이다. 좀 더 채집할 여지가 있겠고 교정에 힘썼더라면 생각되나 이것은 망촉(望蜀)의 어리석은 의견이다. 사전 부록의 하나로『이담속찬』이 실린 바 양재건 교역의 광학서포의 중인(重印)이다.

다산이 편집한 조선 속담을 읽는 이는 그 문구가 시적이어서 외우기에 적절함을 느낄 것이나 일찍이 소창진평(小倉進平) 박사가 그의『증정조선어학사

(增訂朝鮮語學史)』에 "조선의 속담은 실로 본서에서 대성(大成)된 듯이 보인다" "그러나 본서가 모든 것을 8자의 대구로 억지로 형식화하고자 힘썼으므로 이언(俚諺)의 생명이라고 할 단적 표현법을 결하여『순오지(旬五志)』의 실제적이면서 간명 직재(直截)한 표현법에 미치지 못하는 결과를 가져 왔다"(동서(同書) 116~117쪽)라고 평한 것은 가장 적절하다고 보인다. 필자로서 한 마디를 보탠다면―실학의 요(要)는 조선의 자각에 있은 이만치 왜 우리말로 모으지 못하고 구태여 한식화(漢式化)하였을까― 이다.

필자가 우목(寓目)한『이담속찬』에 관한 해제로는 전기(前記) 소창(小倉) 박사의 것과 가람 이병기 선생이『문장(文章)』제2권 제8호(서기 1940년 8월)『조선어문학명저해제』가운데

　　이담속찬 정약용 찬(撰)
　　1책, 목판본. 왕손암(王巽庵)의『이담(耳談)』을 증보하고 조선 이언(俚言)을 모아 놓고 해석하였다.

라고 있음을 읽었을 뿐이다. 소창(小倉) 박사는

　　이담속찬(1권) 정약용 嘉慶 25년
　　(전략) 본서는 명의 왕동궤(王同軌) 찬(撰)『이담(耳談)』(15권)에 조선의 속언을 증보한 것이다.(이하략)

라고만 있어 호고당판을 보지 못한 것 같고 (따로 광학서포본은 소개하였다) 가람 선생은 소장하신 듯. 그러나『이담』의 찬자를 소창(小倉) 박사는 왕동궤(王同軌)라고 하였는데 가람 선생은 왕손암(王巽庵)이라 하였다. 손암(巽庵)이 동궤(同軌)의 호인지 모르겠으나 손암 소집(所輯) 조선속담이 있음을 보아 한가닥 의문을 가지게 된다. 중국『인명대사전(人名大事典)』에 보면

"王同軌(明)黃 岡人 字行父 由貢生 知江寧 縣集異聞爲異談-書"

라고 있는데 손암은 왕동궤의 호는 아니고 혹은 다산의 중씨 약종의 호는
아닌가 생각되나 이것은 후고로 미룬다.

1946년 8월 25일 새벽 고(稿)

(『한글』 제103호, 1948)

吏讀文獻 『吏文襍例』 小考

　편자 불명, 간행 연대를 알 수 없는 이두 문헌으로『이문잡례(吏文襍例)』라는 작은 책이 있다. 목판본으로 사주쌍변(四周雙邊), 판광(板匡) 종 22cm, 횡(橫) 14.2cm 반엽(半葉) 10행, 1행 30자, 판심(版心)에는 정수(丁數)의 기입만이 있을 뿐, 서문이나 목차도 없으나, 그 내용을 살펴 목차를 꾸미면 보장식(報狀式), 소지식(所志式), 상언식(上言式), 중수동추식(重囚同推式), 이관하첩식(移關下帖式)의 7예(例) 9매(枚)에 이상국거관훈범(李相國居官訓範) 5장을 부록으로 하고 있다. 『유서필지(儒胥必知)』부록 「이도휘편(吏道彙編)」 다음에 실은 보장식(報狀式), 중수동추식(重囚同推式), 결송입안식(決訟立案式), 매득사출식(買得斜出式), 이관하첩식(移關下帖式)은『이문잡례』에서 가져온 것으로 중수동추식을 끝으로 3행만을 채 싣지 않았는데, 이 밖에 소지식, 상언식까지 옮기어 왔다면 이두 문헌으로서의『이문잡례』는 전부『유서필지』에 포용되었을 것이다. 유서 필지와 같이 이두 어휘를 따로 뽑지 않고 용례 중에 '한글' 대역을 보이었는데, 그 어휘의 수효는 다음과 같다.

보장식	84어
소지식	43어
상언식부록한용어	11어
중수동추식	29어
결송입안식	18어

매득사출식	3어
계	188어

인데 처음에 많고, 나중에 적음은 거듭 나오는 어휘에는 대역(對譯)을 생략하였으므로 그러하다. 그런데 앞에 서술한 188어 중에서는

2회 중출된 것	12어
3회 중출된 것	4어
4회 중출된 것	1어

가 있어 중출된 것 23어를 빼내면 실수(實數)는 165어가 된다. 이것을 다시 자획순으로 나누면 다음과 같다.

1획	3어
2획	2어
3획	1어
4획	7어
5획	8어
6획	11어
7획	8어
8획	15어
9획	38어
10획	8어
11획	13어
12획	38어
13획	5어
14획	1어
15획	4어
16획	1어

17획	1어
18획	1어
계	165어

이다.

『이문잡례』의 간행연대에 관하여 전간공작(前間恭作)은『이두편람(吏讀便覽)』보다 앞섰다고 말한바(「이두편람에 대하여」,『조선(朝鮮)』제165호, 1929년 2월 호), 그는『이두편람』을 도광(道光) 9년 기축(순조 29년, 서기 1829년)이나 그 다음해의 편간이라고도 하였으므로 이것이 사실이면『이문잡례』는 순조조 혹은 정조조 편간일 것이나 이에 대하여는 좀 더 연구하여야겠다.『이문잡례』는 전간(前間)이 학계에 처음 소개하였고 그 인본(印本)도 전간(前間)의 소장만이 알리어 있었던바(현재 동양문고 장본으로 되어 있다.) 필자 1책을 소장하게 되어 1934년 10월 23일 조선 어학도서 전시회에 출진하여 전문가의 이목을 끈 바 있었고 그 중에 양주동 씨(당시 숭실전문학교 교수)가 사본을 만들어 평양서 열린 전람회에 내었고 같은 전람회 목록에 간단한 해제를 붙이어 소개하였으며 양주동 씨의 저서『조선고가연구(朝鮮古歌研究)』에 이용하였다. 그 뒤 필자는 「이문잡례소고」라는 제목으로『서물동호회회보(書物同好會會報)』제17호(1942년 9월)에 발표한 바 있었으나 학술적 발표가 못되는 미정고(未定稿)였다. 조선고어 연구에『이문잡례』의 이두 대역어휘(對譯語彙)가 참고될까 하여 다음에 자획순 색인을 붙이는 바이다.

부록 이문잡례 이두 어휘 색인

〈범 례〉

가. 자획순으로 하고 같은 자획 안에서는 한글의 차례로 하였는데 편의상 『이두집성』의 차례를 쫓았다.

나. 잘못된 것은 괄호 ()안에 바른 글자를 집어넣었고, 글자의 빠진 것은 ()안에
　　넣었으며 주를 붙이어 설명하였다.
다. 주요참고서
　　소창진평(小倉進平), 『향가급이두의 연구(鄕歌及吏讀の硏究)』
　　중추원, 『이두집성(吏讀集成)』

1획	
乙	을, 를
乙仍于	을지즐우
乙良	을안

2획	
卜役	진역
卜定	지정

3획	
下手不得	하슈모질

4획	
尤于	더욱
尺文	자문
戈只	과거리
不冬	알(안)註1 든(들)
不得	모질
反同	번동
及良	미처

5획	
以	로, 으로
叱分不喩	쑨아닌지
加于	더욱
白等	슓든
召吏(史)註2	조이

右良	니믜야註3
他矣	남의
外上	의자

6획	
同	오힌
亦	여, 이여
亦爲白臥乎喩	혀ᄒ숣누온지
向人	앗드러
向事	아안일
向前	아전
先可	이(아)직註4
耳亦	쏜려
汝亦	너여
汝矣身亦	너의몸이여
件記	블긔

7획	
良中	아희
良中沙	아희사
矣身亦	의몸이여
矣徒等	의내등
別乎	별음
役只	격기
況旅	ᄒ물며
更良	가싀아

8획

幷囚	굷슈
幷以	아오로
使內白如乎	브리슯디온註5
岐如	가로려
岐等如使內如乎	가로드려보리다
	온註6
的只乎	마기온
始叱	비롯
易亦	안옥혀
直爲所白齋	진흔바슯져
初亦	초혀
其矣	저의
其等道	저드내
物物白活	갓갓발궐
舍音	므름

9획

段置	단두
是乎乙喩良置	이을지라두
是乎去	이온거
是乎矣	이오되
是乎良置	이오라두
是乎所	이온바
是乎則	이온즉
是乎等乙用良	이온들쓰아
是乎等以	이온들로
是去乙	이거늘
是去乃	이거나
是去乎	이거온
是去有等以	이거이신들로
是去是良亦	이거이아금
是去等	이거든
是白去乎	이슯거온

是白去等	이슯거든
是白如乎	이슯디온
是白在果	이슯견과
是白良沙	이슯아사
是白良置	이슯아두
是白置	이슯두
是白齋	이슯져
是如乎	이다온
是如爲有臥乎所	이다ᄒ잇누온바
是如爲良置	이다ᄒ야두
是在如中	이견다희
是沙餘良	이사남아
是良尒	이마금
是良置	이라두
是旀	이며
是置有亦	이두이시니여
是遣	이구(고)註7
是齋	이져
是隱喩	인지
茂火	더불어
便亦	스뢰여
前矣	젼의

10획

庫叱	곳
追于	조초
流伊	흘니
退伊	믈니
除良	더러
除除良	더더러
秩秩以	지질로
紙筒上	지동자

11획

敎味白齋	이샨맛숣져	爲乎弟如中	ᄒᆞ온뎨여(다)희註8
敎事	이샨일	爲乎樣以	ᄒᆞ온양으로
敎是	이시, 이샨	爲只爲	ᄒᆞ기삼
敎是臥乎在亦	이신누온견이여 /	爲如良	ᄒᆞ여라
	이샨누온견이여	爲行如可	ᄒᆞ여다가
捧上	밧자	爲良	ᄒᆞ야
粗也	아야라	爲良結(納)	ᄒᆞ야갑註9
唯只	아직	爲臥乎在亦	ᄒᆞ누온견이여
望良白去乎	ᄇᆞ라숣거온	爲臥乎事	ᄒᆞ누온일
望良乎旀	ᄇᆞ라오며	爲臥乎所	ᄒᆞ누온바
專亦	뎐혀	爲等如	허트러
絃如	시우려	爲等如白侤音是置有等以	
這這	갓갓		허트려숣다딤이두이시니여
陳省	진생	爲齋	ᄒᆞ져
		進叱	낫드기
12획		無不冬	엄스른안들
爲巴只	ᄒᆞ도록	無乎事	업스론일
爲去乎	ᄒᆞ거온	無亦	업스론견이여註10
爲白內等	ᄒᆞ숣알든	崔只	안직이
爲白乎乙可	ᄒᆞ숣알든	惠伊	저즈리
爲白去乙	ᄒᆞ숣거늘		
爲白去乎	ᄒᆞ숣거온	**13획**	
爲白只爲	ᄒᆞ숣기삼	新反	새로이
爲白在果	ᄒᆞ숣견과	落只	지기
爲白如可	ᄒᆞ숣다가	葉作	엽질
爲白良喩	ᄒᆞ숣알지	斟酌	짐쟉
爲白昆	ᄒᆞ숣곤	道以	도로
爲白臥乎所	ᄒᆞ숣누온바		
爲白遣	ᄒᆞ숣고	**14획**	
爲乎乙可	ᄒᆞ올가	貊如使內良如敎	즛다보리다이샨
爲乎乙去	ᄒᆞ올거		
爲乎乙喩	ᄒᆞ올지	**15획**	
爲乎乃	하오나	節	지위
爲乎旀	ᄒᆞ오며	節叱分	지위뿐

適音	마츰	17획	
播張	바쟝	擬只	시기
16획		18획	
導良	드듸여	題音	데김

주해(註解)

1. 不冬 – '알든'은 '안들'의 잘못이니 다른 이두문헌에 모두 그렇고, 또 같은 책의 '無不冬' '업스론안들'을 보아도 알 수 있다.

2. "召史" – "조이"는 "召史"의 잘못이다. 과부를 召史라고 함은 주지의 사실이다.

3. 右良 – "나믜야"는 『전율통보(典律通補)』의 "님의", 『유서필지(儒胥必知)』의 "님의야"와 같은 것으로 "님의야"로 할 것이다.

4. 先可 – "이직"은 "아직"으로 고칠 것이니 다른 이두문헌에 그러하다.

5. 使內白如乎 – "보리솗다온"은 "바리솗다온"이라 읽음이 보통이나 同書 罕用語 "貌如使內良如敎" – "즛다브리다이샨" "岐等如使內良如乎" – "가로려브리다이샨"으로 읽어졌으므로 같은 말인 것을 알 수 있다.

6. 岐等如使內如乎 – "가로려브리다온"은 "가로드려브리다온"이라 함이 옳으니 『전율통보』에 "岐等如"를 "가르트려"로 읽었고, 『이문잡례』에도 "其等徒"를 "저드내"로 읽었으므로 음리상(音理上) "가로드려…"로 읽을 것이다.

7. 是遣 – "이구"는 "이고"의 잘못이겠다. 동서의 僞白遣 – "ㅎ숣고"로 읽었음을 보아도 알 수 있다.

8. 爲乎弟如中 – "ㅎ온뎨여희"는 "하온데다희"로 읽을 것이니 "亦中"은 "여희", "如中"은 "다희"로 읽음이 정칙(定則)이다.

9. 爲良結 – "하야감"은 『유서필지』에 "ㅎ올아져"로 읽었다. 소창(小倉) 박사는 "結"의 中國 近代 音이 "져"에 가깝다고 하였다.(소창(小倉) 박사 저, 『향가급이두의 연구』, 336~337쪽 參照) 그런데 『유서필지』가 『이문잡례』의 일부를 옮기어 온 보장식에는 『이문잡례』의 "爲良結"을 "爲良納"으로 고치고서 "ㅎ야감"으로 읽었다. 중추원 편, 『이두집성』(203쪽)에는 爲良納 – "하야감", 爲良結 – "ㅎ올아져"로 읽고 그 뜻은 동일하다고 하였다. 『이문잡례』의 대역(對譯)이 잘못된

것이라고 본다.

10. 無亦－"업스론견이여"는 "업스로이여"라고 읽을 것이니 "견이여"는 "在亦"임
　　은 같은 『이문잡례』에 그 예가 보이어 있다.

신촌 사택에서 고료(稿了)

(『한글』 제105호, 1949)

都下各大學巡禮記 : 延禧大學篇

  금년 5월로 35주년의 창립을 맞이하는 대(大) 연희학원은 서대문구 신촌동 그윽하고 울울창창한 솔숲 속에 자리를 잡고 있다. 그 면적이 21만하고도 3천 평이며 서울 근교에서 그만한 솔숲을 찾기 어려우리만치 말 그대로 별유천지 (別有天地)의 환경을 가지고 있다. 벌써부터 봄을 찾는 이들의 발길이 이곳에 모여들어 산 지키는 이를 괴롭히고 있다. 서울역에서 경의선 방면 기차를 이용하든가 서대문 밖에서 버스를 타면 쉽사리 신촌역에 이를 수 있고 역의 북쪽에 평화스럽게 놓인 신촌동리의 큰 길을 따라 서로 다시 북으로 동구(洞口)에 들어서면 오른 편에 뜻 아니한 홍살문과 조선식 큰 기와집의 재실(齋室)이 눈에 뜨일 것이다. 이것이 수경원(綏慶園, 영조 대왕의 후궁인 영빈 이씨의 고이 잠들어 있는 묘소)이다. 연희학원이 근교에 찾아볼 수 없는 울울창창한 솔숲을 지니고 있는 까닭은 이로써 해명될 것이다. 왕위에 오르지 못하고 그나마 뒤주 속에 갇혀 억울하게 일생을 마친 사도세자(莊祖)의 어머니시오, 정조대왕의 할머니 되는 분이 여기 묻히었으니 연희학원의 솔 가운데는 2백년 가까운 나이를 먹은 것들도 있을 것이다. 연희학원의 전 캠퍼스가 수경원 하나만의 사적으로 이루어진 것은 아니다. 이성계 그 어른이 고려조에 대(代)하여 새 나라를 세우고 국도(國都)를 옮기려고 할 적에 유력한 후보지로 오른 곳이 연희학원 뒷산인 모악(母岳)을 진산(鎭山)으로 하고 멀리 서강, 마포에 이르는 일대이었다. 이 주장은 태조 때에만 아니라 정종대왕 때 다시 개성으로 돌아갔다가 그때까지 태상왕으로 생존한 태조의 엄명으로 태종이 다시 한양으로 오려고 할 적에 하륜이란 분은 모악진산설을 굳게 주장하여 태종이 신하를 거느리고 몸소 검분(檢分)한 일까지 있었다. 그 후 태종대왕이 위를 세종대왕에게 사양하고 태상왕으로 있을 적에 문득 하륜의 진언을 생각하고 도성 후보지이었던 모악산 아래 별궁을 세운 것이 연희궁(延禧宮)이니 지명으로 학원의 이름이 남게 된 유래가 여기 있다. 수경원도 이 모악 명당의 한 자리를 잡았음에 지나지 않는 것이다. 과연 연희의 이름, 학원의 터는 유서가 오래고 향토사의 냄새가 가득한 것이다.

수경원 서쪽에 축구장과 육상경기장을 겸한 큰 운동장이 있고 그 남쪽에 뚝 떨어져 수전(水田)을 이용한 빙상경기장이 있으며 북쪽에 야구, 배구, 농구장, 철망 속에 아담스럽게 꾸며진 정구장이 나란히 있다. 연희학원이 과거에도 그러했고 지금에도 그렇지만 국제적 운동선수를 낸 것이 일조일석(一朝一夕)의 일이 아니고 이러한 설비와 꾸준한 노력에서 된 것임을 알 수 있을 것이다. 잡잡한 시가의 요란한 소리는 말할 것도 없고 지나다니는 기적 소리조차 방해되지 않은 깊숙한 곳에 푸른 솔숲과 잘 어울리는 적갈색 석조건물이 정연히 우뚝서있다. 북쪽의 대건물이 학관(880평), 동서 좌우의 것이 과학관(546평), 본관(436평)인데 그 어느 것이나 담쟁이 덤불로 덮이어 있어 하록(夏綠) 추황(秋黃)의 아름다움은 학원 명경(名鏡)의 하나로 되어 있다. 이 삼대 건물 사이에 캠퍼스가 놓여 있고 그 중앙에 학원의 건립자요 초대 교장인 고 원두우(元杜尤) 박사의 기념 동상이 "누구나 이 학원에 들어와 배움의 길을 얻으라"는 듯이 두 손을 벌리고 우뚝 서 있다. 캠퍼스 서쪽 언덕에 원두우 박사의 상속자요 현 설립자겸 명예총장이요 교수인 원한경 박사의 기념관인 한경관과 신학관의 두 건물이 나란히 서 있고, 신학관에서 약 5분 가량의 도보 거리에 목제건물 치원관(致遠館, 180평)이 있으니 연희학원의 성장을 말하는 최초의 교실이다.

신촌역에서 북쪽 산위와 기슭에 보이는 양옥(洋屋), 와가(瓦家)들은 다 교수의 사택이고 신촌동리의 토지와 민중의 약 반수도 다 연희학원의 소유로 사택의 수가 42동이나 된다.

대학교로서의 내용조직은 어떠한가.

一. 문학원
    1.국문과
    2.영문과
    3.사학과
    4.철학과
    5.교육과
    6.정치외교과
二. 상학원
    7.상학과
    8.경제과
三. 이학원
    9.수학과
    10.물리기상과
    11.화학과
    12.생물과
    13.의과예과
四. 신학원
    14.신학과

의 4학원 14과로 조직되었고 부속 이화학중등교원양성소(理化學中等教員養成所)가 있다. 각 학원 각 과별로 그 진용을 살피어 보면 다음과 같다. 문학원장에는 국문과장을 겸한 김윤경 교수가 국문법과 어학사, 문학사를, 고전문학을 장지영 교수, 국문학사를 윤응선 교수, 언해연구를 이정호 교수, 국어학개론을 정인승 강사, 조선음악사를 이혜구 강사, 창작법을 이무영 강사, 중국문학사를 김구경 강사가 분담하여 연전시대에 최현배, 정인보 두 큰 선배가 들여쌓은 업적을 계속하여 확대 발전시키고 있다. 수사학 담임이던 서두수 교수가 방금 미국 콜럼비아 대학에서 연마를 거듭하고 있는데 귀교하면 배전(倍前)의 독특한 변술(辯術)에 박래(舶來)의 유머 섞인 명론으로 학생을 즐겁게 할 것이다.

영문과는 런던대학 언어학과 출신인 김선기 과장이 자리를 떠나 있어 서운한 느낌이 없지 않으나 교무처장의 격무에도 3강좌 9시간의 강의를 여전히 결강과 지각이 없이 계속하는 박술음 교수가 고등영문법, 영어사를 김도성 교수가 19세기 영문학 영문학사, 심인곤 교수가 실락원연구를 최재서 교수가 셰익스피어 특강, 영문학비평사, 김상용 강사가 20세기영시 이인수 강사가 영산문연구를 담당하여 역시 연전 전통의 영문과를 살리고도 남음이 있다. 영어학 방면에는 원한경 박사, 원일한 교수 부처의 일가족이 총출근하여 수업에 당하고 있음은 연희의 특색이며 그들의 미덕이다. 원박사가 방금 연희학원의 대발전을 위하여 귀국활동 중에 있고 김도성 교수가 영어교수법 시찰을 위하여 도미중에 있다.

사학과는 조의설 교수가 과장으로 희랍문화사와 미국사를, 염은현 교수가 영국사와 근대서양정치사를 담당하였고 민영규 교수가 동양사학 이외에 삼국유사연구와 만주어연구를 강의하며 이인영 교수가 국사개설, 고려사 식화지연구, 태조실록 강독을 필자(홍순혁)가 조선최근세사와 조선사상사를 박물관 부관장 이홍직 강사가 고고학을 담당하여 해방후 신설된 사학과가 꾸준한 노력을 하고 있다. 사학연구회가 있어 연구여행, 연구발표를 정기적으로 실행하고 상당한 업적을 보이고 있다.

철학과에는 파리대학 출신인 정석해 교수가 과장으로서 논리학과 인식학을, 전원배 교수가 근대철학사와 역사철학을 손명현 교수가 희랍철학을, 함봉석 교수가 철학개론을, 최승만 교수가 동양철학과 윤리학을, 김주준 강사가 미술사를 담당하고 있다. 교육과는 과목을 가르치되 아직 과로서는 독립하지 못하였다. 사계(斯界)의 중견인 전 상과대학장 이인기 교수가 교육학을, 전 서울대학교총장 장이욱 박사가 강사로서 교육사조를 방현모 강사가 심리학을 담당하고 있는데 금년에는 미국으로부터 교환교수의 내원(來援)을 얻어 독립할 계획을 세웠다고 한다.

정치외교과는 연희대학교의 입학지원자가 그 중 많아 입학하기 어려운 과의 하나인데 시세의 요구로 신설된 과다. 재학생 중에는 총준(聰俊)이 많아 작년도에는 변호사, 금년에는 고등고시에 각 1인의 합격자를 내여 크게 기염을 토하고 있다. 과장 민병태 교수는 정치학개론 정치사상을 이균호 교수는 헌법과

정부구조론을 Phillips 교수는 민주정부론과 정치사를 신동욱 교수는 법철학을 정태섭 강사는 국제법을 담당하고 있다. 금년에는 교환교수 한분이 온다고 한다. 역시 금년에도 입학의 문은 좁을 것이매 법과 신설의 요망이 교내교외에 대단하다.

상학원은 가장 많은 수효의 졸업생을 내었고 지금도 두 과밖에 없지만 학생은 언제나 많다. 연희학원에서 일생을 교육에 바쳐 지난 환갑날에 성대한 축하를 받은 홍승국 교수가 전공은 영어회화이면서 원장의 중직(重職)을 띠우고 있다. 상학과에는 박효삼 교수가 상업정책, 사회정책, 경영경제를 윤만중 교수가 재정학과 교통론을 김성현 교수가 상업개론, 위체론(爲替論), 보험론을 서정갑 교수가 상법을, 박종문 교수가 상업급은행부기, 회계학을 송종극 교수가 상품학, 상업사, 경제지리를 강지형 강사가 시장론과 상업통신을 담당하였고, 경제과에는 홍우 교수가 화폐금융론, 공업경제, 경기론(景氣論)을 성창환 교수가 경제학사, 조선경제론을, 조림행 교수가 민법 법학통론을 김순규 강사가 경제원론을 문방흠 강사가 경제사를 담당하여 연전시대에 이순탁, 최순주, 고 노동규 모든 선배가 쌓아올린 업적을 계속하고 있으며 연중행사의 하나인 상업 포스터전은 이미 정평을 얻은 업적의 하나이다.

연대의 이학원(理學院)은 금년 15만불의 자금으로 천이백 평 내지 천오백평의 교사신축을 곧 착수하려는 단계에 놓여 있고 이미 작년 세브란스 의과대학과의 합병을 전제로 하는 예과(豫科) 이양(移讓)이 실현되어 동시에 생물과를 증설하였다. 도미중인 김창수 교수가 전공한 전기공학을 더 연구하여 금년중에 귀교한다는 소식이 들리고 교환 교수 한 분이 온다는 말도 있어 교사의 신축과 교수진의 강화로 신년도에는 어떠한 비약적 발전이 있지 않을까 생각된다. 혹은 이학원을 이공학원으로 고치어 공과 방면의 과-전기공학과, 공업화학과를 증설하지나 않을까. 이학원장에 수학과장을 겸한 장기원 교수는 기하학과 해석학, 박정기 교수는 대수학과 해석학을 물리기상과장의 한인석 교수는 양자역학, 전자장론을, 문제근 교수는 통계역학, 열역학, 기체론을 Pagne 교수는 전기공학을, 기상대장 이원철 박사는 강사로서 천문학을 화학과장 조재한 교수는 유기화학, 이론화학을 박원희 교수는 무기화학을 이길상 교수는 분석화학을 이송현 교수는 제조화학을 Provost 교수는 일반화학을 담당하였으며 한경관(漢慶館)을 독점한 신설의 의과예과, 생물과는 김인완 교수를 과장으로 맞아 씨는 일반생물학을 윤익병 교수는 비교해부학을 윤일병 교수는 역학을 이영우 교수는 생화학을 분담하고 있다. 일찍이 이원철, 최규남, 박철재 박사를 낳은 이학원은 앞으로 건국도상 필요한 기술자와 학자를 더욱 배출할 것이다.

연희대학교가 기독교계의 경영이라면 신학과는 당연한 존재이다. 신학박사 한영교 교수가 원장으로서 이론신학을, 지동식 교수가 신약을 박상래 교수가 교회사, 교리사를 박태준 교수가 교회음악을 고병려 교수가 히브리어, 희랍어를 기독교박물관장 김양선 강사가 조선기독교사를 교수하고 있다. 그리고 신학과장으로 도미연구중인 이환신 교수는 박사학위를 얻어가지고 오는 6월에 귀교할 예정이다. 방계의 기관으로 학생기독회 – S.C.M이 있어 종교운동을 하고 있고 신학원으로서 주 3회의 채플 시간이 있어 기독교 중심의 강화와 일반 강연의 모듬이 있다. 교수 이외에 외래명사가 많이 오기 때문에 예고가 없고 강제 권고가 없어도 7백 명 수용의 소강당이지만 언제나 만원임을 보아 연대의 교육방침이 극히 너그럽고 포섭적임을 알 수 있다. 이 모든 과 이외에 제2외국어과목이 있어 각각 전문 교수와 강사가 담당하고 있는데 중국어를 윤병희 교수, 노어에 윤만중 교수, 불어를 정석해 교수, 독어를 전원배 교수 서정갑 교수, 라틴어를 손명현 교수가 가르친다. 그리고 연희의 호화판인 스포츠는 홍승국 교수가 총감독의 중임을 가졌고 실제의 지도에는 백용기 교수가 담당하고 있으며 각부 코치는 졸업생의 선배들이 자진하여 지도 협력하고 있다.

대 연희학원은 현재로 60여명의 전임선생과 20여명의 강사와 모두 40여명의 직원을 가지고 있다. 큰살림을 통할하신 분이 총장 백낙준 박사이다. 미국대학의 학위 – Ph. D., D.D. – 를 가지고 있어 서양사학, 종교사가 전공인가 하면 국사에 통하여 있고 영어가 대단히 능한가하면 중국어의 대가이다. 고결원만한 인격과 풍부한 학식으로 대연희를 육성하기에 훌륭한 분이다. 오직 그를 찾는 곳과 그의 힘을 빌려는 분이 너무도 많아 그의 건강은 염려되어 작년에 2개월이나 병석에 눕지 않을 수 없었으며 사무에 바빠 강좌의 석에서 그를 대할 기회가 적음이 유감이다.

일천 일백의 건아를 포용하고 있는 대 연희학원에 부족이 있다면 전원을 수용할 대강당과 독립된 도서관의 건물이 없는 것이다. 노천극장이 때로서는 대강당을 겸하고 학관 3, 4층이 도서관 전용으로 되어 있으나 완전한 대학으로서 무엇보다도 대강당, 도서관은 필요하다. 이미 10만을 넘는 장서를 가지고 있고 금년에 대학원을 두게 된 대연희로서는 도서관의 건축이 절실히 요망되고 있다. 필자가 도서관장의 자리를 더럽히고 있음으로 주장하는 것임만은 아니겠다. 누구나 연희대학교가 공부하는 학교라고 하고 얌전한 학교라고 한다. 학교치고 공부아니하는 학교가 어디 있을까만은 1천1백중의 평균 출석이 8백 명이라는 통계는 출석을 여행(勵行)하는 데만 있지 않을 것이다. 남녀공학으로 여학생이 30명이나 있지만 풍기문제를 일으킨 적이 한 번도 없음을 보아 알 수 있으니 학구로 나가려는 여학생이 연대를 지향하는 그 뜻을 짐작할 수 있다. 해방 후 사상의 변동도 많았고 기구의 개편도 있었지만 불상사를 일으켜 휴학을 한 일이 한 번도 없었음이 연희의 자랑이다. 연희는 미국선교부의 경영만으로 생각하는 분이 있으나 국내의 협력이 대단히 커서 연전시대에 고(故) 김성권 씨가 토지 51만평을, 해방 후 하원준 씨가 2천 백만평의 대 함안농장을 기증하였으며 경영모체인 이사진의 반수이상이 한인(韓人)으로서 심지어 졸업생, 현역교수, 전교수까지도 그 자리에 참여한다. 더욱 교내에 많은 장학금제도가 있어 어려운 학생을 돕고 있는데 제2학기에도 50여 명의 학생이 그 은덕을 입고 있다.

35주년을 맞는 대연희! 앞날의 더 큰 발전을 빌면서 붓을 놓는다. 제한된 지면과 필자의 부재(不才)로 좀 더 자세히 학교의 내용을 소개하지 못하였음을 학교 당국과 독자에게 깊이 사과한다.

1950년 4월 2일 밤
(『新天地』 제5권 5호, 1950.5)

解放後 國史學界의 動向

1. 머리말

1945년 8·15 해방 후 우리의 학계 그 중에도 국사학계에는 국어의 보급과 보조를 맞추어 "잃었던 역사를 도로 찾는다"는 의도에서 여러 각도로서의 연구와 발표가 많았다. 그러나 우리는 그다지 수긍할 만한 업적에 접하지 못하였던 것이다. 필자는 일찍이 「해방 이후 간행된 조선학 관계 출판에 대한 고찰」(1947년 6월 4일 고(稿) 국립도서관 발행 『문원(文苑)』 제16호)이라는 졸고를 발표하였다. 그것은 필자가 과안(過眼)한 중요 저서 중에서 37종을 택하여 ① 해방 이전 출판으로서 재판된 것, ② 해방 이전에 신문이나 잡지에 한번 발표되었던 것으로 해방 이후에 비로소 단행본으로 출판된 것, ③ 해방 이후 처음으로 출판된 것의 3종으로 나누어 고찰하고 결론으로 "이와 같이 분류하여 고찰하면 결국은 해방 후의 출판 단행본으로 참말 새로이 인행(印行)된 연구 출판은 그 수효가 많지 않다는 결론을 가져오게 된다."라고 말하였다. 이 졸고를 발표한 지도 어느덧 3년이 지났다. 다시 이러한 종류의 고찰을 되풀이하여 통계적 숫자에 나타나는 발전상을 검토하려는 호기심은 불행히도 없음을 솔직히 고백한다. 다만 전기(前記) 졸고 끝에 "그리고 조선사개설 방면에 상당한 수효의 출판이 있었으나 재래의 통감식이 아니면 일본인 임태보(林泰輔)의 통사 범주를 벗어나지 못한 정도이다."라고 하였는데 그 후 이 방면에는 2, 3종의 저서가 있어서 필자로서는 그 결론을 수정하게끔 되었다.

이 글은 전게 졸고의 의도를 각도를 다소 달리하여 검토하는 한 서지학도로서의 고찰임을 말하여 둔다.

2. 사관

사학 연구에 있어 그 지도원리가 되는 것은 사관(史觀)이다. 우리 학계에 이 사관을 처음으로 제기하여 봉화를 든 것에 백남운 저 『조선사회경제사(朝鮮社會經濟史)』(1933년 9월 일본 동경 개조사 경제학전집 제61권 초간) 소수(所收)의 「조선경제사방법론(朝鮮經濟史方法論)」이 있다. 당시 우리 국사학계에는 『진단학보(震檀學報)』라는 고급의 발표지가 있어 14호나 나왔었건만 사관에 대한 한편의 논문도 없었다.

백씨의 논문은 해방 후 간행된 『민족문화』 논문집(1946년 7월刊)에 재론되었으니 「조선사학의 과학적 방법론」이 곧 그것이다. 해방후 백씨와 같은 유물사관에 입각한 저작물에 이북에서 간행된 문석준 유고 『조선역사(朝鮮歷史)』(1945년 12월刊 함경남도 교육문화부)가 있고 이남에는 전석담 저 『조선사교정(朝鮮史敎程)』(1948년 5월刊 을유문화사)과 『조선경제사』(1949년 2월刊 박문출판사 경제학전집 제3회 配本)가 있다. 이 세 저서에 각각 방법론이 실려 있는데 특히 전씨의 두 저서에 대하여는 이진영 씨의 「조선사회경제사연구의 새로운 진전－전석담 씨의 근업(近業)을 중심으로－」를 부제로 한 일문(一文)이 『학풍(學風)』 경제학특집(1949년 5월刊 을유문화사)에 실려 있어 '1. 구태의연한 기성사학계 2. 신진사학가들은 전진하면서 있다. 3. 전씨의 『조선사교정』의 중점 4. 전씨 『조선경제사』의 구조 5. 요청되는 방법론적 성찰' 등의 순서로 논술되었는데 일종의 서평이다. 방법론의 약간 문제에 대한 성찰을 요구하였을 뿐 유물사관을 지지 찬성함에는 이의가 없는 글이다.

유물사관은 백남운 씨가 우리 학계에 제창한 후 해방을 기다려 이북에서는 그 정책과 병행하여 전적으로 지지를 받았고 이남에서는 신진학도들 사이에 많은 관심을 가져왔었다. 그러나 재래의 사관－유물사관논자가 말하는 문헌고 증주의적인 방법에 의한 왕조사관 봉건사관－과는 시각을 달리하면서 유물사 관에 좌단(左袒)하지 않는 사관을 주장하는 일군의 학자가 있다.『조선문화사연 구논고』(1947년 8월刊 조선문화총서 제2집 을유문화사)의 저자 이상백 교수는 그 서에 8페이지를 비(費)하여 그가 가진 사관을 말하였다. 그는 역사의 과학적 연구에 대하여 "어떠한 원칙을 실증하고 결론을 단정함에는 정밀한 관찰과 확호(確乎)한 사실을 전제로 할 것이요 독단적 해석과 기계적 적용은 진리를 탐구하는 방도가 아니요 참으로 과학적 방법이 아니라는 것을 알아야 한다."라 고 논단하였다. 그 다음에『조선민족사개론(朝鮮民族史槪論)』(1948년 12월刊 조선문화총서 제11집 을유문화사)의 저자 손진태 교수는 그 자서 첫머리에 "나는 신민족주의 입지에서 이 민족사를 썼다."라고 제언하고 서설에 9페이지를 비(費)하여 그의 사관을 말한 바 있는데, 그 일절에 "내가 아는 한에 있어 용감하게 이 구곡(舊穀)을 깨뜨린 선구자는 오직 백남운 씨 한사람이었다. 이 의미에 있어서 나는 씨의 저작『조선사회경제사』와『조선봉건사회경제사』 에 대하여 경의를 갖는다. 그러나 나의 견지로 보면 씨는 우리 자신의 일부분만을 발견하였고 '우리 자신'의 전체를 발견하지는 못했다. 그것이 씨의 의식적 결과인지 아닌지는 모르되 씨는 피지배계급을 발견하기에 너무나 열중한 나머 지 '민족의 발견'에 극히 소홀하였다."(동서(同書), 2페이지)라고 있다. 이인영 교수는 「우리 민족사의 성격」(『학풍』창간호 1947년 9월刊), 「국사와 세계사」 (『학풍』제11호 1947년 9월刊)라는 논문에서 그의 사관을 발표한 바 있는데 그의 입론은 손진태 씨와 크게 같으며 다만 민족의 형성급성장 과정에 대한 시대구분에 다름이 있다. 손·이 양씨는 자기의 주장에 따라 교과서를 썼고 개설을 기간(旣刊) 또는 간행하였다.

　해방 후 사학계는 사관을 중심으로 위에 소개한 이외에도 진지한 발표가 상당히 있었다. 그러나 근자에 보는 문단의 논쟁과 같음은 없었고 또한 방금의 정정(政情)으로서는 유물사관을 주장하는 학자는 없으리라 생각되는 것이다.

3. 중요논저

필자가 말하고자 하는 국사학을 좀더 범위를 국학 방면으로 넓히고 이 방면에 어떠한 귀중한 업적이 있는가를 필자의 우목(寓目)한 한도에서 고찰하여 볼까 한다. 어느 동료의 조카가 멀리 불란서에 유학하게 되어 우리 국학계의 업적을 그 곳에 소개하기 위하여 서적을 선택하는데 걱정함을 필자는 들은 일이 있었다. 시국의 정정(政情)에 영합하는 말이라고 비소(鼻笑)할지 모르나 유물사관학도들이 힘써 주장하는 열(熱)은 높되 그 방법론에 따라 출판된 업적 중에 진지한 역작은 볼 수 없다. 이진영 씨는 전씨의 2저(著)를 힘써 추천하였지만 (약간의 주문(注文)은 있으나) 사료의 다룸과 그 일방적인 태도에 많은 비난이 있지만 선구자인 지위에 있는 백씨의 2저에도 훨씬 미치지 못한다고 필자는 생각한다. 전씨의『조선사교정』을 읽고 "손쉽게 읽었으나 공소(空疎)한 감밖에 는 없었다"라는 것이 공평한 평일 것이다. 이씨가 지명한 노대가의 실증주의적 가식 밑에 과학성을 결여하고 있다는 저작 중에는 비록 어느 이데올로기의 결여는 있을지 모르나 그렇다고 해서 일률적인 국수주의적 반동사학가도 아닌 일군의 학자들 중에 이병도 교수가 있으니 이진영 씨가 "도참설의 유래와 발전을 세밀하게 연구하면서도 그것과 당시의 지배관계와의 연관성에는 일고 도 않는 태도 …… 가 결코 과학적인 태도는 못 된다"고 비난한『고려시대의 연구(高麗時代의 硏究)』(1948년 3월刊 조선문화총서 제4집)는 김두헌 교수의 『조선가족제도연구(朝鮮家族制度硏究)』(1947년 6월刊 조선문화총서 제12집), 고 고유섭 씨의『조선탑파의 연구(朝鮮塔婆의 硏究)』(1948년 2월刊 조선문화총 서 제3집)와『조선미술문화사논총(朝鮮美術文化史論叢)』(1950년 2월刊 서울신 문사 출판국)과 아울러 수미일관한 내용이 결코 공소(空疎)하지 않은 역작이라고 믿는다. 아마 조윤제 교수『조선시가의 연구(朝鮮詩歌의 硏究)』(1948년 4월刊 조선문화총서 제6집)와『국문학사(國文學史)』(1949년 5월刊 동방문화사)라든 가 김용준 씨의『조선미술대요(朝鮮美術大要)』(1949년 6월刊 을유문화사)가 이 군에 속하는 역작들이겠다. 일종의 사관을 확실히 파악하고서 그 연구의 방법에 진지한 태도를 취하여 공소감을 주지 않는 역작을 남기고 이미 고인이 된 두 분 신인의 저서를 들 수 있으니 윤희순 씨의 『조선미술사연구-민족미술에 대한 단상(朝鮮美術史研究-民族美術에 對한 斷想)』(1946년 11월刊 서울신문사)과 이덕성 씨의 『조선고대사회연구(朝鮮古代社會研究)』(1949년 2월刊 정음사)이다. 장래의 대성을 기약하고도 남음이 있는 두 분이 청춘에 불귀의 객이 된 것은 우리 학계를 위하여 아깝기 짝이 없는 일이다. 사관이 서 있고 무게 있는 발표를 하는 분으로 이상백 교수의 전기 『조선문화사연구논고』와 『이조건국의 연구(李朝建國의 研究)』(1949년 12월刊 조선문화총서 제9집)가 있다.

이상에 말한 제가의 논저 중에는 그 대부분이 다 해방 이전의 잡지에 발표한 것을 혹은 그대로 혹은 보정(補訂)하여 간행한 것이다. 을유문화사의 조선문화총서가 그러하고 서울신문사 刊의 『조선미술문화논총』이 그러하다. 고유섭 씨는 해방의 기쁨을 기다릴 사이가 없이 작고한 분이매 말할 것도 없으나 해방 후 많은 대학이 설립되어 기성(旣成) 미성(未成)을 물을 것 없이 일인(一人)의 교수가 2, 3교 심하면 4, 5교를 겸임하여야 학교가 경영되고 학자의 사생활이 지탱될까 말까 하니 어느 겨를에 새로운 구상을 가다듬어 연구에 정진할 수 있겠는가. 우리는 그나마도 수정 보충하여서라도 학계에 제공한 그 성의를 선의로 해석하고자 하며 교과서 참고서가 아니면 수지가 안 맞는다는 현 업계에 이러한 역작을 출판한 몇몇 업자에게 심심한 경의를 표하는 바이다.

그리고 서울대학 조선사연구실편찬의 『조선사개관(朝鮮史槪觀)』(1949년 1월刊 홍문서관)은 이인영 교수의 지도하에 신진소장학도들이 공편한 것으로 손진태 교수가 그 서에 "지금까지 세상에 나온 조선사 중에서는 확실히 일보 전진하였고 또 특색이 있는 것이다"라고 말한 대로 역편(力編)의 하나이다. 때를 비슷이 하여 출판된 이병도 교수의 『국사개설(國史槪說)』과 대비되는 점이 많은데 시대구분에 있어 이씨가 왕조 중심의 시간적 구분법을 채용하였음에 반하여 『조선사개론(朝鮮史槪論)』은 사회구성의 발전단계에 의하여 부족국가시대 봉건적 귀족국가시대(신라 고려 조선)로 나눈 것이 눈에 언뜻 뜨이는 차이로서 이 점이 유물사관론자의 무조건적 찬동을 받은 첫 조건이었을 것이다.

필자는 그 내용의 서술에 불통일이 있고 조사에 미비한 점이 있음을 양해하면서 무엇보다도 각 절 끝에 참고서와 논문을 제시한 것, 이것을 다시 종합하여 제1 조선사 관계 중요사료 일람 제2 중요 저술 일람 제3 근간 총서 일람을 부록으로 실은 데 경의를 표한다.

4. 학회

일정 하에 일본인 중심의 청구학회와 대립하여 우리 글로 발표하는 기관지까지 가지고 만잡(萬雜)을 참으며 꾸준히 계속하여 오던 진단학회는 해방 후 다시 재흥되어 새로운 포부를 세우고 새 간부를 맞이하였으나 1, 2회의 발표회가 1946년도에 있었고 이따금 연사를 관계집회에 파견하여 공동주최의 형식을 빌었고 학보를 지금까지 겨우 두 호를 내었을 뿐이다. 조선사연구회가 이병도씨 영도 하에 조직되어 이전 진단학회의 주인공 격이던 씨가 의연 진단학회원이면서 학회를 떠난 듯한 느낌이 없지 않다. 조선사연구회는 회지로서 『사해(史海)』를 1호 내었으나 그 속간을 보지 못하고 있다. 『사해』는 『진단학보』의 비(比)가 아니었다. 분립하여 각각 왕성한 활동을 할 수 있다면 모르거니와 둘 다 정체중에 있으니 힘을 한 곳에 모두어 일제 침략 시에도 꾸준한 발전을 해온 진단학회를 청신(淸新)한 새 모임으로서 개구(改構)하여 새로운 출발을 볼 수 있게 함이 오늘의 급무가 아닐까 우고(愚考)한다. 재래의 상아탑 속에서 나와 청신한 새 학풍을 세우려는 의도에서 1945년 12월에 발족한 역사학회가 있다. 어느 의미로 진단학회나 조선연구회와는 대립적인 모임이다. 1947년에는 5회 1948년도에는 1회의 발표회가 있었고 1949년 5월에는 기관학보인 『역사학연구(歷史學研究)』 제1집이 나왔다. 그 건전한 발달을 비는 바이다. 신문화연구소는 기관지 『신문화(新文化)』를 발행하여 창간호가 1947년 4월에 발간되어 제6호 『역사의 제문제』 특집 (1948년 4월)이 나오고 그만 정체상태에 빠졌다. 사학―국사학―을 중심으로 한 기관은 아니지만 그 방면에 관심이 있었던 것만은 사실이다.

문교부 직속기관인 국사관 — 지금의 국사편찬위원회 — 안에 국사연구회가 있어 과정(過政)시대에 신석호 씨를 중심으로 매월 연구 발표회가 있었더니 씨의 일신상 사정으로 중지된 것은 유감이고 백남운 씨 영도 하의 민족문화연구소가 자연 폐문되어 『민족문화(民族文化)』가 제3집으로 끝막았으며(전국문화단체총연합회의 『민족문화(民族文化)』와는 동명(同名)이지만 때도 선후되거니와 성질도 대척적이다.) 해방후 창설되어 꾸준히 계속되어 오는 모임에 국립도서관 안에 있는 조선서지학회와 국립박물관에 있는 미술연구회가 오직 둘의 학회로서 존재하여 있음을 소개한다. 이 두 학회의 꾸준한 발전을 빌어 마지않는다.

5. 맺는 말

필자는 해방 후 우리 국사학계의 동향에 대하여 겨우 이상과 같은 졸견을 말하였다. 종전 후 일본인 학자들의 우리 국사 연구에 대하여서도 언급하려고 생각하였으나 예정한 지면이 이미 지났으므로 다른 기회에 미룰 수밖에 없다. 다만 필자의 의도한 바는 해방 후 자유로운 사조가 들어와 유물사관이 성행하자 그들은 일률적으로 자기 주의와 맞지 않는 것을 그저 배격하기에 바빠 도리어 거기에 한 큰 과오를 범하고 있다. 정통 카톨릭이 주장하는 이원적 신정사관(神政史觀)은 불문에 부치고라도 유물론적 사관만이 정당한 것이 아니고 유일의 사관이 아니다. 실증론적 문화사적 사관에서도 그 장처(長處)를 우리는 찾을 수 있는 것이다. 그리하여 사관을 가지지 않았으나 상당한 업적을 남기어 학계에 이바지한 일군의 학자, 유물사관파, 문화사관론파의 세 종류에 나누어 필자가 우목(寓目)한 약간 저서에 한하여 논술하였다. 여기 빠진 학자와 그 저서가 반드시 진지한 학자가 아니고 역저가 아니라는 것은 물론 아니다. 너그러운 용서를 빌어 마지않는다.

4월 25일 새벽 고료(稿了)
(『新天地』 제5권 6호, 1950.6)